LE CODE

Titre original : *The Code*

© Johanna Paungger et Thomas Poppe, 2011
© Atria Books 2011
Traduit de l'anglais par Françoise Fortoul.
© Guy Trédaniel Éditeur, 2014, 2018, 2020, 2022.

ISBN : 978-2-8132-0688-6

www.editions-tredaniel.com
info@guytredaniel.fr
www.facebook.com/editions.tredaniel

Johanna Paungger et Thomas Poppe

Chaque chiffre de votre date de naissance a une signification. Ensemble, ils forment

LE CODE

Troisième édition

Guy **Trédaniel** éditeur
19, rue Saint-Séverin
75005 Paris

Sommaire

Retour sur mon enfance — 7
Un cadeau inattendu — 15
Comment utiliser ce livre — 21

Première partie :
Le Code de la Roue anniversaire — 23
  1 Comment déterminer votre Code personnel — 25
  2 La spirale de la Roue anniversaire — 35

Deuxième partie :
Les composants du Code — 43
  Introduction — 45
  3 Le Nord (❻ et ❶) — 47
  4 L'Est (❽ et ❸) — 63
  5 Le Sud (❼ et ❷) — 77
  6 L'Ouest (❾ et ❹) — 89
  7 Le Centre (⓪ et ⑤) — 99

Troisième partie :
Les Signatures — 109
  Introduction — 111
  8 Les cinq Signatures simples — 113
  9 Les dix Signatures doubles — 137
  10 Les dix Signatures triples — 177
  11 Les cinq Signatures quadruples — 217
  12 L'ensemble des Points cardinaux — 237

QUATRIÈME PARTIE :
Le Code dans la pratique 241
   13 Les Signatures dans la vie de tous les jours 243
   14 Retrouver la santé et la conserver
        grâce au Code 265
   15 La soupe arc-en-ciel :
        l'élixir de la Roue anniversaire 285

Glossaire 291
Tableau récapitulatif 293
Chers lecteurs 297
Les auteurs 299

Retour sur mon enfance

Johanna Paungger-Poppe

Avec ce livre, j'ai décidé de vous faire découvrir un chapitre très important de ma vie : les quelques années que j'ai passées dans la ferme familiale, au milieu des Alpes autrichiennes. C'est là que j'ai découvert le Code, savoir ancestral basé sur l'influence prépondérante des dates de naissance. En effet, l'ensemble constitué par le jour, le mois et l'année de votre naissance recèle d'incroyables trésors que je vais vous apprendre à mettre au jour, un peu comme si je vous donnais la clé d'un coffre dont vous seriez seul propriétaire.

Lorsque j'observe ce qui se passe un peu partout autour de moi, je constate que de plus en plus de gens s'intéressent de nouveau aux traditions, ce dont je suis très heureuse. De nos jours, tout le monde est susceptible de bénéficier des connaissances des anciens. J'estime donc que le moment est venu de vous révéler le secret du Code.

Une tradition familiale

La ferme où j'ai vécu jusqu'à l'âge de quinze ans appartenait à mon grand-père Joseph depuis les années 1930. Avant cela, des générations de fermiers s'y étaient succédé pendant plus de deux cents ans. Située au Tyrol, la maison était assez grande pour accueillir toute la famille : mes grands-pères et grands-mères, mes parents, leurs neuf enfants, des enfants adoptés, des cousins, et des ouvriers agricoles. Tout ce petit monde plein de vie se consacrait à l'exploitation des quelques arpents de terre nous appartenant.

Nous observions scrupuleusement les cycles et les rythmes de la nature, sachant sans l'ombre d'un doute que les forêts, les champs, les prairies, les puits et les voies navigables qui nous étaient confiés ne devaient pas être exploités mais gérés dans le respect et l'harmonie. Tout le monde participait à la vie de la ferme jusqu'à l'âge de dix-huit ans. Ensuite, nous étions libres de suivre notre propre voie, de nous marier ou de devenir boulanger, charpentier ou ingénieur.

Notre ferme était tout à fait typique du genre avec ses champs de blé, ses arbres fruitiers, ses animaux, son potager et ses bois, et nous n'utilisions ni engrais chimiques ni pesticides. Les champs escarpés étaient cultivés à la main ou avec l'aide des chevaux. Nous acceptions les attaques des animaux et des maladies, que nous ne considérions d'ailleurs pas comme des catastrophes. Nous les regardions comme de simples mots employés par la nature pour nous parler. En conséquence, nous l'écoutions, et ensuite nous faisions le nécessaire pour gérer le « problème ». De nos jours, on lutte contre les symptômes sans s'intéresser aux causes. Ce n'était pas du tout notre façon de voir les choses.

Lorsque je repense à notre vie quotidienne d'alors, je me rends compte qu'elle était très différente de ce qu'on considère aujourd'hui comme normal, même dans une ferme du Tyrol. Ainsi, notre famille utilisait le Code sans s'appuyer sur aucun écrit et sans jamais l'avoir appris de manière formelle. Nous savions que ça fonctionnait, c'est tout. Nous nous servions constamment du pouvoir des Chiffres sans chercher à aller plus loin. Pour nous, cela coulait de source, comme les saisons ou le bruit du tonnerre juste après un éclair. Les Chiffres faisaient partie de nous. Nous aurions eu du mal à ne pas nous en servir, de la même façon qu'il ne nous venait pas à l'idée de prendre un cachet d'aspirine pour soigner un mal de tête au lieu d'en rechercher la cause.

Mon grand-père était un fermier sans prétention, remarquablement au fait des différentes facettes de la nature humaine. Sa surdité l'aidait certainement à bien comprendre les gens. Lorsque j'étais perdue face aux actes et aux motivations des autres, il me disait toujours de me boucher les oreilles en les cachant de mes mains. Enfant, cela me permettait de me mettre instantanément à l'écoute d'une petite voix intérieure que je qualifierais aujourd'hui d'intuition, et qui ne me faisait jamais défaut. Cette petite voix, nous la possédons tous, mais on nous a appris à ne pas l'entendre. Heureusement, il n'est jamais trop tard pour renouer contact avec elle.

Quand mon grand-père et moi partions pour de longues promenades (dès mes trois ans), je voyais bien que les animaux, les êtres humains, les pierres, les plantes et l'eau formaient un tout que seules nos pensées arrivaient à fragmenter. Nous trouvions toujours la plante susceptible de guérir une personne en particulier à un moment donné, parce qu'elle nous envoyait un message. Nous nous en servions tout de suite ou nous la mettions à sécher pour un usage ultérieur, dont le besoin manquait rarement de se manifester.

Grand-Père avait dédié sa vie à sa famille, à la nature et aux gens qu'il soignait. Bébé, je pleurais beaucoup. Comme il était sourd, on avait installé mon berceau dans sa chambre ; je m'étais instantanément arrêtée de sangloter. Cette proximité m'a permis d'apprendre une quantité de choses pendant mes jeunes années, des choses dont j'ai toujours su l'importance. Il n'a jamais eu besoin de se justifier auprès de moi (contrairement à ce qui se passait quelquefois avec ses patients). Il n'avait pas besoin de mots pour faire passer son savoir. Un jour, je l'ai entendu dire à son frère qu'il oubliait sa surdité pendant nos longues marches, et qu'il avait l'impression de tout entendre. D'ailleurs, je n'ai jamais eu le sentiment d'avoir du mal à communiquer avec lui. Nous avons fonctionné de manière quasi télépathique jusqu'au jour de sa mort.

En tant que shaman et guérisseur, Grand-Père était passé maître dans l'art du soulagement total de la douleur. Les gens venaient de loin pour le consulter, même très malades. De nombreux médecins et leurs familles aussi. C'était un herboriste confirmé, et il se servait également du calendrier lunaire, de ses connaissances en nutrition et, bien entendu, du Code. Quand on lui demandait un conseil, il disait presque toujours à ses patients d'arrêter quelque chose : habitude, aliment ou activité. Très souvent, il guérissait en expliquant ce qu'il ne fallait pas faire. Cela explique peut-être que les grandes réussites de la vie s'accomplissent presque sans efforts.

Je ne me souviens pas très bien de mes premières tentatives d'interprétation du Code. En revanche, je me rappelle avoir connu les Chiffres avant même mon entrée à l'école. Leur véritable signification m'échappait sans doute, mais je les dessinais sur des bouts de papier colorés que je donnais à mon grand-père. Parfois, lorsqu'une tâche difficile ou très fatigante nous attendait, il nous remettait le même genre de morceaux de papier, sans faire d'histoires, pour ne pas attirer l'attention. Dès l'enfance, mes frères et sœurs et moi avons su qu'on ne discutait pas ouvertement de tout cela.

Le Code et nous

En tant que guérisseur, mon grand-père considérait le Code comme l'un des nombreux moyens à sa disposition pour soulager ses patients. Il avait le don de déceler l'origine d'une affection et d'y remédier. À ses yeux, les symptômes physiques n'étaient que la marque d'un problème sous-jacent. C'est la raison pour laquelle il soignait chaque personne de manière différente. Deux malades présentant les mêmes symptômes recevaient rarement le même traitement. Mon grand-père se servait principalement du Code pour se faire une idée sur son patient, surtout s'il s'agissait de quelqu'un de très têtu. Par chance, il ne s'énervait jamais et faisait toujours de son mieux pour aider les autres, même les plus sceptiques.

Les Chiffres nous aidaient également à nous entendre entre enfants, sachant que nous étions nombreux. Nos parents et nos grands-parents y faisaient très attention. Ils les utilisaient pour distribuer travaux et corvées quotidiennes. La plupart du temps, cela donnait d'excellents résultats.

Toutefois, cette méthode n'avait pas que des avantages à nos yeux. Ainsi, à en croire mes Chiffres, j'étais capable de travailler de manière autonome et responsable, ce qu'on m'encourageait à faire, alors que j'aurais parfois aimé jouir d'un peu plus d'attention et de soutien. Or je me débrouillais très bien toute seule. J'ai appris à mes dépens que l'utilisation du Code peut quelquefois pousser les parents à trop en demander à leurs enfants.

Mes frères et sœurs pensaient la même chose. Il arrivait que tout ne soit pas rose. Toutefois, on ne parlait jamais de tout cela. Heureusement, la vie nous donne souvent l'occasion de nous réconcilier avec notre passé. Avec le temps, j'ai appris la leçon suivante : la meilleure façon de guérir de ce genre de blessure consiste à en prendre conscience et à ne pas reproduire le même comportement avec ses enfants. Ça marche presque à tous les coups. C'est une loi de la nature.

Le Code nous était très utile lorsque nous gardions les enfants des voisins. Grâce à leur date de naissance, nous savions à l'avance comment les endormir, par exemple. Pour certains c'était avec une histoire, pour d'autres il fallait plutôt quelques minutes de jeu. Nous nous servions toujours du Code pour choisir la couleur de leur pyjama et de leurs draps. On peut dire que ces soirées de baby-sitting m'ont convaincue de l'efficacité de la méthode.

Le bon moment

On nous demande souvent pourquoi nous avons attendu si longtemps pour publier un livre sur le Code alors que nous le connaissions depuis toujours. À l'origine, je comptais le faire au début de l'année 2000 en raison de l'énergie tout à fait particulière des chiffres ❷ et ⓪. En effet, ils prédisaient une réceptivité accrue du public à ce genre d'idées, une période où les gens se baseraient moins sur l'avis des scientifiques. Toutefois, une série d'événements nous ont fait penser qu'il valait mieux attendre un peu.

Les dix dernières années, marquées par l'addiction à la technologie et la conviction que le mal et la terreur s'éradiquaient par la lutte et non par la discussion, ne nous ont pas paru favorables à une telle entreprise. Imaginez une personne totalement convaincue que le cancer se guérit grâce à la chimiothérapie et aux rayons ; ensuite, essayez de lui faire comprendre que la meilleure façon de se débarrasser de la cause de ses maux consiste à modifier sa façon de penser et son alimentation… Vous voyez ce que je veux dire ?

Aujourd'hui les mentalités évoluent, et une quantité de gens sont prêts à accepter l'idée qu'ils vivent dans une fausse sécurité. Ils sont de plus en plus nombreux à entendre le message que nous tentons de faire passer dans nos livres. Le Code, savoir ancestral, n'a rien d'une mode et, en tant que gardienne de la tradition, je me dois de le préserver. Tout vient à point pour qui sait attendre.

Si je suis restée discrète, c'est aussi parce que le Code est un système élaboré par des fermiers ; or je ne voulais pas les mettre en porte-à-faux, sachant que notre culture moderne préfère la science et les statistiques à l'intuition et aux rythmes de la nature. En milieu rural, les agriculteurs sont moins respectés que les ecclésiastiques, les directeurs d'école, les maires et les médecins. Je constate souvent qu'ils n'ont réussi à progresser dans la hiérarchie qu'en transformant leur métier en industrie scientifique exploitant les ressources de la planète.

Les partisans de l'agriculture biologique, ceux qui vivent et travaillent en harmonie avec la nature, méritent notre plus grand respect. Ils nous aident à garder le contact avec le monde qui nous entoure, nos traditions et nos philosophies, participent au développement durable et nous fournissent de la nourriture de bonne qualité. Il est fort dommage qu'aux yeux de certains ils restent de simples « paysans ».

Au fil des siècles, les fermiers ont appris à survivre au sein d'une société totalement artificielle et à s'y faire une place grâce à leur sens pratique. C'est ainsi qu'on les a souvent taxés de roublardise. L'une de leurs stratégies de base consistait à discerner le potentiel des enfants dès leur plus jeune âge, ce qui était très simple si l'on se servait du Code. Ce dernier a fini par constituer une sorte de mécanisme de défense contre l'exploitation et l'oppression de toute une classe sociale.

Inutile de dire que, dans ces conditions, tout ou presque se faisait dans le plus grand secret, y compris l'utilisation du Code. Contrairement à ce qui se passe aujourd'hui, quand j'étais petite, les enfants ne parlaient en présence des adultes que si on le leur demandait. Il était tout à fait impensable que nous débattions de nos problèmes, que nous jacassions sans cesse, que nous interrompions nos parents ou que nous participions à leurs conversations, surtout nous, les filles. Heureusement, les choses ont changé.

Toutefois, il m'arrive de m'interroger sur ce que l'on trouve normal de nos jours. Je pense que nos connaissances ancestrales auraient disparu si nous avions fonctionné de la même manière en termes de communication. En effet, comment développer des facultés d'observation quand on peut poser des questions tout le temps ? Si, dès l'enfance, on se satisfait des réponses des adultes, des livres et d'Internet, que perd-on au passage ?

C'est indirectement que j'ai appris le Code : en regardant les autres, en les imitant et en leur faisant confiance. J'ai passé énormément de temps à écouter les adultes, avec ou sans leur consentement. Je sais maintenant que rien ne vaut les connaissances acquises par l'écoute et l'observation : elles restent bien plus longtemps que tout ce que l'on peut apprendre sur les bancs de l'école.

Mes parents et mes grands-parents ne parlaient jamais du Code mais, en écoutant bien ce qu'ils disaient, on pouvait en déduire un certain nombre de choses. Une idée ressortait souvent : « L'Église est contre ! » C'est la troisième raison pour laquelle Thomas et moi avons attendu si longtemps pour publier notre livre. L'Église catholique a toujours condamné toute pratique assimilée au paganisme, bien que certains de ses rites s'en soient largement inspirés. Sachez bien que la plupart des chaires des vieilles églises ont été positionnées à l'aide d'un pendule ou d'une baguette de sourcier. Toute confession, toute secte plaçant le pouvoir et la gloire au-dessus de la spiritualité trouve le moyen de critiquer ceux qui tentent de rendre l'indépendance émotionnelle et intellectuelle à ses ouailles. C'est la raison pour laquelle les institutions ont toujours monopolisé les outils ésotériques tels que la radiesthésie, les pendules, la connaissance de la lune, l'herboristerie, les remèdes mystiques, bref, toutes ces choses qui amélioraient la vie des gens. On n'avait absolument pas le droit de s'en servir sans l'autorisation des autorités, ce qui a poussé ma famille à ne jamais mentionner le Code.

En ce sens, le Code était une sorte de science secrète dont on ne parlait jamais, même entre nous. Il y a quelques années, lors d'une réunion de famille, j'ai annoncé à mes frères et sœurs la parution de ce livre. Leurs réactions ont varié de la compréhension à l'indignation la plus totale. D'ailleurs, je me sens toujours un peu mal à l'aise. Toutefois, j'ai décidé d'affronter ma peur et je me suis rendu compte qu'elle était injustifiée. Garder le secret aurait été beaucoup plus préjudiciable.

J'espère que le savoir que nous nous apprêtons à vous révéler ouvrira la voie à un monde meilleur. Il vous aidera en tout cas à prendre conscience de vos forces et de vos faiblesses. Le Code peut être amené à jouer un rôle clé dans l'actualité en encourageant certains événements, certaines énergies, ou en s'y opposant. Il peut aider une quantité infinie de gens, employés de Pôle emploi et directeurs des ressources humaines, assistantes maternelles et professeurs, médecins et guérisseurs, enfants et personnes âgées.

Il se montre aussi efficace de nos jours qu'au temps de mon enfance. Préparez-vous à disposer d'un instrument vous permettant de prendre votre vie en main et d'en assumer la responsabilité quoi qu'il arrive. Cela ne constituera en rien un fardeau, mais plutôt un droit acquis à la naissance et vécu dans la joie. Utilisez le Code avec soin, sagesse et respect : vous y gagnerez un monde nouveau, plus avenant. Votre regard changera et vous envisagerez l'avenir avec confiance.

Un cadeau inattendu

Thomas Poppe

Le Code est une merveille jaillie du silence. Il y a une chose dont je suis certain : ses usages sont innombrables, qu'il s'agisse d'élever un enfant ou de choisir un métier en fonction de talents réels mais cachés. En termes de santé, il peut contribuer à la prévention et à la guérison de maladies ainsi qu'au soulagement d'un certain nombre de symptômes. Ce livre va vous aider à mieux vous connaître. Vous allez découvrir vos forces, vos faiblesses, et peut-être même des dons que vous n'imaginiez pas. Quand vous aurez fini de le lire et que vous saurez utiliser le Code, vous vous sentirez sans doute soulagé, comme si un brouillard épais venait de se déchirer sous vos yeux et qu'il avait été remplacé par la volonté d'aller au-delà des apparences, de prendre un nouveau départ et de se débarrasser de tout ce qui vous pèse.

Nous espérons que ce livre sera l'occasion de changer de cap, comme vous l'espériez sans doute consciemment ou non. Nous sommes nombreux à ne pas aimer notre quotidien tel qu'il est ou à avoir le sentiment de ne pas être au bon endroit au bon moment, voire, pire, d'avoir raté notre vie. Ce livre peut vous aider. Il n'est jamais trop tard.

Lorsque j'ai rencontré Johanna, elle a peu à peu partagé avec moi les secrets de sa famille après s'être assurée que je n'en ferais pas mauvais usage. Toutefois, elle ne m'a jamais parlé du Code.

Malgré vingt ans de vie commune, sept livres, huit calendriers et trois enfants, je ne savais absolument pas qu'elle s'en servait tous les jours. J'ai juste remarqué qu'elle avait le don de se rappeler des dates de naissance de tout le monde. Forcément. Elle se représentait ces dates en trois dimensions et de toutes les couleurs. En très peu de temps, elle m'a révélé la structure de base du Code ainsi que la signification des dates. Quelle découverte !

Cela fait très peu de temps que j'ai réussi à convaincre Johanna, tout en douceur, de dévoiler les secrets du savoir ancestral familial. Il a d'abord fallu qu'elle consulte ses frères et sœurs. Comme elle vous l'a expliqué plus haut, la décision n'était pas facile à prendre. On ne met pas fin comme cela à des années de silence.

Quand Johanna mentionne le sens du secret et l'aspect mystérieux du Code, je me rappelle la réunion de famille organisée juste avant que nous nous mettions à écrire ce livre. Nous avions d'ores et déjà décidé de le publier, et je me réjouissais d'avance d'en discuter avec ses frères et ses sœurs. Je les connaissais tous depuis des années et je comptais engranger un maximum d'informations, ce qui arrangeait Johanna car elle avait peur d'en oublier.

Pour finir, ce fut peine perdue, bien que sa famille n'y ait mis aucune mauvaise volonté. Ils m'affirmèrent tous de manière fort convaincante qu'ils ne se rappelaient de rien. Là-dessus, à peine quelques minutes plus tard, après que j'eus questionné sans succès la personne la plus sérieuse de l'assemblée, voilà qu'elle dit en passant à propos des talents artistiques de l'une de ses nièces : « Pas étonnant quand on voit ses Chiffres ! » Ma réaction fut immédiate : « Tu disais que tu ne savais pas de quoi je parlais ! » Il ne lui fallut pas longtemps pour répondre : « C'est vrai, je n'en ai aucune idée. » Je compris qu'il valait mieux arrêter de poser des questions.

Je ne fus pas vraiment surpris de l'attitude de la famille de Johanna. Cela faisait longtemps que j'avais compris qu'ils communiquaient de manière tacite. Chaque fois que je les voyais réunis, j'avais l'impression d'observer un essaim d'abeilles. On aurait dit qu'ils se comprenaient à demi-mot. Une certaine harmonie transparaissait à coup de petits gestes, de coups d'œil avertis et de sous-entendus, même quand il y avait un tant soit peu de tension dans l'air. J'avais l'impression d'assister aux rencontres d'une société secrète dont tous les membres (sauf moi !) savaient transformer le métal en or.

Il m'a fallu de longues conversations avec Johanna pour comprendre peu à peu de quoi était fait ce silence. Vous voyez, Johanna a grandi à la campagne, et les gens y étaient beaucoup moins bavards qu'en ville. Quand par hasard les fermiers ouvraient la bouche, c'était pour parler leur patois local. Du coup, les citadins et les académiciens les prenaient pour des crétins. Les paysans le leur rendaient bien en les considérant comme totalement irrespectueux des autres et de la nature, bref, de tout ce qui constituait leur vie et, à juste titre, ils n'en faisaient pas grand cas.

Cette méconnaissance était lourde de conséquences : le monde rural se défiant des conseils d'une population urbaine trop lointaine, il souffrait de manque d'instruction et d'un taux de suicide élevé. Ce défaut de compréhension mutuelle provenait essentiellement d'une pénurie d'informations. Heureusement, il semble que les choses s'arrangent et qu'une certaine communication s'instaure. Je serais heureux d'en être l'un des artisans.

Si la population rurale garde le silence depuis si longtemps, il y a un millier de bonnes raisons à cela. Les gens de la campagne ont le sens de l'observation et ils voient un tas de choses qui nous échappent. Cela fait partie de la vie, et c'est une compétence qui s'acquiert à force de faire des choses, de regarder les autres et d'exister, tout simplement. Parler ne sert à rien. De plus, on leur a appris à rester discrets. On ne dit rien tant que ce n'est pas absolument nécessaire. On ne dit rien quand quelqu'un se montre arrogant ou condescendant, même s'il s'agit de l'un de ses enfants (raison pour laquelle la connaissance des nombres et du temps, entre autres, s'est perdue). On ne dit rien parce que les secrets de vie et de guérison n'appartiennent qu'à ceux qui se montrent capables d'en assumer la responsabilité. Or on ne fait pas ses preuves en un jour. Alors, pour noyer le poisson, on parle de tout et de rien.

Le médiateur

Il n'y a pas si longtemps, Johanna et moi avons regardé un superbe documentaire sur l'ibis chauve, un oiseau en cours de réintroduction dans les Alpes. Pour que le projet soit mené à bien, les oiseaux devaient franchir les Alpes en suivant des ULM. Cela ne marchait pas à tous les coups et les scientifiques ne savaient plus à quel saint se vouer. Le commentaire de Johanna ne s'est pas fait attendre : « Si seulement ils savaient que les oiseaux ne volent pas certains jours et pendant certaines phases de la lune. En plus, ils suivent le Code. Les dates sont très importantes. »

Cela m'a fait réfléchir aux deux mondes que j'ai pris l'habitude de fréquenter ces vingt dernières années. J'ai le sentiment d'être devenu une sorte d'interprète et de médiateur entre l'univers taciturne des fermiers du Tyrol, ces gens au sens de l'observation et de la déduction si développé, et celui, tumultueux, de la ville, axé sur les connaissances tirées des livres et d'Internet.

On dirait que mon éducation, mes études et ma carrière professionnelle m'ont guidé sans faillir dans cette direction. Enfant, je dévorais les récits de voyage et, à l'âge de seize ans, j'ai fait à bicyclette l'aller-retour entre Munich et Londres, juste pour voir. Après le bac, j'ai visité pas mal de pays en gagnant ma vie comme chauffeur de taxi à Munich. Je me suis acheté une petite machine à écrire pour traduire des textes en attendant mes clients, hobby qui devait plus tard prendre un tour plus professionnel.

Toutefois, j'ai compris qu'il était temps d'abandonner mon taxi quand j'ai commencé à en vouloir à mes clients de me déranger. Je me suis mis à écrire des livres pratiques dans le but d'aider mes lecteurs à appréhender la réalité. Cela m'a permis de comprendre qu'un écrivain n'est somme toute qu'une sorte d'interprète.

C'est la raison pour laquelle je suis enchanté de participer à la réconciliation des deux mondes dont je vous ai parlé plus haut. Ce serait tellement dommage qu'une réserve mal comprise d'une part et trop d'arrogance d'autre part provoquent la disparition de traditions ancestrales. Nous en avons besoin pour nous construire un bel avenir.

L'un dans l'autre, nous espérons que le Code vous démontrera que l'habit ne fait pas le moine. Le silence dont s'enveloppe quelqu'un n'est en rien représentatif de sa valeur et de ses connaissances, pas plus que tout le bruit qu'il peut faire. Comme il est dit dans la Bible, « c'est à leurs fruits que vous les reconnaîtrez ». Certains fruits sont plus longs à mûrir que d'autres, même si cela doit mettre notre patience à rude épreuve.

En vivant avec le Code depuis des années, j'ai fini par le voir comme un système d'une sublime beauté, un scénario merveilleux et ingénieux imaginé par notre Créateur. Grâce à lui, nos vies sont moins souvent faites de coïncidences et nous apprenons à comprendre ce qui se passe en coulisse. Nous découvrons des puissances bienveillantes prêtes à nous guider et à nous aider à vaincre les difficultés de l'existence.

Le Code est l'un des outils les plus précieux que nos ancêtres aient créés et transmis. Il se révèle d'une précieuse utilité dans de nombreuses situations et aux mains de gens de tous horizons. C'est une manne de possibilités pour qui s'intéresse au développement personnel. J'aimerais que vous le voyiez comme un cadeau qui vous aidera à retrouver la santé et l'intégrité et à les conserver. Acceptez-le si vous vous aimez et si vous aimez la vie.

Comment utiliser ce livre

Pour que vous en tiriez le maximum, nous vous demandons de lire ce livre du début à la fin. Ne sautez aucun passage ! Vous risqueriez de passer à côté d'idées et de corrélations importantes dissimulées dans des paragraphes ne vous semblant pas de tout premier intérêt. Une fois que vous aurez découvert toutes les couleurs de l'arc-en-ciel, vous verrez que le Code vous ouvrira une quantité de portes vous permettant de considérer votre histoire et votre expérience sous un jour nouveau.

Dans la première partie, nous allons vous présenter les concepts clés du travail avec les Chiffres : Roue des Chiffres, Points cardinaux, Signatures. Vous apprendrez des termes et des idées nécessaires à la compréhension du système et votre Code personnel commencera à prendre forme. C'est sans doute le moment de vous procurer un carnet ou un cahier et de prendre note des informations que vous allez découvrir sur vous et vos proches.

La deuxième partie est consacrée aux composantes du Code. Vous y apprendrez une quantité de détails sur les Chiffres personnels et leurs caractéristiques. Nous vous présenterons quelques suggestions pour chaque Chiffre selon qu'il fait partie de votre Code ou non, qu'il y est hyperdéveloppé ou presque invisible.

La troisième partie traite des différentes Signatures issues des combinaisons de Chiffres. Vous y découvrirez pas mal de choses sur votre propre Signature et par là même sur votre nature. Bien entendu, cela vous ouvrira également des horizons sur la Signature de vos amis, des membres de votre famille et de vos collègues.

Grâce à la quatrième partie, vous saurez utiliser le Code dans la vie de tous les jours. Vous y trouverez entre autres un certain nombre d'astuces de guérison, des idées pour travailler avec les enfants et des considérations géographiques.

Les Chiffres du Code contiennent des énergies invoquées par l'utilisation de couleurs. C'est pourquoi nous apportons toujours cette précision. Par exemple, les Chiffres ❻ et ❶ sont toujours associés au bleu et nous les présentons ainsi : ❻ et ❶. Pour mieux vous représenter les associations Chiffres-couleurs, n'hésitez pas à vous référer aux rabats de couverture en début et fin d'ouvrage : cela vous aidera à visualiser les couleurs qui vous intéressent.

Les Chiffres du Code vont souvent par paires. Une paire est constituée de deux Chiffres aux effets similaires, comme le ❻ et le ❶ cités plus haut. Il existe cinq paires de Chiffres et, selon vos Chiffres personnels, il est possible que l'un des Chiffres d'une paire ou les deux figurent dans votre Code.

Ce concept étant un peu déroutant pour certaines personnes, il mérite quelques explications supplémentaires. Dans la mesure où les deux Chiffres d'une paire ont à peu près les mêmes effets, nous parlons souvent des deux ensemble puisque les résultats sont sensiblement identiques que vous en ayez un ou les deux (le ❻ et/ou le ❶ par exemple).

Dans les titres de chapitres, nous utilisons la formulation « et/ou » pour mentionner les paires. Exemple : « si vous avez ❻ et/ou ❶ dans votre Code ». Toutefois, dans le texte, cela nous semble un peu long. Du coup, afin de ménager la clarté des explications tout en facilitant la lecture, nous avons décidé de choisir entre « et » et « ou » selon les circonstances. Donc, quand vous avez « ❻ et ❶ » dans votre Code, les deux sont présents. En revanche, s'il s'agit de « ❻ ou ❶ », cela peut vouloir dire que les deux sont présents une ou plusieurs fois, ou l'un des deux une ou plusieurs fois.

Vous trouverez également un tableau récapitulatif en pages 294 et 295, ce qui vous permettra d'avoir un aperçu immédiat de leurs propriétés respectives.

Vous êtes prêt ? Alors, allons-y !

Première partie :
Le Code de la Roue anniversaire

Comment déterminer votre Code personnel

Dans ce chapitre, nous allons vous parler de la Roue anniversaire, vous en présenter une version simplifiée, vous montrer comment trouver vos chiffres personnels à partir de votre date de naissance et vous apprendre à les insérer dans votre Roue.

N'ayez pas peur ! Bien que tout cela semble compliqué au premier coup d'œil, c'est très facile en réalité. La première étape consiste à dessiner une version simplifiée de la Roue appelée « boussole ». Ensuite, on détermine quels chiffres utiliser, puis on les inscrit sur la Roue. Et c'est parti.

La Roue anniversaire

C'est très simple : votre Code se compose du jour, du mois et de l'année de votre date de naissance. On positionne ces Chiffres sur la Roue anniversaire (voir figure ci-dessous). Leur emplacement et leurs caractéristiques spécifiques déterminent l'héritage transmis par votre Code personnel.

Voici une Roue anniversaire :

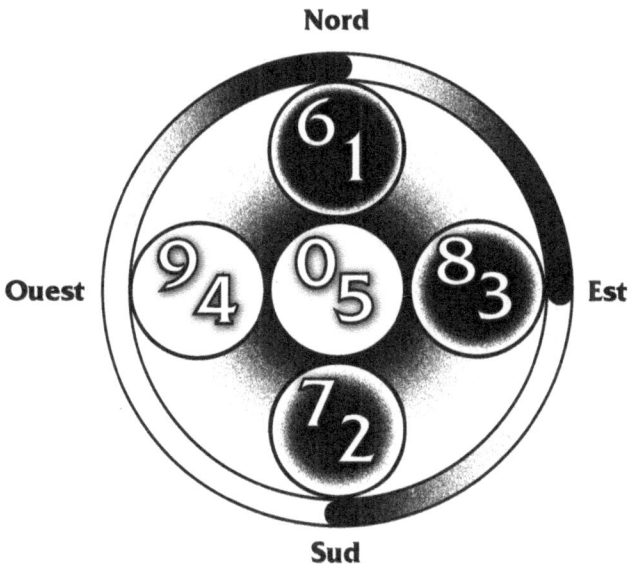

Sa structure de base est toujours la même. Chaque direction (Nord, Est, Sud, Ouest et Centre) contient toujours les mêmes chiffres : ❻ et ❶ pour le Nord, ❽ et ❸ pour l'Est, ❼ et ❷ pour le Sud, ❾ et ❹ pour l'Ouest, et ⓪ et ⑤ pour le Centre. Chaque direction a sa propre couleur et sa propre énergie. Ce qui change, c'est la manière dont vos Chiffres personnels constituent un Code individuel s'insérant dans la Roue et l'usage que vous souhaitez en faire (ou non).

Nous n'allons pas tarder à décrire plus en détail la Roue anniversaire et la façon d'y placer vos Chiffres personnels. Commençons toutefois par apprendre à en dessiner une version simplifiée facile à créer, qui vous aidera à trouver rapidement votre Code.

La boussole

Pour simplifier la lecture de votre Code ou de celui d'un de vos proches (ou pour vous permettre de faire l'intéressant pendant une réunion de famille !), nous avons imaginé une version simplifiée de la Roue anniversaire, la boussole.

La boussole se dessine en un tournemain sur n'importe quel support disponible, que ce soit une serviette en papier, un Post-it, un bout de papier qui traîne ou une page de journal. Il suffit d'y insérer vos Chiffres et hop ! vous voilà muni de votre Code personnel.

Dessinez deux lignes perpendiculaires à peu près de la même longueur, et qui se croisent en leur centre. Reportez-y les points cardinaux habituels : Nord, Est, Sud et Est. C'est tout !

Exemple :

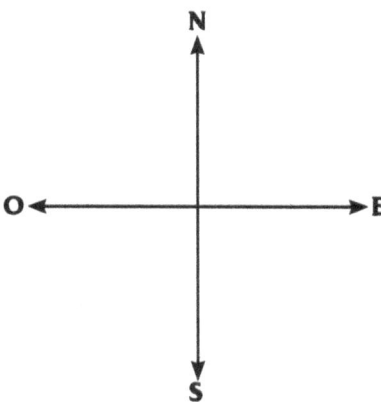

Les Chiffres de votre Code

Maintenant que vous savez dessiner une boussole, il est temps d'en savoir plus sur les Chiffres composant votre Code personnel : jour, mois et année. Nous vous recommandons de lire le chapitre en entier avant de vous lancer. Au chapitre suivant, nous vous apprendrons à reporter ces Chiffres sur votre Roue anniversaire ou sur votre boussole.

Le jour

Commencez par vous intéresser aux Chiffres correspondant à votre jour de naissance (de 1 à 31). Par exemple, si vous êtes né le 12, notez ① et ②. Si vous êtes né le 5, ne prenez que le ⑤ (pas de ⓪, seuls les natifs du 10, du 20 ou du 30 y ont droit).

Le mois

Ensuite, reportez les Chiffres correspondant à votre mois de naissance (1 à 12 : janvier à décembre). Vous êtes né en novembre ? Vous insérerez ① et ① sur votre Roue. En octobre ? Alors ce sera ① et ⓪. Toutefois, ne comptez pas de ⓪ pour les mois à un seul chiffre. Si vous êtes né en juin, ne reportez qu'un ⑥, pas de ⓪. Seuls les gens nés en octobre y ont droit.

L'année

Enfin, déterminez les Chiffres correspondant à votre année de naissance. Si vous êtes né en 1981 ou en 1959, vous noterez respectivement ⑧ et ①, ou ⑤ et ⑨. Une personne née en 2004 gardera le ⓪ et le ④.

Les Chiffres de l'année sont un peu plus significatifs que les autres, surtout le dernier. Exemple : prenons deux personnes nées respectivement en 1985 et en 1958. Elles auront toutes les deux le ⑧ et le ⑤, mais le ⑤ sera plus important pour la personne née en 1985 et le ⑧ pour celle de 1958.

Qu'en est-il du siècle et du millénaire ? On ne tient généralement pas compte du ① et du ⑨ du xxe siècle ni du ② et du ⓪ du xxie siècle. Nous en parlerons en détail au chapitre 4, car ces Chiffres influent de manière significative sur les événements à l'échelle mondiale. Pour l'instant, contentons-nous de nous occuper de votre Code personnel.

Ce dernier est composé d'au minimum quatre Chiffres et d'au maximum six.

Exemple :

- Né le 5 juillet 1966, vos Chiffres sont : ⑤, ❼, ❻ et ❻.
- Né le 12 septembre 1947, vos Chiffres sont : ❶, ❷, ❾, ❹ et ❼.
- Né le 21 décembre 1985, vos Chiffres sont : ❷, ❶, ❶, ❷, ❽ et ⑤.

L'insertion des Chiffres sur la Roue

Dessinez une boussole et notez-y le Nord, le Sud, l'Est, l'Ouest et le Centre. Si cela peut vous aider, notez votre date de naissance sur un bout de papier, en n'oubliant pas de supprimer les zéros inutiles.

Insérez les chiffres correspondant à votre date de naissance en vous aidant des illustrations représentant la Roue anniversaire. N'oubliez pas qu'ils ont chacun un emplacement bien précis : le ❻ et le ❶ au Nord, le ❽ et le ❸ à l'Est, le ❼ et le ❷ au Sud, le ❾ et le ❹ à l'Ouest, et le ⓪ et le ⑤ au Centre. Nous avons l'habitude d'entourer chaque Chiffre d'un cercle.

Voici quelques exemples :

Date de naissance : 4 juillet 1955. Les Chiffres à noter sont ❹, ❼, ⑤ et ⑤. Jetez un coup d'œil à la figure ci-dessous : le ❹ va à gauche à l'Ouest, les deux ⑤ au Centre, et le ❼ en bas, au Sud.

Date de naissance : 18 juillet 1972. Dans ce cas, on note ❶, ❽, ❼, ❼ et ❷ de la façon suivante :

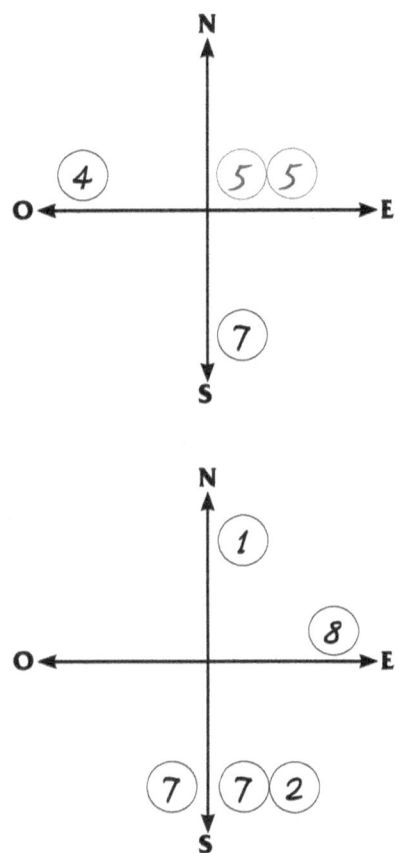

Les Points cardinaux

À chaque paire de Chiffres correspond une direction ou Point cardinal. Vos Points cardinaux sont les directions où sont inscrits vos Chiffres. Si vous êtes né le 1er juin 1950, ce sont le Nord et le Centre. On parle aussi parfois de « Station », surtout quand il s'agit du mouvement de la Roue. L'énergie se déplace toujours dans le sens des aiguilles d'une montre. Par conséquent, lorsque nous vous disons que le Sud est dynamisé par la Station qui le précède, nous parlons de l'Est.

Aidez-vous de la figure ci-dessous pour déterminer vos Points cardinaux. Notez-les dans votre journal si vous avez décidé d'en tenir un.

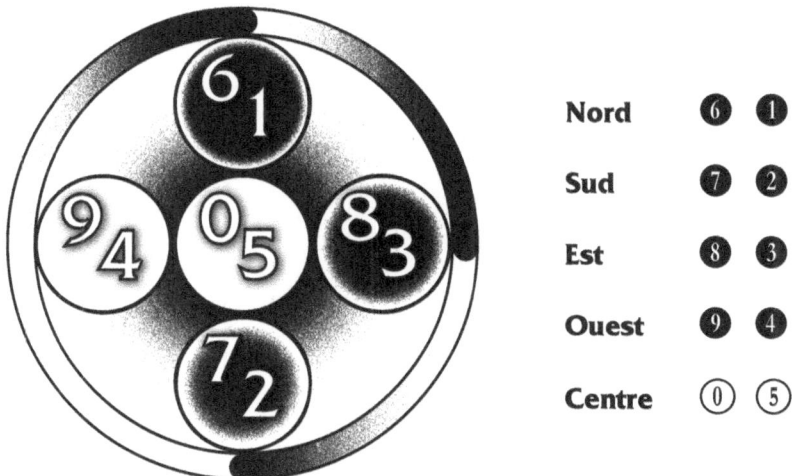

Les lieux suivent les mêmes lois énergétiques que la Roue, ce qui explique que les Basques et les Alsaciens n'aient pas le même tempérament. Les Chiffres ont une telle importance que, à l'intérieur d'un même département, les gens sont différents selon qu'ils habitent l'Est ou le Nord. Nous verrons cela en détail dans la quatrième partie.

Petit à petit, tout cela va devenir évident. Avec l'expérience, vous vous sentirez de plus en plus sûr de vous. Vous comprendrez pourquoi la réunification de l'Allemagne de l'Ouest et de l'Allemagne de l'Est a représenté un tel bouleversement, de même que la scission entre le Nord et le Sud à l'origine de la guerre de Sécession. Dans la troisième partie, nous vous expliquerons ce qui arrive lorsque, par exemple, un « Sud » devient « Nord » du jour au lendemain.

Les couleurs des Chiffres

À présent, vous allez déterminer vos couleurs. Chaque chiffre de votre date de naissance correspond à une couleur elle-même associée à son énergie et à sa place sur la Roue. Observez les schémas en couleur de ce livre :

- Le bleu et le noir vont avec le ❻ et le ❶
- Le vert va avec le ❽ et le ❸
- Le rouge va avec le ❼ et le ❷
- Le blanc va avec le ❾ et le ❹
- Le jaune va avec le ⓪ et le ⑤

Il est très important d'être au fait des correspondances entre Chiffres et couleurs. Vous verrez que cette connaissance peut s'avérer très utile. Par exemple, porter certaines couleurs peut contrebalancer l'influence de vos Chiffres ou de ceux des personnes que vous fréquentez. Nous reviendrons sur le sujet au cours des prochains chapitres.

Les Signatures

Votre Signature se calcule à partir de votre Code chiffré personnel et se compose des Points cardinaux où s'inscrivent vos Chiffres (Nord, Sud, Est, Ouest et Centre). Supposons que vous soyez né le 5 septembre 1961 : vos Chiffres sont positionnés au Nord, à l'Ouest et au Centre de la boussole. Un schéma se dégage de cet arrangement : la formation Nord, Ouest et Centre. C'est ce que nous appelons une Signature.

Il existe trente et une combinaisons de Chiffres possibles et, par conséquent, trente et une Signatures. Déterminez votre Signature (votre combinaison de Points cardinaux) et notez-la dans votre journal si vous le souhaitez. Dans la troisième partie de ce livre, vous apprendrez ce qu'elle révèle sur votre personnalité, ainsi que la manière d'en tirer parti.

Les Unités

La somme des Unités de chacun de vos Points cardinaux correspond tout simplement à la somme de ses Chiffres. Ainsi, pour une personne née le 9 octobre 1959, le Chiffre ⑨ figure deux fois à l'Ouest. En conséquence, elle possède 18 Unités de l'énergie dominant l'Ouest de la Roue.

Dans votre journal, additionnez les Unités de chacun de vos Points cardinaux. Le ⓪ compte pour 10 Unités. Notez les sommes supérieures à 10. Si l'un de vos Points cardinaux totalise plus de 10, il se peut qu'il soit hyperdéveloppé. Nous vous expliquerons plus loin ce qui risque d'en découler.

Pour revenir à notre exemple, une occurrence du Chiffre ⑨ dans votre Code personnel indique la plupart du temps un certain sens des affaires. S'il apparaît deux fois, il se peut que vous versiez dans l'excès, que vous ayez tendance à vous montrer égoïste, radin et têtu. Le « businessman averti » risque de se changer en « amasseur compulsif » ou en harpagon. Heureusement, le ⓪ et le ⑤ du Centre compensent le poids de l'Ouest en totalisant 15 Unités.

Masculin et féminin

Il existe une autre nuance importante relative aux Chiffres. Les plus élevés (⑥, ⑦, ⑧, ⑨ et ⓪) représentent l'énergie féminine. De manière générale, ils se montrent plus robustes, plus tenaces et plus obstinés. Toutefois, la spontanéité des Chiffres masculins (①, ②, ③, ④ et ⑤) leur fait défaut. Ces derniers ont un effet immédiat et retentissant mais de courte durée.

Prenons les gens dont tous les Chiffres sont compris entre ① et ⑤. En général, ce sont des personnes rapides, peu sujettes à l'indécision mais de nature impatiente voire imprudente, y compris dans la vie de tous les jours. À l'extrême inverse, les dates de naissance dont les Chiffres sont compris entre ❻ et ⓪ correspondent à des personnalités patientes et réfléchies ayant tendance à hésiter au lieu de réagir dans l'urgence. Avec le temps, ces différences n'auront plus aucun mystère pour vous.

Le Centre de gravité

La distribution des Chiffres d'une Signature constitue un schéma unique correspondant aux talents existants et aux capacités innées de la personne concernée. C'est la raison pour laquelle il est très important de l'examiner de près et de déterminer son Centre de gravité. Par exemple, comparons le 1er mai 1966 et le 10 mai 1955. Leurs Signatures sont identiques, axées sur le Nord et le Centre. Toutefois, elles correspondent à deux caractères aux atouts et aux énergies très différents. La première gravite plutôt autour du Nord et la seconde, autour du Centre. Nous vous expliquerons tout cela en détail dans les deuxième et troisième parties de ce livre.

À ce stade, vous avez d'ores et déjà déterminé vos Chiffres, vos Points cardinaux, vos couleurs et votre Signature. Vous avez également comptabilisé les Unités de chacun de vos Points cardinaux et trouvé votre Centre de gravité. Vous avez donc en main les outils de base nécessaires pour travailler sur votre Code personnel. Notez ces informations bien en évidence dans votre journal de manière à pouvoir vous y référer facilement en poursuivant votre lecture.

Dans la deuxième partie, nous nous lancerons dans l'interprétation de vos Chiffres. Mais patience ! Le chapitre qui suit va vous aider à comprendre d'autres aspects importants de la Roue anniversaire : son mouvement interne, sa dynamique, et ce qu'ils ont à vous révéler.

La spirale de la Roue anniversaire

Les informations qui suivent risquent de vous paraître un peu complexes au départ, mais ne vous en faites pas. Vous avez déjà été confronté à ce type de problème, la première fois que vous avez lu la notice de votre ordinateur, de votre mixer ou de votre téléphone portable. Il vous a sans doute fallu quelques jours pour faire des essais et vous y retrouver. Au bout du compte, les différents processus sont devenus votre seconde nature. Exercez-vous à lire les Roues anniversaires, relisez ce chapitre et vous verrez que tout se mettra en place. Courage !

La Roue en mouvement

Jetez donc un coup d'œil à la Roue anniversaire illustrant la couverture de ce livre. Ses Chiffres sont disposés en un cercle se lisant dans le sens des aiguilles d'une montre, le sens naturel du mouvement de la Roue. Ainsi, en commençant par le Nord, elle effectue une rotation vers l'Est puis vers le Sud et l'Ouest pour ensuite revenir au Nord.

C'est la même chose pour la nourriture. Lorsque vous remuez votre café ou votre thé ou que vous mélangez des ingrédients à l'aide d'une cuiller en bois, c'est en tournant dans ce sens que vous les dynamisez. Si cela vous paraît très étrange, sachez que tout deviendra limpide au fur et à mesure de la progression de votre lecture et de vos expérimentations. On a beau décrire avec minutie la saveur acidulée d'un citron, rien ne vaut le moment où on le goûte.

Dans la mesure où la Roue est représentative de ce qui se passe dans la nature, s'en servir chaque jour est gage de réussite. Tout commence au Nord avec la fin de quelque chose et le germe d'une idée neuve, passe à l'Est pour se développer dans la joie et l'enthousiasme, se présente au Sud dans l'exubérance, attaque le stade logistique à l'Ouest (celui de la sécurité, du bon fonctionnement, de l'intelligence et du succès), pour finir au Nord sous les feux de la rampe. Ensuite, on refait le tour de la Roue pour peaufiner son projet et le faire encore progresser.

Les rééquilibrages

Si la Roue est en perpétuelle rotation, c'est pour une autre bonne raison. En effet, chacun doit remplir les Stations et les Points cardinaux vides de son Code personnel. Il existe deux manières de s'y prendre : se trouver un conjoint dont la date de naissance contient les Chiffres manquants à sa Roue, ou se familiariser avec les énergies et les compétences absentes.

C'est avant tout une question d'intuition. Toutefois, nous pouvons vous fournir quelques pistes. Tout d'abord, sachez qu'il est important de comprendre la signification des Chiffres manquants ainsi que les pouvoirs spéciaux et les compétences qui leur sont associés. Il ne s'agit pas d'acquérir ces derniers de façon à ressembler aux personnes en étant dotées, mais plutôt de parvenir à une certaine harmonie qui vous permettra de mieux comprendre les autres et de vous sentir mieux dans votre peau. Un chef cuisinier capable de créer les plats les plus divins ne sera jamais vraiment à l'aise tant qu'il n'aura pas une idée de ce qui se passe dans la tête du maître d'hôtel. Le président d'une grande nation ne saura jamais servir son peuple et gouverner avec sagesse s'il n'a jamais testé le mode de vie de ses subalternes et s'il se montre incapable de la moindre empathie à l'égard des citoyens de son pays.

Ensuite (et c'est là que le mouvement de rotation de la Roue prend toute son importance), il faut que vous transmettiez vos propres Chiffres ainsi que leur caractéristiques (autrement dit vos talents et vos connaissances) aux Stations vides de votre Signature. On procède dans le sens des aiguilles d'une montre, et la meilleure manière de s'y prendre consiste à enseigner ce que vous savez à des gens possédant les Stations qui vous manquent. Ne vous inquiétez pas si cela vous paraît un peu mystérieux pour l'instant.

Les parents et les professionnels travaillant avec des enfants savent bien que ces derniers n'ont de cesse de remplir les vides de leur Roue en testant intuitivement une quantité d'activités pour lesquelles ils n'ont pas de talent inné.

Hélas, il n'est pas rare qu'on tente de les décourager en leur disant quelque chose du genre : « Tu t'en sors ou quoi ? », ou « Tu en as encore pour longtemps ? » Du coup, beaucoup d'enfants renoncent à l'aventure jusqu'à l'âge adulte. Heureusement, il n'est jamais trop tard pour finir de se construire.

Comme nous l'avons mentionné au chapitre précédent, on peut également se servir des couleurs. Il est très utile de connaître les Chiffres et les couleurs de tous les gens que vous fréquentez depuis un certain temps (parents, amis, collègues, élèves, etc.), faute de quoi vous risquez de vous sentir épuisé et mal à l'aise en leur présence. C'est souvent le cas lorsque la Roue des deux protagonistes présente un vide aux mêmes Points cardinaux (Nord, Sud, Est, Ouest ou Centre). Toutefois, il vous suffit d'utiliser votre connaissance des Chiffres et des couleurs pour compenser la perte d'énergie. Vous pouvez par exemple porter des vêtements de la couleur absente de votre Signature.

En revanche, si votre interlocuteur possède plusieurs Unités de Chiffres et de couleurs manquant à votre Roue (par exemple deux 6 alors que nous n'avez pas de Station Nord), sa seule présence vous sera sans doute très bénéfique. L'inverse sera également vrai dans la mesure ou vous l'aiderez à contrebalancer son excès de bleu. Comme vous l'avez certainement déjà remarqué, certaines personnes ont le don de vous indisposer ou au contraire de vous remonter le moral.

> ### La petite histoire de Johanna
>
> *Plusieurs années après avoir quitté les Alpes autrichiennes pour la grande ville de Munich, j'ai continué à faire attention aux couleurs de mon environnement. Lorsque je rendais visite à des amis, j'étais souvent étonnée de constater qu'une ou plusieurs nuances étaient totalement absentes de leur vie.*
>
> *Ainsi, j'ai remarqué que le rouge était presque non existant chez un couple de ma connaissance, alors qu'ils manquaient très nettement d'énergie. Il m'a fallu un moment pour comprendre qu'ils ne savaient pas du tout se servir des couleurs et que, d'ailleurs, ils auraient certainement pris cela pour de la superstition. Des années plus tard, ils sont venus me trouver parce qu'ils souffraient de divers maux. Je leur ai recommandé de consulter un guérisseur et je leur ai suggéré un certain nombre de choses à faire en fonction des Chiffres et des couleurs. Ça a très bien marché pour eux, ainsi que pour de nombreux sceptiques à qui j'ai eu l'occasion d'avoir affaire. Je ne me suis jamais justifiée, sachant que les résultats se passaient de commentaires.*

La Roue en pratique

La Roue est un outil traditionnel dont l'utilisation remonte à plusieurs siècles. Les fermiers et les ouvriers connaissent son pouvoir et s'en servent tous les jours pour mener leurs projets à bien. Prenons un exemple vécu pour observer la manière dont elle fonctionne, le développement d'une idée et sa mise en œuvre.

Le départ : « J'ai une idée ! »

Le processus créatif commence n'importe où, dans n'importe quelle Station. C'est à la portée de tout le monde. Supposons que votre date de naissance contienne le Nord (❻ ou ❶) et le Centre (⓪ ou ⑤) ; sa Signature est donc de type Nord-Centre. Or vous venez d'imaginer un nouveau jeu de société. Pour que cette idée prenne forme grâce au Code, il faut mettre la Roue en mouvement. Pour commencer, transférons l'idée à l'Est, là où germent tous les projets. Comment faire ? Rien de plus facile.

Le développement : « Quelle bonne idée ! »

Une fois qu'une idée a germé quelque part dans l'univers, la première Station sur le chemin de sa mise en pratique est l'Est ; cela veut dire qu'elle doit être confiée à une personne dont la date de naissance contient l'Est ou à une société spécialisée dans la réalisation de projets. Il s'agit forcément d'une « société de l'Est », car il y a de grandes chances pour que ses employés clés possèdent le ❽ ou le ❸. Leur Roue et leur vie les rendent aptes à gérer les premiers stades de développement des idées. Si quelqu'un sait créer un prototype, c'est bien eux.

La présentation : « Ça marche. Regardez ! »

Ensuite, l'Est transmet le prototype au Sud (❼ ou ❷). Si la première société possède aussi les caractéristiques du Sud, pas besoin de changer. Sinon, une autre contenant le Sud prend le relais. À ce stade, il s'agit de présenter le produit de manière convaincante, de sorte que le public s'y intéresse. Ce peut être lors d'une foire-exposition par exemple. Cette passionnante étape du processus créatif, celle qui consiste à susciter l'enthousiasme d'acheteurs potentiels, relève typiquement des personnes du Sud. Votre rôle à vous se limite à veiller sur votre produit pour vous assurer qu'on ne trahit pas votre vision des choses et que tout se passe bien jusqu'au bout.

La réalisation : « C'est faisable ! »

Grâce au Sud, vous êtes maintenant en mesure de transmettre votre « bébé », ce jeu de société absolument génial, à l'Ouest (❾ ou ❹). Même si cette Station joue quelquefois les rabat-joie, elle n'en est pas moins incontournable. L'Ouest est l'endroit où votre idée de départ va se transformer en produit ou en concept élaboré. Il s'agit de parvenir à un moyen terme entre ce qui est faisable (et pratique) et l'idéal dont vous rêvez. Pour cela, il faut se livrer à de nombreux calculs, fixer les prix, effectuer des études de marketing, lancer une campagne de publicité, réfléchir à la logistique et à la distribution, bref, faire le nécessaire pour le lancement du produit sur le marché. C'est le travail des gens de l'Ouest. En ce qui vous concerne, vous continuerez à superviser l'avancement de votre projet. C'est peut-être le moment d'embaucher un bon conseiller fiscal qui s'assurera que tout se passe bien, financièrement parlant.

Le lancement : « Ça y est, c'est disponible ! »

C'est l'étape finale du processus, celle qui vous ramène au Nord : les clients vont enfin pouvoir s'offrir votre jeu. Ainsi, cette Station constitue non seulement le lieu de naissance de votre idée mais aussi l'endroit où elle aboutit, où elle se montre prête à être diffusée. Supposons que votre Roue anniversaire contienne le Nord (❻ ou ❶), avec sa réserve de projets et sa capacité à les lancer une fois arrivés à maturité : vous êtes tout à fait capable de gérer un certain nombre de choses par vous-même.

L'exemple que nous venons de vous exposer montre bien qu'il n'est absolument pas nécessaire de tout faire soi-même pour remplir les Stations vides de sa Roue. Il suffit d'assurer la continuité du projet en sachant que certaines compétences appartiennent à des Stations que l'on n'a pas, de donner éventuellement un coup de main, et de superviser le travail. Cet exemple s'applique à toutes les situations et à toutes les Signatures. Contentez-vous de substituer « expertise » (« musique », « guérison », « invention », etc.) à « jeu de société ») : cela fonctionnera tout aussi bien.

Imaginons que tous les Points cardinaux soient présents dans votre Code sauf l'Ouest, comme pour le 26 mars 1951 par exemple. Vous pourrez sans problème assumer la phase de maturation du projet à l'exception de la partie financière, comptable et marketing. Il faudra avoir recours à des personnes dont la Roue contient la Station qui vous manque. Il vous suffira d'être expert en matière de contrats et de superviser les activités logistiques de l'Ouest.

Chaque rotation vous fait progresser

Résumons ce qui arrive lorsque la Roue se met à tourner (sachant qu'il s'agit d'un mouvement perpétuel). La rotation invisible de la Roue commence dans le Nord, lequel représente à la fois le début d'un nouveau cycle, sa fin et son apogée. C'est un peu comme le calme avant la tempête, le moment où l'énergie se rassemble pour mieux exploser, à la manière de l'hiver augurant le printemps. On sent bien les prémices d'un nouveau départ même si elles sont difficiles à voir.

À l'Est, toutefois, avec le ❽ et le ❸, le projet est déjà en plein boum et le printemps s'épanouit. Le Sud (❼ et ❷) représente la force de l'été, une débauche d'énergie et de vitalité. À ce stade, on a passé le moment des balbutiements et des hésitations. Tout s'exprime et prend forme. Avec le ❾ et le ❹, l'Ouest consolide le travail déjà effectué, le présente et le rend utile à la postérité. Quant au Nord, il boucle la boucle en rendant le produit public et accessible à tous, avec un petit quelque chose de plus qui lance la rotation suivante… à partir du Nord.

La Roue ne répète pas infiniment le même cycle. À chaque fois, elle passe à un niveau supérieur de développement, formant une spirale de plus en plus puissante à mesure que l'énergie s'accumule.

Les Chiffres du Centre (⓪ et ⑤) puisent dans toutes les autres Stations. On va où l'on veut en partant du Centre. On peut s'en servir comme joker pour animer des Stations vides. La vie est faite de nombreux cycles qui se succèdent.

Chaque cycle complet vous fait faire un pas en avant. Une idée se réalise, des connaissances se transfèrent et de bonnes choses se manifestent. Petit à petit, la Roue se transforme en spirale. En vue aérienne, elle ressemble à un cercle multicolore en deux dimensions alors qu'il s'agit plutôt d'une spirale en 3D montant vers le ciel !

Avec le temps, vous aurez peut-être envie de réfléchir à la beauté de sa forme et vous comprendrez de mieux en mieux la façon dont les choses s'imbriquent. Vous arriverez même à ne plus « sauter » de Station en Station : tout se fera de manière fluide, sans la moindre interruption.

Nous employons les termes « nouveau-né », « nourrisson », « bébé », « enfant », « adolescent » et « adulte ». Pourtant, vous êtes-vous senti plus adulte que la veille, le jour de vos dix-huit ans ? La vie coule sans heurts. La Roue anniversaire ne fait pas exception à la règle. Faute de laisser assez de liberté à l'existence, on verse dans l'extrême ou on se met à stagner. Les Amérindiens ont inventé une très belle allégorie à ce sujet. Ils disent que « Seule la source bouillonnante qui donne généreusement son eau reste fraîche et limpide. L'eau stagnante se change en marais nauséabond. »

Nous avons tous une vocation, la composition de notre Roue le montre bien. Si nous la suivons, le succès ne se fait pas attendre, et nous nous voyons tenus de le partager matériellement, intellectuellement et émotionnellement. L'égoïsme ne fait pas le bonheur. Tout le monde doit bénéficier de votre réussite, sans quoi elle ne durera pas !

Deuxième partie :
Les composants du Code

Introduction

Chaque Chiffre de votre date de naissance équivaut à un don. Tous ces talents, qui vous sont entièrement personnels, vous ont été octroyés pour que vous meniez à bien certains projets de votre vie.

Ainsi, tous les Chiffres de votre Code représentent à la fois une tâche à accomplir et l'ensemble des outils susceptibles de vous y aider. C'est un peu comme si on vous indiquait votre destination tout en vous donnant de quoi vous payer le voyage. La difficulté consiste à comprendre où vous allez et comment franchir les obstacles pour y arriver. Même si cela ne vous semble pas évident, c'est toujours vous qui décidez si vous allez prendre le train ou rester sur le quai.

À chaque chapitre, vous trouverez des citations qualifiées de « médecine de l'âme » en rapport avec la Station concernée. Elles vous aideront à mieux comprendre le pouvoir des Chiffres.

Nous vous recommandons de lire cette deuxième partie du début à la fin, même si votre date de naissance ne contient pas les Chiffres d'une Station donnée. En effet, vous apprendrez à gérer cette absence. De plus, de nombreuses réflexions s'appliquent à tous les Chiffres sans exception.

Le Nord (6 et 1)

Charisme, vision et détermination

Si votre date de naissance contient le 6 et/ou le 1

Ces Chiffres constituent en quelque sorte vos premiers pas vers la lumière. Ils donnent de la force intérieure et émettent des vibrations que tout le monde peut entendre. Ils confèrent charisme et vivacité. Ceux qui les possèdent ne travaillent pas en silence. Ils affichent leurs talents, leurs compétences, leurs connaissances et leur expérience au vu de tous, pas uniquement de leurs enfants. Les gens souffrant de trac insurmontable ne font pas exception à la règle : lorsqu'une personne du Nord se montre timide et craintive, c'est généralement le résultat de blessures psychologiques et d'un manque de confiance en soi remontant à son enfance.

Dès lors que vous possédez le 6 ou le 1, vous aurez toujours la force et le charisme nécessaires à une apparition en public, quand bien même ces aptitudes seraient noyées dans un océan de timidité. Les autres vous écoutent car vous savez y faire. Le 6 et le 1 aident à jeter des ponts.

Le 6 et le 1 sont gages de volonté, d'assurance et de ténacité. Il reste tant de bonnes causes auxquelles se dévouer dans ce monde. Par exemple, on ne trouvera une solution au terrorisme qu'en découvrant la véritable origine du problème. Le 6 et le 1 sont porteurs de qualités visionnaires, et ceux qui les possèdent

Le Code – 47

mettent toute leur intelligence et tout leur cœur au service de la recherche de solutions d'avenir.

De plus, les gens du Nord sont très persévérants et ne reculent pas volontiers, même confrontés à de grosses difficultés. De fait, ils considèrent souvent que ces dernières font partie de la vie et qu'elles sont aussi inévitables que les courbatures consécutives à une bonne séance de gym. Cette attitude positive les aide à atteindre leurs objectifs plus facilement que les autres.

Alors que certains sont encore en train de dire : « Ça ne marchera jamais ! », les gens du Nord cherchent des solutions avec une détermination sans égale. Ils sont souvent en avance sur leur époque et il faut quelquefois une centaine d'années pour que l'on rende hommage à leur génie. Le monde a du mal à se mettre sur la même longueur d'ondes qu'eux et à émettre les mêmes vibrations. Ce progressisme est souvent source de tristesse : les gens du Nord se sentent quelquefois bien seuls.

Ne comptez pas sur eux pour faire des fonctionnaires zélés. Leur cœur les porte plutôt à devenir pionniers, réformateurs, avocats, philosophes, écrivains, politiciens ou diplomates. Ils excellent aussi en tant que professeurs (grâce à leur sagesse et à leur charisme), juges (du fait de leur capacité à voir au-delà des apparences), ou chercheurs (surtout si le ❾ ou le ❹ leur confère un certain sens de l'autodiscipline). Il arrive qu'ils choisissent le métier d'acteur. Il n'est pas facile de réussir dans ce monde si l'on ne possède ni le ❻ ni le ❶, mais c'est tout de même possible, surtout si l'on a le ❼ ou le ❷, dont l'aspect passionné ouvre pas mal de portes.

Nous sommes tous plus ou moins curieux, que nous extériorisions ce trait de caractère ou non. Toutefois, les gens du Nord ont absolument besoin de se servir de leur intellect pour être heureux. De plus, ils ne se satisfont pas de faux progrès et ne se laissent pas abuser par les sirènes de la mode. Pas facile de les convaincre à coup de concepts en vogue et de pseudo-trouvailles scientifiques. Ils sont si amoureux de la vérité qu'on ne leur jette jamais bien longtemps de la poudre aux yeux.

Pour toutes ces raisons, le ❻ et le ❶ sont des Chiffres d'eau. Un peu comme eux, l'eau ne recule devant rien. Ils correspondent à un esprit curieux qui ne s'estime pas satisfait tant qu'il n'a pas trouvé de solutions aux problèmes. L'énergie du ❻ et du ❶ est celle d'un ruisseau frais et bouillonnant que rien n'arrête.

Le ❻ et le ❶ aiment les relations publiques, les médias et l'humanitaire. L'esprit pionnier des gens du Nord est si fort qu'ils ont vite tendance à s'ennuyer et à déprimer, ce qui arrive lorsqu'on les enferme dans une routine sans lendemain ou qu'ils fréquentent des gens qui se ressemblent tous. Une petite vie bien confortable ne leur suffit pas, à moins qu'elle leur permette de contribuer à la réussite de quelqu'un d'autre. C'est pourquoi ils font souvent office de leaders, sans pour autant se faire nécessairement remarquer. Ils considèrent souvent que les autres Chiffres sont là pour les aider.

Vous vous demandez sans doute si le ❻ et le ❶ génèrent exactement la même énergie. Il est vrai que la différence est subtile. Toutefois, le ❶, particulièrement curieux, est plus orienté vers le savoir et la communication, tandis que le ❻ se montre moins perfectionniste, même si sa soif de connaissance ne tarit jamais.

Vous avez sûrement deviné que, par les temps qui courent, le ❻ et le ❶ ont un certain mal à assouvir leur curiosité et leur goût de l'aventure, les différents médias nous invitant de manière insidieuse et subliminale à nous caler confortablement dans notre fauteuil. Il faut énormément de volonté, d'assurance et d'autodiscipline aux gens du Nord pour déjouer les pièges de la société de consommation.

Peu d'écoles apprennent à leurs élèves l'art de « mener les choses à bien du début à la fin ». Le libre arbitre et la confiance en soi ne font pas l'objet de beaucoup d'encouragements. C'est dommage car, sinon, nous serions beaucoup moins nombreux à succomber à la stagnation et à l'engourdissement. Les gens du Nord se trouvent souvent un partenaire de vie qu'ils adorent, qui leur convient parfaitement et aux côtés duquel ils souhaitent s'épanouir mais dont ils finissent par se séparer, cette personne refusant de grandir et se laissant porter par la voie dite « normale » de la surconsommation. Bien sûr, certains se satisfont de parfaites maîtresses de maison ou de « papas gâteaux ». Toutefois, pour l'éternel enfant venu du Nord, ces unions mènent rarement au bonheur.

Le Nord a besoin de bouger, sinon il risque de perdre toute vitalité. Pas question de faire semblant ou de rester dans son ornière. La Roue anniversaire est toujours en mouvement et chaque Station lui apporte sa propre dimension. Le ⑥ et le ❶ fournissent le grand calme qui précède la tempête, une phase très fertile, première étape d'un brillant parcours. Ce sont également eux qui bouclent la boucle, de la conception d'une idée à sa réalisation, et font de la place pour un nouveau projet.

Les enfants du Nord

Les enfants et les adolescents possédant le ⑥ ou le ❶ étant d'insatiables aventuriers, il faut absolument encourager leur curiosité.

Si tant est que leurs parents se soient résignés à une vie sans intérêt passée à regarder la télévision une bière à la main, ces enfants risquent de se transformer en véritables pestes. C'est juste une question de manque de compréhension. De tels parents ne communiquent plus avec leur progéniture. D'ailleurs, ils se coupent systématiquement de toute relation avec les autres. Les enfants n'ayant pas la possibilité d'exprimer leurs talents, ils trouvent inconsciemment des façons de se rebeller. Pas question pour eux de se résigner ou de ressembler à papa et maman. Leur seule idée : fuir.

On commence à se rendre compte du fait que certains enfants du Nord sont considérés à tort comme « lents » par leurs parents, leurs professeurs et leurs frères et sœurs, ce qui constitue, bien entendu, une grossière erreur. En fait, ils sont complètement absorbés par ce qu'ils font. Leur esprit est si rapide qu'ils voyagent bien au-delà des limites accessibles à ceux qui les critiquent. En dix minutes de réflexion, ils en apprennent bien plus que les autres en trois heures de labeur.

En réalité, ces enfants sont des amoureux du détail. Il est fort rare qu'ils procèdent par imitation. Ils détestent suivre le mouvement. Têtus et pointilleux, ils ont besoin d'un traitement de faveur.

Ne faites pas l'erreur de les sous-estimer. Leurs questions incessantes n'ont rien à voir avec le jacassement sans conséquence des enfants mal élevés, ce dernier n'étant pas une question de Chiffres mais plutôt de faiblesse parentale. Attention toutefois si un enfant du Nord possède également une forte présence à l'Ouest (avec le ❾ ou le 4), ce qui peut en faire quelqu'un de brutal, décidé à arriver à ses fins par tous les moyens.

L'un dans l'autre, les enfants possesseurs du ❻ ou du ❶ ont la chance de leur côté. Il suffit de les guider gentiment, avec beaucoup de compréhension, et de leur démontrer qu'ils réussiront dans la vie, même si cela implique d'aller contre les souhaits de leurs parents.

Le Nord en devenir

Lorsque nous discutons avec nos lecteurs ou avec les gens assistant à nos conférences, on nous pose toujours la même question : « Comment se fait-il que notre interprétation de notre Code ou de celui d'un proche aboutisse à un résultat complètement opposé à la réalité ? »

Pourquoi ne sommes-nous pas conscients de l'énergie de nos propres Stations ? Comment est-il possible que le possesseur d'un ❻ ou d'un ❶ ne progresse jamais dans sa vie personnelle ou professionnelle ?

Il est fort possible que nous soyons bel et bien au fait de cette énergie et que nous ne la laissions pas entrer dans notre vie et nous apporter le bonheur, à la manière de ces enfants du ❻ ou du ❶ qui, tout en étant terrifiés par le changement, aspirent en silence à de nouvelles aventures.

Vous savez maintenant que chaque Chiffre correspond à un certain nombre de talents et de capacités, allant parfois jusqu'à l'exagération ou au fanatisme. Dans des cas extrêmes, il arrive que ces trésors ne voient jamais le jour. Imaginez, par exemple, que vous ayez le potentiel d'un journaliste ou d'un écrivain mais que vous apparteniez à une famille de scientifiques et de matheux. Ou encore que votre père, médecin, s'attende à ce que vous preniez sa suite.

Dans de telles circonstances, vos talents personnels pourraient bien ne jamais se révéler. Vous vous contenteriez de vous sentir quelque peu mélancolique (ou quelque chose d'approchant) en lisant un bon livre, et d'éprouver une étrange nostalgie en observant les mouettes depuis le pont d'un bateau. On ne compte pas les commerçants ayant raté leur vocation d'écrivain ou d'enseignant, ainsi que les médecins rêvant de cultiver un champ ou de réaliser un magnifique meuble en bois massif.

Si vous avez le sentiment de souffrir de ce genre de décalage, cela ne veut pas dire pour autant que vous êtes condamné à ne jamais trouver le bonheur, faute d'avoir suivi votre vocation.

Tout d'abord, sachez qu'il n'est jamais trop tard pour développer le potentiel que renferment vos Chiffres. Il n'est jamais ni totalement perdu, ni épuisé. Après tout, qui sait ? Peut-être écrirez-vous un jour une série d'articles passionnants ou un excellent roman avec pour toile de fond ce fameux style de vie qui vous déplaît tant ?

Il est possible que, vous ayez beau chercher, vous ne vous retrouviez absolument pas dans les qualités des Chiffres du Nord, bien qu'ils figurent dans votre date de naissance. Attendez donc d'avoir lu les chapitres traitant des autres Chiffres. Si cela se trouve, vous allez y découvrir le vrai sens de votre vie.

Si vous lisez ces lignes, vous êtes capable de prendre un nouveau départ. Ne vous découragez jamais. Au contraire, sortez de l'ombre. Vous le méritez ! Réfléchissez à ce que vous voulez vraiment en prenant votre temps. Il se peut que cela s'avère difficile parce que vous avez perdu l'habitude de vous poser ce genre de questions, forçant vos désirs les plus chers à rester cachés au plus profond de votre inconscient. Quoi que vous ayez fait jusqu'ici, demandez-vous quels projets vous avez une chance de mettre en pratique.

Le Nord est associé au bleu et au noir. Ainsi, porter des vêtements bleus peut vous aider lorsque vous avez la sensation de manquer de ❻ et de ❶ dans votre vie. Le bleu, tel un médicament homéopathique, ouvre les portes et invite le Cosmos à vous envoyer ce dont vous avez besoin. Par ailleurs, lorsque vous vous reconnaissez dans les caractéristiques des Chiffres et que vous sentez leur énergie, vous n'êtes pas obligé de travailler avec les couleurs correspondantes. Toutefois, c'est plutôt recommandé.

Chaque fois que l'on se trouve face à un problème, il est important de se poser la question suivante : « Comment se fait-il que je me retrouve dans cette situation ? Qu'est-ce qui est allé de travers ? » Après tout, rien n'est jamais le fruit du hasard. Votre troisième mariage prend l'eau ? Vous avez toujours les mêmes problèmes avec vos enfants, vos clients, votre patron ? Malgré de multiples déménagements successifs, vous n'arrivez jamais à vous entendre avec vos voisins ? Il y a forcément une raison à tout cela. On ne récolte que ce que l'on sème. Si l'on collectionne les ennuis, c'est que l'on n'a pas appris et intériorisé sa leçon.

Quels que soient les Chiffres de votre Code, nous sommes sûrs que l'exercice qui suit va vous être d'un grand secours.

Dessinez votre Roue anniversaire et reportez-y vos Chiffres personnels. Déterminez lesquelles de vos Stations sont vides. Ensuite, lisez entièrement ce livre pour connaître les caractéristiques de chaque Point cardinal et la signification de l'absence des

Stations correspondantes. Observez votre dessin : qu'est-ce qui lui manque ?

Ensuite, méditez un moment sur les questions suivantes :

Qui suis-je ?

Qui pourrais-je être ?

Il y a des gens dont la priorité consiste à reprendre l'affaire de leurs parents, tandis que d'autres frémissent à la seule idée de suivre les traces de papa et maman. Lorsqu'on sait exactement ce qu'on veut, les Chiffres revêtent probablement moins d'importance. Si on meurt d'envie de partir à l'aventure ou, au contraire, qu'on aspire uniquement à rester chez soi, ces désirs bien affirmés prendront certainement le pas sur le Code. Toutefois, tout parent bien informé du caractère entreprenant de son enfant grâce à la lecture de ses Chiffres se doit de renoncer à lui demander de prendre sa suite.

En ce qui concerne le Code, rien n'est gravé dans le marbre. Nul besoin d'apprendre des règles par cœur. Dans la nature, une quantité d'enchaînements logiques se jouent du raisonnement scientifique. De nos jours, la prépondérance des ordinateurs favorise le jugement, le classement par catégories, l'étiquetage, l'immobilité et l'inertie. Ce n'est pas comme cela qu'œuvre la nature, et c'est là une de ses grandes qualités.

En admettant que vous ne viviez pas en accord avec vos Chiffres mais que vous soyez heureux ainsi, ne vous démenez pas pour développer de nouvelles compétences et de nouveaux centres d'intérêt. En revanche, donnez une chance à vos talents cachés si les refouler vous rend malheureux ou profondément nostalgique.

Le Nord poussé à l'extrême

L'énergie positive et progressiste du Nord, comme celle de tous les Chiffres, risque de s'hypertrophier, ce qui est fréquemment le cas lorsque les pouvoirs spéciaux du Nord sont refoulés. Lorsque l'on a le sentiment d'étouffer, d'être castré pourrait-on dire, on va droit au désespoir et à la dépression. Un intense besoin de repos ou un ennui incommensurable sont souvent des symptômes de stagnation et de résignation. Une personne du Nord dont l'existence est bridée a tendance à se dire : « Le temps qu'ils comprennent, je serai sûrement à la retraite. »

Lorsque l'énergie du Nord est particulièrement développée (c'est-à-dire lorsque le ❻ ou le ❶ apparaissent deux fois, voire trois dans une date de naissance), elle peut être à l'origine d'un tempérament maniaco-dépressif : une minute vous êtes au septième ciel, la suivante vous avez le moral à zéro. Il faut alors énormément de patience pour contrebalancer cette instabilité dans la vie de tous les jours.

Il n'est pas toujours facile d'être une personne du Nord. En effet, on est constamment obligé de harceler son entourage pour qu'il s'attelle aux corvées de tous les jours, ce qui met de mauvaise humeur. La plupart du temps, les gens qui tirent au flanc pour jouer à des jeux vidéo, se promener avec leur chien ou toute autre activité vous exaspèrent. D'ailleurs, on finit par leur tourner le dos tellement leur vie semble futile.

Le Nord peut également engendrer une soif de pouvoir, laquelle, associée à de réelles capacités et de grandes connaissances, pousse à la tentation de se sentir supérieur aux autres. Or, cette façon de voir constitue un poison fatal, une véritable malédiction. Méfiez-vous d'autant plus de votre propension au narcissisme si le ❾ ou le ❹ sont présents dans votre date de naissance.

Il arrive que les gens du Nord soient perçus comme arrivistes et extrémistes car, du fait de leur efficacité naturelle, ils ont du mal à se mettre au niveau des autres. Si on ne donne pas à leur génie l'occasion de s'exprimer, ils ont tendance à se sentir insultés, à s'ennuyer et à devenir irritables. Parfois, ils ont l'air condescendants ou indifférents parce qu'ils trouvent un certain nombre de choses primitives, indignes d'eux. De plus, étant hypersensibles, ils détestent blesser les autres et redoutent les conséquences de leur attitude quelque peu « rentre-dedans ».

Les personnes dont le Nord totalise plus de dix Unités devraient éviter de porter du bleu et du noir au-dessus de la ceinture et se méfier des jours contenant les Chiffres ❻ ou ❶. Ces derniers appartiennent à la nuit, le moment où la réceptivité est à son sommet. C'est la raison pour laquelle le rayonnement magnétique auquel nous sommes soumis quotidiennement (wi-fi, Bluetooth, téléphones sans fil et leurs relais) leur est particulièrement préjudiciable. Les gens du Nord feraient bien d'éviter les endroits bombardés d'ondes électromagnétiques et de limiter au maximum les gadgets modernes.

La couleur d'une Station peut s'avérer fort utile pour contrebalancer l'hypertrophie du Point cardinal opposé. Dans le cas du Nord, il s'agit de la couleur du Sud, le rouge. Si votre Nord est très développé, nous vous conseillons de vous entourer de personnes du Sud possédant le ❼ ou le ❷, surtout si ces derniers sont absents de votre Roue.

Vous saurez que vous aurez beaucoup mûri lorsque vous ressentirez le besoin impérieux de transmettre vos richesses (connaissances, biens matériels, temps, amour, etc.) à d'autres gens, surtout lorsqu'ils possèdent les Stations qui vous manquent. Pour quelqu'un du Nord, il s'agira des personnes de l'Est, celles qui possèdent le ❽ ou le ❸. Cela vous fera beaucoup de bien.

L'absence de Nord : vos Chiffres ne comprennent ni le ❻ ni le ❶

Il est très important d'apprendre à gérer les Stations et les Chiffres absents de votre Roue anniversaire. Pour cela, il suffit de bien comprendre la signification des éléments qui vous font défaut. Il n'est pas absolument nécessaire de choisir une profession adaptée à la situation. Contentez-vous de vous pencher sur la question et de tenter de remplir les blancs. Faute de Nord, par exemple, faites l'effort de vous former des convictions, de les exprimer et de les défendre.

Le ❻ et le ❶ nous poussent à élargir l'horizon de nos connaissances. Ceux à qui manque le Nord sont parfois persuadés d'avoir la science infuse. C'est ce qui arrive lorsqu'un jeune diplômé estime en savoir assez pour réussir immédiatement sa vie professionnelle.

Ceux qui ne se donnent pas la peine de réfléchir à leurs Stations manquantes risquent d'avoir l'impression qu'une partie de leur existence leur échappe. En faisant cela, ils refusent de se montrer réceptifs, de grandir et de mûrir. Les gens qui se cramponnent à leurs préjugés se fanent, émotionnellement parlant, bien avant leur mort. De plus, ils deviennent l'instrument idéal des personnes avides de pouvoir, que leur rigidité arrange. Au royaume de la tyrannie, de l'arbitraire et de l'asservissement intellectuel, les « moutons » ont la cote.

Il n'est pas indispensable de s'approprier l'énergie des Chiffres absents de votre Roue. Toutefois, il est crucial de bien les connaître et d'apprendre à s'en accommoder. En règle générale, faute de ❶, on a tendance à manquer de volonté. Du coup, on devient têtu et déraisonnable. L'absence de ❻ mène à une certaine répugnance pour les compromis.

Il est souvent nécessaire de tout répéter des dizaines de fois à un enfant dépourvu de Nord. Même s'il fait semblant de comprendre, rien ne se passe. Si vous observez des adultes fonctionnant ainsi, vous verrez que, la plupart du temps, ils pensent à autre chose pendant que vous leur parlez. Faute d'en être conscients, ils ne voient pas où est le problème. Ils se surestiment, considérant cette attitude comme positive : après tout, ne sont-ils pas tout simplement en avance sur le reste du monde ? Or, du fait de leur incapacité à se concentrer sur le présent, ils passent souvent à côté d'informations importantes. Du coup, cette rapidité et cet esprit d'innovation apparents sont synonymes de régression : un pas en avant, deux pas en arrière.

Lorsque le Nord nous manque, nous avons plus de mal à comprendre qu'il est temps de changer de comportement ou de vision de l'existence. Nous rejetons la faute sur les autres et refusons d'assumer nos responsabilités. Les gens privés de Nord sont maîtres dans l'art de se voiler la face, surtout quand les soucis et les problèmes les accablent. Pourtant, il leur suffirait de jeter un petit coup d'œil dans la glace, sauf qu'ils font de bien piètres « détectives de l'âme ».

Les Chiffres du Nord donnent la possibilité de se montrer objectif, de prendre du recul et de faire preuve d'honnêteté envers soi et le reste du monde. En conséquence, l'absence de ❻ et de ❶ mène souvent à la partialité, mal dont on se retrouve plus ou moins atteint en fonction de son enfance. Plus cette dernière se passe bien, moins on a tendance à considérer son manque d'objectivité comme un défaut ou une difficulté à vaincre. Les personnes fonctionnant ainsi sont usantes pour les autres. Comme le veut l'expression, se mesurer à elles revient à « se taper la tête contre les murs ». Souvent, il n'y a tout simplement rien à faire.

Le ❻ et le ❶ sont synonymes d'une forme d'introspection sans laquelle on ne saurait résoudre bien des problèmes contemporains touchant à l'économie et à la politique. Comment voulez-vous arriver à quoi que ce soit si vous ne vous sentez pas concerné ? Imaginons que vous soyez bloqué dans un bouchon et que vous vous en plaigniez amèrement. Rappelez-vous que vous êtes en train de conduire, et que vous participez, vous aussi, à cet embouteillage. Faute de l'admettre, vous ne ferez jamais le premier pas en direction de l'inspiration et de la vérité.

Les personnes dépourvues de Nord peuvent se montrer charmantes et agréables, vivre leur vie sans jamais vexer qui que ce soit et rendre de grands services aux autres. Toutefois, elles sont source de grande frustration pour les gens du Nord dans la mesure où elles s'opposent à toute forme de changement radical. En effet, les natifs du Nord considèrent qu'il est presque de leur devoir d'évoluer et de mûrir. Toutefois, on peut s'accrocher au présent sans pour autant faire preuve de léthargie. Ce n'est pas qu'on refuse de se donner du mal, mais plutôt qu'on passe à côté des mutations nécessaires ou qu'on les reconnaît, certes, mais trop tard.

Les gens à qui manque le Nord ont beaucoup de problèmes à régler. Quand quelque chose se passe bien, ils craignent que cela ne dure pas. Il est beaucoup plus difficile de compenser un vide de Nord que l'absence de toute autre Station. D'ailleurs, les personnes concernées risquent de ne pas apprécier la lecture de ce livre car les changements de perspectives ne sont pas vraiment leur tasse de thé.

Comment, alors, parer au plus urgent ? Que faire si l'on a conscience d'un vide au Point cardinal Nord ? Pour commencer, il est indispensable de travailler avec la couleur bleue pour ne pas oublier de faire des pauses et de se régénérer. Pour cela, rien ne vaut la bonne vieille méthode consistant à dessiner les chiffres ❻ et ❶ sur un bout de papier bleu et à le garder sur soi (ou à le remettre à ceux qui en ont besoin sans le savoir). Dans l'ancien temps, on procédait fréquemment ainsi pour guérir les gens sans qu'ils le sachent.

Les vêtements bleus ou noirs sont toujours un soutien précieux en raison de leur caractère protecteur. Ils protègent des influences externes et invitent à l'introspection, ce qui est particulièrement important pour les gens manquant de Nord. Les « têtes de linotte », celles qui font un peu n'importe quoi, s'en trouvent fort bien. Si vous avez décidé d'apporter de l'aide à une personne se trouvant dans cette situation, nous vous conseillons de peaufiner vos arguments. Les scientifiques dont la date de naissance ne contient ni ❻ ni ❶ se montrent parfois insupportables à force de marteler leur point de vue sans se préoccuper des preuves avancées par les autres.

N'oublions pas que votre signe zodiacal influe dans une certaine mesure sur vos Chiffres en intensifiant, en diminuant ou en complétant leur effet. De plus, il peut remplir les vides. Si vous êtes Cancer, Scorpion ou Poisson, signes d'eau et donc de créativité, rien ne vous empêchera de devenir journaliste, quand bien même le Nord serait totalement absent de votre Roue.

Nous espérons avoir réussi à vous en apprendre un peu plus sur les Chiffres du Nord. Que vous les possédiez ou non, vous voici muni des outils nécessaires à la poursuite de votre route.

Médecine de l'âme

*Comme chaque fleur fane
et chaque jeunesse s'efface avec l'âge,
chaque sagesse et chaque vertu aussi fleurit à ses
moments et ne peut pas durer éternellement...
À tout nouvel appel de vie
le cœur doit être prêt à dire adieu
pour vivre autre chose ailleurs
et se donner avec courage
et sans regret à de nouveaux engagements.
Dans chaque début habite un enchantement
qui nous protège et qui nous aide à vivre.*

Herman Hesse – traduction d'Eva Maria Agenet

Deux animaux de la même espèce (deux daims ou deux hiboux) ne se conduisent pas de la même façon. Même les petits hamsters de votre fille ont chacun leur personnalité. J'ai étudié de nombreuses plantes. Leurs feuilles, leurs tiges... elles sont toutes différentes. Il n'y a pas deux feuilles sur terre qui soient exactement semblables. C'est le Grand Esprit, Wakan Tanka, qui l'a voulu. Il esquisse le parcours de vie de toutes les créatures de la terre et leur montre leur destination, mais c'est à elles de trouver le chemin pour y arriver. Il veut qu'elles agissent en fonction de leur nature propre et de leurs envies.

Lame Deer

> *Le bonheur, ce n'est pas d'avoir ce que l'on veut.*
> *C'est de vouloir ce que l'on a.*
>
> **Anonyme**

L'Est (❽ et ❸)

Empathie et clarté de vue

Si votre date de naissance contient le ❽ et/ou le ❸

Ceux qui voient clair dans les gens et les choses et qui ne s'arrêtent pas aux apparences ont presque toujours le ❽ ou le ❸ dans leur date de naissance. Ce trait de caractère aisément reconnaissable, associé à la capacité de réagir de manière adaptée et en temps utile, n'est pas donné à tout le monde. Nous sommes nombreux à devoir y travailler. Les gens de l'Est ne font jamais de faux pas car ils viennent au monde pourvus de l'aptitude à faire ce qu'il faut quand il faut. Si vous possédez le ❽ ou le ❸, réjouissez-vous ! Vous êtes doté d'une intuition à toute épreuve.

Grâce à votre empathie et à votre capacité à ressentir l'énergie, vous verrez plus de portes s'ouvrir devant vous que beaucoup d'autres gens. Acceptez ce don avec gratitude et profitez-en. Si vous l'entretenez comme il faut, il vous aidera toute votre vie à percer à jour les gens et les situations. Vous pourrez tout faire : travailler avec des enfants, guérir, jouer d'un instrument à la perfection.

Toutefois, ces qualités, comme beaucoup d'autres (innées ou acquises), demandent qu'on les entretienne avec soin et pour cela, le mieux, c'est de s'en servir. Les choses que l'on néglige finissent par se faner et mourir. Faute d'utiliser nos sens, nous deviendrions tous peu à peu muets, aveugles et sourds. Notre sensibilité disparaîtrait au fil du temps.

Chacune de nos pensées, chacun de nos actes est lourd de conséquences, que nous en soyons conscients ou pas. Toutefois, les personnes possédant l'Est dans leur Code ont le don d'anticiper. Difficile de croire qu'elles existent quand on a l'habitude de lire les journaux. Pourtant, les gens de l'Est ont la capacité innée de se projeter dans l'avenir. Ils savent où va atterrir une boule de billard et prédisent le coup que va jouer leur adversaire aux échecs. À condition de le vouloir et de ne pas avoir appris dès l'enfance à se mettre la tête dans le sable, les possesseurs du ❽ ou du ❸ ne se laissent jamais abuser par une quelconque forme de propagande.

Excellents guérisseurs, il voient les causes profondes des maladies sans s'arrêter à leurs symptômes, ce qui explique qu'ils soient peu nombreux à perdre leur temps dans les facultés de médecine. Leur intuition leur suffit pour trouver la meilleure façon de soigner leurs patients, ils s'annoncent comme les chefs de file du retour à la médecine holistique.

Juste après la Première Guerre mondiale, un jeune médecin roumain travaillant dans l'un des nombreux orphelinats européens surpeuplés remarqua que les bébés d'une certaine salle semblaient plus gais et plus en forme. De plus, ils avaient l'air mieux nourris et en meilleure santé que les autres nourrissons du même âge. Il en conclut que quelqu'un leur donnait des repas supplémentaires. Toutefois, il s'aperçut au bout d'un moment que ce n'était pas le cas. La seule différence entre ces bébés et les autres, c'était que la personne qui s'occupait d'eux faisait l'effort de les prendre chacun son tour pour leur faire un câlin avant de leur donner leur biberon et de les remettre dans leur berceau.

La date de naissance de cette personne contenait certainement le ❸ ou le ❽, son attitude étant typique de ces Chiffres. On peut compter sur les gens de l'Est pour ouvrir les yeux des médecins conventionnels dans un avenir proche, et pour leur apprendre à s'intéresser aux causes des maladies plutôt que de bricoler avec leurs symptômes.

De plus, comme tous les autres Chiffres, ceux de l'Est confèrent à leurs possesseurs certaines responsabilités. Il s'agit en l'espèce de pratiquer l'empathie à petite et à grande échelle, ainsi que de se dévouer à de bonnes causes le temps nécessaire et avec persévérance.

Leur panoplie de remèdes pour l'âme en contient un de toute première importance, celui qui consiste à ne pas être dépendant d'un succès immédiat ou d'un résultat prévisible. Ils savent défendre leurs convictions, même s'ils ne sont pas sûrs d'assister à l'heureux dénouement de leur aventure. De plus, ils se montrent toujours exceptionnellement opiniâtres malgré les difficultés et le manque de repos.

Martin Luther, fondateur du luthéranisme, né avec les Chiffres ❶, ⓪, ❶, ❶, ❽ et ❸, dit un jour : « Même si le monde devait s'écrouler demain, je planterais tout de même un pommier. »

L'Est est la patrie de la vision, cette qualité qui permet de comprendre les situations qu'on n'a pas vécues. Les gens de l'Est gardent la vitalité de leur jeunesse jusqu'à un âge avancé. Ils ne renoncent jamais à accomplir quelque chose. Ils sont prêts à conquérir le monde.

Hélas, il arrive que nous renoncions à exploiter nos dons. Ce peut être volontaire, parce que la vie nous fait peur ou qu'ils nous mettent mal à l'aise, ou involontaire, notre entourage nous mettant des bâtons dans les roues par crainte de la vérité. Vous avez le sentiment de ne pas posséder les pouvoirs spéciaux de l'Est bien qu'un ❽ ou un ❸ figure dans votre Code ? Cela viendra, promis ! Mais plus tard !

L'une des grandes difficultés auxquelles est confronté l'Est consiste à se mettre au travail. En effet, il faut bien en passer par là pour arriver à quelque chose. Or une juste estimation de départ n'implique pas nécessairement un résultat favorable. L'Est n'échappe ni à la complaisance ni à la paresse. Nombre de titulaires du ❽ ou du ❸ se contentent d'observer les choses de loin, s'adonnant à une sorte de médiation inutile dont ils finissent par être tirés brutalement par la réalité. Résultat : ils sont fort surpris que tout ne se passe pas aussi bien qu'ils l'auraient voulu. C'était si bien parti ! C'est un peu comme s'ils refusaient d'ouvrir leurs cadeaux de Noël de peur qu'ils ne correspondent pas à leurs attentes.

Curieusement, un certain nombre de gens sont tout à fait conscients (et convaincus) de la bonne conduite à tenir, ce qui ne les empêche pas de ne rien faire dans ce sens. Ainsi, un homme persuadé de savoir comment procéder pour être un bon parent laissera son fils se faire racketter à l'école sans intervenir. Un autre donnera des leçons de politique à tout le monde sans jamais les appliquer dans la vie courante. Se libérer d'un tel cercle vicieux demande énormément de volonté, ainsi que la capacité de comprendre qu'on ne gravit pas une montagne en un jour. Il n'est jamais trop tard pour se mettre au travail.

Maintenant que vous connaissez les pouvoirs de l'Est, vous ne serez pas étonné d'apprendre que le ❽ et le ❸ régissent souvent les professions à tendance sociale, tournées vers les autres : guérisseurs, médecins, travailleurs sociaux, psychologues, pasteurs, chanteurs et musiciens. Les gens de l'Est, négociateurs nés, exercent des métiers où la patience est reine. C'est pourquoi ils se consacrent à l'agriculture biologique, au soin des animaux, à l'enseignement, etc., domaines leur permettant d'exercer leurs talents.

Dans ce contexte, il existe une différence subtile entre le ❸ et le ❽, et elle a quelquefois son importance. Les titulaires du premier s'orientent souvent vers la médecine ou la guérison tandis que les porteurs du second se tournent plus facilement vers la musique.

La compagnie des gens de l'Est est souvent très agréable car ils ont toujours un projet sur le feu. En effet, l'Est est synonyme de nouveau départ et de renaissance, ce qui explique qu'on l'associe à la couleur verte. Le vert est toujours sur la brèche. Avec lui, tout avance toujours plus vite. Quand on s'enlise, quelqu'un de l'Est ne manque pas de venir à la rescousse, rien que pour relever le défi. Tout le monde est content de le voir arriver car son caractère avenant et sa gentillesse sont particulièrement favorables au travail d'équipe. La patience lui colle à la peau. L'une de ses occupations favorites consiste à retirer les bâtons que la vie nous met dans les roues.

Les enfants de l'Est

Les enfants dont la date de naissance contient le ❽ ou le ❸ se montrent hypersensibles dès leur plus jeune âge. Il est très important de ne jamais partir sans qu'ils le sachent. En effet, s'ils peuvent très bien rester seuls, ils n'oublient jamais qu'on les a déçus ou qu'on leur a menti, fût-ce avec les meilleures intentions du monde. Leur monde s'en trouvant ébranlé, ils ont du mal à pardonner. Ne comptez pas regagner immédiatement leur confiance rien qu'en disant : « Désolé, je ne savais pas. »

Il ne faut pas raconter des histoires effrayantes à ces enfants avant de les coucher (y compris des contes de fées). Elles les empêchent de s'endormir et leur font faire des cauchemars. Vous adorez Harry Potter ! Laissez tomber ! De manière générale, les enfants du ❽ ou du ❸ prennent les choses très à cœur. Ils réfléchissent beaucoup et passent quelquefois une grande partie de leur vie (et de leurs journées scolaires) en état de rêve éveillé, perdus dans leurs pensées.

Que faire pour les encourager ? Il faut leur donner énormément d'affection, d'attention, de patience et de compréhension. On doit également stimuler leurs talents artistiques en leur apprenant à jouer d'un instrument et en ne bridant pas leur créativité, ce qui suffira à garantir leur épanouissement.

La petite histoire de Johanna

À l'occasion de l'un de mes séminaires, une agricultrice me raconta que la future transmission de la ferme à son fils de dix-sept ans posait problème. En effet, ce dernier, qui réclamait un piano depuis l'âge de dix ans, se passionnait pour la musique et n'avait pas la moindre envie de prendre la suite. La famille se demandait comment gérer la situation. Cette dame fut soulagée de découvrir le Code et ses implications. Nous découvrîmes que son fils possédait le ❽ et le ❸, l'idéal pour une carrière musicale. Mieux encore, elle avait également une fille de quatre ans et celle-ci passait tout son temps dans la grange depuis qu'elle savait marcher, armée d'une fourche haute deux fois comme elle. Tenez-vous bien... cette enfant possédait à la fois le ⓿ et le ❺, les chiffres correspondant à la nature et à l'agriculture ! L'agricultrice repartit chez elle soulagée, décidée à acheter un piano à son fils et à attendre que sa fille ait l'âge de reprendre la ferme.

L'Est en devenir

Que se passe-t-il lorsque votre date de naissance contient le ❽ ou le ❸ mais que vous ne vous reconnaissez pas dans les Chiffres de l'Est, ou que c'est le cas d'une personne de votre connaissance ?

Ce n'est pas grave. Il y a sûrement une raison à cela. Repensez à votre enfance et vous découvrirez certainement ce qui a empêché vos talents de s'exprimer. Quoi qu'il en soit, il n'est jamais trop tard pour vous accepter tel que vous êtes et en tirer de la force.

Votre vie et votre histoire vous appartiennent. Ne laissez jamais les autres en écrire le scénario.

Peut-être avez-vous très tôt commencé à vous taire parce que votre famille ne vous comprenait pas. Il se peut qu'on vous ait appris à ne pas exprimer vos émotions et que vous ayez pris l'habitude de les refouler. Sans doute a-t-on empiré les choses en vous assenant de fausses vérités du genre : « Un homme ne pleure pas. » (Nous sommes persuadés que cette maudite phrase est allée jusqu'à déclencher des guerres tellement elle est stupide. Il est bien évident que non seulement un homme est capable de pleurer et de montrer ses sentiments mais que, de plus, cela ne porte en aucun cas atteinte à sa virilité !)

Presque toutes les mauvaises habitudes viennent d'émotions refoulées qu'on ne nous apprend ni à reconnaître, ni à nommer, ni à assumer. C'est particulièrement important dans le domaine de l'amour et de la sexualité. Comment se fait-il que la télévision nous montre chaque jour des centaines de meurtres alors qu'on n'y voit quasi jamais de magnifiques scènes d'amour pleines d'émotion, non teintées de pornographie ? En méditant sur la réponse à cette question et en agissant en conséquence, vous ferez un grand pas.

Tentez de savoir pour quelles raisons votre Est est resté endormi. Si vous ne vous reconnaissez pas dans la description que nous en faisons tout en vous sentant parfaitement à l'aise, ne perdez pas votre temps à vous inquiéter. Votre vie est partie dans une autre direction, c'est tout.

Si toutefois vous avez l'impression que votre Est ne demande qu'à sortir de sa cachette, un certain nombre de solutions sont à votre disposition. Le plus simple consiste à utiliser les couleurs. Que cela concerne votre garde-robe, votre bureau, votre maison, votre chambre, votre salle à manger, vos tapis, vos rideaux, vos tableaux ou votre literie, vous pouvez tout imaginer. La couleur de l'Est étant le vert, portez-en le plus possible. S'il constitue déjà votre nuance favorite, c'est que votre intuition vous a mis sur la bonne voie. (En revanche, si votre Est est bien déclaré, n'en abusez pas.) De plus, nous vous conseillons de consommer beaucoup de légumes verts, de salades et d'herbes aromatiques.

Si tout ce que nous vous avons dit vous fait penser que vous avez choisi un métier qui ne vous convient pas, nous vous recommandons de vous chercher des passe-temps et des distractions correspondant à l'Est. Par chance, il n'est jamais trop tard pour se mettre à la musique, l'occupation préférée du ❽ ou du ❸. Ne vous sentez pas obligé de monter un groupe pour autant ! Contentez-vous de laisser votre instinct vous guider.

Une autre technique efficace en la matière consiste à dessiner les Chiffres ❽ et ❸ sur un bout de papier (vert si possible) et à l'emporter partout avec vous. Si vous pensez que c'est n'importe quoi, c'est compréhensible. Toutefois, il existe des tonnes de choses qui ne s'expliquent pas mais qui fonctionnent. Que se passerait-il si les bébés exigeaient qu'on analyse le lait de leur mère avant d'accepter de le boire ?

Ce que nous vous proposons ici, c'est de vous offrir un peu de « lait maternel ». Le meilleur moyen de savoir s'il vous convient, c'est de le goûter. Vous verrez bien ! Faites vos propres expériences. Ne laissez personne vous en priver, pas même les experts pleins de bonnes intentions et autres saint Thomas qui, entre parenthèses, auraient tôt fait de mener le monde à la faillite. Le Code peut vous aider à retrouver le chemin de cette vie agréable qui est censée être la vôtre depuis le départ.

En laissant vos talents s'exprimer, vous donnerez le meilleur de vous-même et, ainsi, vous contribuerez au bien-être de votre entourage. Le jour où quelqu'un vous dira pour vous taquiner : « Je ne savais pas que tu étais comme ça ! », il ne vous restera plus qu'à sourire et à vous dire que vous êtes sur la bonne voie.

Ne laissez personne vous retenir. Les gens qui vous aiment vraiment vous acceptent tel que vous êtes et seront ravis de vous voir évoluer. Seuls ceux qui profitent de votre bon caractère préféreraient que vous en restiez là. N'allez plus dans leur sens.

Dites-vous bien que vous leur apprenez quelque chose d'utile en les forçant à regarder leur égoïsme en face.

L'Est poussé à l'extrême

Que se passe-t-il quand de puissantes énergies échappent à tout contrôle et se font accablantes ? La plupart du temps, c'est le cas lorsqu'une date de naissance comprend trop de ❽ ou de ❸ (le ❸ août 1988 ou le 18 mars 1938 par exemple). Très souvent, dans ce cas, le mieux est l'ennemi du bien. Les personnes concernées, hypersensibles, ont tendance à cacher leurs sentiments et leurs observations faute de savoir les gérer et d'en faire bon usage. Du coup, elles refoulent fréquemment leurs émotions au détriment de leur famille et de leur entourage.

Il arrive même que ces gens soient perçus comme réservés car, écrasés par une empathie et une perspicacité hyperdéveloppées, ils se réfugient dans un silence distant. Sachant que ce n'est qu'une façade, des personnes bien intentionnées et intuitives essaient de les en tirer, mais avec beaucoup de difficultés.

Professionnellement, un ❽ ou un ❸ trop présent peut vous transformer en professeur Nimbus, le genre d'individu qui arrive à un concert sans partition et en pantoufles, son smoking étant resté à la maison. Vous voyez certainement ce que je veux dire. Si c'est votre cas, vous aurez toujours besoin de beaucoup de discipline pour vous défaire de l'emprise de l'Est, faute de quoi votre quotidien se transformera en parcours du combattant.

À l'inverse, une personne très marquée par l'Est peu exsuder l'empathie et sembler déborder d'une patience quasi surhumaine. C'est trop beau pour être vrai. En effet, elle est en réalité au bord de l'implosion. Cette Cocotte-minute vivante a besoin d'une soupape de sûreté, souvent involontairement fournie par sa famille.

Du coup, les gens de l'Est ayant parfois l'impression qu'on les use jusqu'à l'os (et ce à juste titre), ils peuvent entrer en résistance du jour au lendemain, à la grande surprise de leur entourage.

Pour éviter d'en arriver à de telles extrémités, il est vital de trouver un exutoire approprié à ses émotions de manière à ne pas en faire bénéficier les autres. Pour bien se passer, la vie en commun demande de la prévoyance, de l'organisation et un minimum de réflexion avant d'agir.

Ceux sur qui l'Est a tendance à peser ont intérêt à éviter de porter du vert et à se méfier des jours dont la date contient le ❽ ou le ❸. Nous vous rappelons que, pour neutraliser ou guérir l'hyperdéveloppement d'un Point cardinal, on peut utiliser les couleurs de la Station opposée, soit dans le cas précis le blanc (de l'Ouest). Faute d'Ouest, s'entourer de gens titulaires du ❾ ou du ❹ est une bonne idée.

De plus, n'oubliez pas de transmettre vos dons à la Station suivante du cercle, dans le sens des aiguilles d'une montre. Ici, ce sera donc au Sud ; les gens dont la date de naissance contient le ❼ ou le ❷ seront enchantés de promouvoir les bonnes idées de l'Est.

À présent, vous savez à quoi vous en tenir en ce qui concerne vos talents. Peu importe qu'ils soient encore cachés ou, au contraire, qu'ils aient besoin d'être apprivoisés. Profitez-en et vous trouverez le bonheur.

L'absence d'Est : vos Chiffres ne comprennent ni le ❽ ni le ❸

Imaginez que vous soyez dans la rue et que quelqu'un se dirige vers vous. Bien que le trottoir soit très large, cette personne veut passer exactement là où vous vous tenez. Ou alors vous vous trouvez sur un Escalator ou en train de franchir une porte pivotante ; là-dessus, un homme s'arrête au milieu du passage pour consulter son plan. C'est presque certainement quelqu'un à qui manquent les Chiffres de l'Est. En effet, dans le cas inverse, son intuition serait suffisante pour qu'il ne fasse pas ce genre de choses en évitant de déranger tout le monde.

Une petite nuance toutefois : les gens dépourvus de ❸ détestent le désordre et l'agitation, tandis que ceux qui ne possèdent pas de ❽ ont tendance à se compliquer la vie inutilement parce qu'ils ne savent pas capter l'énergie existante. Bien que les gens de l'Est soient généralement des musiciens nés, tous les mélomanes ne sont pas titulaires de ces fameux Chiffres. En conséquence, ils auront peut-être plus de mal à tenir le rythme et à trouver la note juste mais ils y arriveront avec le temps. À force de toujours se sentir de trop, on finit par s'appliquer à renforcer son Est !

Il existe différentes manières de combler les vides de sa vie et de sa Roue. Comme toujours, le plus simple est de commencer par travailler avec la couleur associée. Mettez donc un bout de papier vert décoré des Chiffres ❽ et ❸ dans votre poche, ou juste un morceau de tissu sans rien d'écrit, bref, quelque chose que vous remarquerez à peine. Comprenez-vous maintenant pourquoi vous avez toujours tant aimé le vert ?

Faute de ❽ et de ❸, le corps a vraiment besoin de vert. Pour cela, consommez des aliments de cette couleur. Dans l'ancien temps, les gens se servaient souvent de cristaux, ce qui s'avérait très pratique du fait de leur faible encombrement. Achetez-en plusieurs et placez-les dans votre sac à main, votre porte-documents, vos poches, votre cuisine, votre salle à manger, sur votre table de nuit, etc. Pour exprimer l'énergie de l'Est, des cristaux verts peuvent être disposés de façon très décorative dans des carafes de verre remplies d'eau ou directement sur la terre de plantes vertes.

L'une des étapes les plus cruciales en matière de reconquête de l'Est consiste à apprendre à mieux écouter les autres quand ils parlent et à s'assurer de bien comprendre ce qu'ils disent, y compris au niveau non verbal. Les gens de l'Est ont cette qualité, mais ils ont besoin de la développer. C'est faisable, croyez-moi !

Les gens dont l'Est est trop faible (ou trop développé) ont une fâcheuse tendance à parler trop vite et à blesser les autres, faute d'empathie et de conscience des conséquences de leurs interventions. Si tel est votre cas, il est important que vous l'admettiez (sans pour autant vous autoflageller) : cela vous permettra de progresser plus vite.

Pour remplir les vides de votre Roue, n'oubliez pas de partager ou de transmettre votre travail, vos pensées, vos idées, vos suggestions et vos intentions à d'autres personnes. Ainsi, votre énergie ne perdra pas son élan et votre Roue n'en finira pas de tourner. (C'est peut-être le moment de relire les paragraphes consacrés au mouvement en spirale de la Roue, page 35).

Quelquefois, les personnes à qui manquent le ❽ ou le ❸ ont tendance (tenez-vous bien !) à éviter la compagnie des gens... de l'Est. C'est d'autant plus curieux que ce sont précisément ces personnes qui pourraient aider à combler un vide d'Est. Il y a une explication très simple à cela. En effet, l'Est est souvent perçu comme trop émotif et déplaît à ceux qui n'ont ni l'envie ni le besoin d'exprimer leurs sentiments. Bien entendu, cela ne veut dire en aucun cas que les gens dépourvus d'Est sont froids comme de la glace. Disons plutôt qu'ils sont réservés. C'est là que réside la clé de la compréhension de l'Est. Quand vous parviendrez à un peu moins refouler vos émotions bien que l'Est vous fasse défaut, vous aurez fait un pas dans la bonne direction, pour la plus grande joie de votre entourage. Il ne vous faudra pas grand-chose de plus pour commencer à changer et à vous sentir plus heureux dans la vie. Et tout le monde en profitera !

Médecine de l'âme

Le mou triomphe du dur ;
le souple triomphe du rigide.
Tout le monde sait que cela est vrai
mais peu savent le mettre en pratique.

Laozi – traduction de Stephen Mitchell

La foi en Dieu est la clé du bonheur
mais si tu ne prends pas ta vie en main,
elle ne suffit pas.
Si ta barbe prend feu, tu auras mieux à faire
que d'attendre la pluie.

Paramahansa Yogananda

Le Sud (❼ et ❷)

Feu et passion

Si votre date de naissance contient le ❼ et/ou le ❷

Il est évident que, si le ❼ ou le ❷ font partie de votre date de naissance, vous êtes doté d'une forte personnalité. Difficile d'échapper à votre charisme. D'ailleurs, personne ne devrait se donner cette peine.

Les gens du Sud sont considérés comme forts, expressifs et pleins d'énergie. Ils font toujours office d'épaule sur laquelle s'appuyer et rien ne semble leur résister. Attention toutefois. Ils ne tiennent pas toujours leurs promesses, plus par épuisement (chronique ou ponctuel) que par manque de capacités.

Les gens curieux et passionnés sont titulaires du ❼ ou du ❷. Dès le matin, ils distillent la curiosité et l'enthousiasme, chose difficile à supporter pour les personnes au réveil difficile. Adultes, ils ne sont jamais pantouflards et apprécient la variété. Bien qu'économes, ils ont toujours des tas de projets. Il leur arrive toutefois d'être dépensiers, mais uniquement si leur Centre de gravité se trouve au Sud. De plus, ce n'est pas systématique.

La saison du Sud est l'été, le moment où les idées mûrissent et se réalisent. La vie bat son plein et les pêchers ploient sous le poids de leurs fruits. Vous ne serez pas étonné d'apprendre que la couleur associée à ce Point cardinal est le rouge.

Le ❼ et le ❷ sont très proches. Néanmoins, le ❷ est plus spontané, plus violent et moins endurant que le ❼. Ce dernier donne de plus fortes personnalités, plus réfléchies, plus lentes et plus tenaces.

L'aura des gens du Sud est littéralement capable d'emplir toute une pièce. La plupart du temps, on aime bien travailler avec eux car ils trouvent une solution à chaque problème et ne sont pas du genre à broyer du noir. Ils font des compagnons agréables et distrayants.

Les philosophes, les architectes, les chercheurs et les peintres sont souvent du Sud. Si un pasteur se montre convaincant, c'est généralement parce que sa date de naissance contient le ❼ ou le ❷, et pas parce que sa chaire est judicieusement placée. D'ailleurs, les orateurs dépourvus de Sud sont souvent difficiles à suivre. Sans les vedettes du cinéma, de la télévision et du théâtre dotées du Sud, le monde des médias serait certes bien ennuyeux. Faute de ❼ et de ❷, les révolutionnaires auraient bien du mal à se trouver des compagnons d'armes. Aussi curieux que cela puisse paraître étant donné leur calme apparent, les moines appartiennent également au Sud du fait du caractère extrême de leur style de vie.

Les gens du Sud se trouvent toujours un public attentif. Quelle que soit la valeur d'un homme politique, sans ❼ et/ou ❷, il risque d'avoir beaucoup de mal à vivre les périodes d'élections et à assurer sa campagne. Néanmoins, il peut au contraire faire usage de rhétorique superficielle et incendiaire, causant ainsi de nombreux dégâts. En effet, les gens qui manquent de volonté, d'esprit critique et de sens des responsabilités sont souvent la proie d'orateurs de génie. Combien de persécutions ont commencé ainsi ! C'est la raison pour laquelle les moulins à paroles et autres camelots si persuasifs sont souvent titulaires de ❼ et de ❷ qu'aucun autre Point cardinal ne vient modérer.

L'énergie du ❼ ou du ❷ est gage de capacité à réussir des tâches difficiles, ainsi que d'une incroyable persévérance. Les idées ne disparaissent pas dans la nature, quand bien même tout ne se passe pas comme prévu. C'est grâce aux gens du Sud si on dénonce les infractions et si on dénoue les machinations. Cependant, ils ne persévèrent que s'ils ont une bonne raison pour cela. Sinon, pourquoi se donner du mal ?

Les enfants du Sud

Avant de mettre au lit les enfants dont la date de naissance contient un ❼ ou un ❷, mieux vaut les laisser jouer un moment pour qu'ils évacuent toute leur énergie. D'ailleurs, ils risquent de se rendre malades à l'idée de ne pas avoir profité à fond de leur journée. Ne comptez pas sur les proverbiaux moutons pour les aider à s'endormir. Le ❼ et le ❷ créent le désir de tenter des expériences et de partir à la conquête de la vie. Ne cherchez pas de rat de bibliothèque derrière une Signature dont le Centre de gravité se trouve au Sud.

Un goûter d'anniversaire sans enfants du Sud peut se montrer terriblement ennuyeux, ce qui explique que les personnes introverties trouvent ces derniers absolument épuisants. Mieux vaut encourager les enfants du Sud à faire du sport de manière à ce qu'ils dépensent leur énergie. De plus, ils adorent la compétition, les médailles et les trophées. Rien ne leur plaît plus qu'une distinction quelle qu'elle soit, du moment qu'ils sont le centre de l'attention générale. Ainsi, comme tous les autres gamins, ceux du Sud aiment bien les grandes balades, mais uniquement en échange de la remise d'un insigne à la fin. Sinon, ils risquent de refuser de bouger.

Ce type d'attitude présente un danger certain : adultes, les gens du Sud sont faciles à manipuler. Qui n'a pas parmi ses amis une personne prête à tout faire pour un morceau de métal ? Or, ce trait de caractère puéril est souvent encouragé dans la mesure où il permet, par exemple, à certaines compagnies de sous-payer leurs employés en échange d'un titre pathétique du style « meilleur vendeur du mois ».

Néanmoins, un danger reconnu est un danger vaincu. Si vous voyez des enfants du Sud montrer ce genre de penchant, félicitez-les tout en leur apprenant la différence entre la vraie reconnaissance et les artifices de type « carotte et bâton ». Comme ils comprennent vite, ils seront moins vulnérables à l'hypocrisie quand ils auront atteint l'âge adulte.

Le Sud en devenir

Imaginons que vous connaissiez un gros paresseux dont la date de naissance contient le ❼ ou le ❷, bien qu'il n'ait rien des gens Sud. Que lui est-il donc arrivé ? S'il est vrai que l'énergie du Sud est abondante, elle est quelquefois confrontée à d'autres pouvoirs, sombres et étouffants. Ainsi, certains parents n'hésitent pas à répéter des choses telles que : « Ne fais pas ça ! », « Ne touche pas à ça ! », « Fais un peu attention ! » ou « Arrête un peu de faire des histoires ! » et à prendre des mesures sévères pour affirmer leur autorité. Lorsque le caractère enjoué et passionné du Sud se trouve systématiquement opprimé, il en résulte couramment une certaine paresse résignée, voire de violents accès d'emportement.

Pendant des siècles, des gens ont utilisé cette attitude, à tort, pour arriver à leurs fins. En effet, il est très facile de prendre le contrôle sur une personne à qui on a enlevé toute joie de vivre, en lui promettant monts et merveilles. Ce procédé est à la base de toutes sortes d'endoctrinements et de lavages de cerveau.

Ceux qui ont pris l'habitude de réprimer leur Sud doivent absolument raviver l'énergie du ❼ et du ❷, en suivant éventuellement une thérapie telle que celle des « constellations ». Cette récente découverte est vite devenue l'un des meilleurs outils en la matière. C'est pourquoi nous la recommandons aux gens qui ne se reconnaissent pas dans les Chiffres du Sud.

La plupart du temps, leur développement s'est interrompu pendant leur enfance, voire quelque part au cours de l'histoire de leur famille, ce qui les a empêchés de se réaliser. Ce gros mollasson qui ne fait jamais rien a laissé quelque chose paralyser sa destinée et son énergie. L'obésité constitue fréquemment une sorte d'ancre jetée par l'âme pour ralentir le navire et obscurcir l'énergie de son capitaine.

Ne vous découragez surtout pas ! Votre timidité ne durera pas, alors que la joie consécutive à la liberté retrouvée ne vous quittera jamais plus ! Adressez-vous à un professionnel pour qu'ils vous aide à repartir dans la bonne direction.

Si une quantité d'ombres planent sur votre Sud, il est crucial que vous le relanciez. Commencez tout de suite à porter plus de rouge. Sortez, vivez ! Ne vous laissez pas voler votre existence ! Bien sûr, il y a des moments où ce genre d'activités ne vous tente pas. Pas de problème ! On a souvent besoin de se poser un moment pour digérer ce qui vient de se passer, s'adapter à quelque chose ou en faire son deuil. Dans la vie, il y a un temps pour tout, y compris pour s'éveiller. Si votre frustration vous a poussé à regarder des heures durant la télévision en mangeant n'importe quoi pour mieux vous engourdir, vous avez tout faux. Le Sud de votre Roue fait de vous quelqu'un de courageux, une personne capable de rebondir, quelles que soient les circonstances. Vous êtes destiné à servir de modèle aux autres en leur apprenant la résilience. Votre Sud se cache ? Il y a certainement une raison à cela. Obligez-le à sortir de l'ombre, et tout ira mieux.

C'est probablement une personne dotée d'une forte personnalité qui vous a privé de votre ❼ et de votre ❷. D'accord, mais pourquoi vous être laissé faire ? Y avez-vous jamais vraiment réfléchi ? Vous a-t-on mis le couteau sur la gorge ? Avez-vous jamais pensé que, si seulement vous vous défendiez, votre agresseur rendrait peut-être les armes tout de suite ?

Les gens qui ont l'air calmes et décontractés (ceux dont le feu et le charisme sont dissimulés) sont souvent assis sur une poudrière. En effet, on leur a enseigné des raisonnements et des comportements empêchant quiconque de savoir ce qu'ils pensent vraiment. Non contente d'être dangereuse, cette méthode peut être à l'origine de maladies chroniques. Quand personne ne sait ce qui se passe dans votre tête, vous accumulez peu à peu assez d'énergie pour finir par exploser.

De temps à autre, certaines personnes du Sud partent en vacances toutes seules, dans un endroit où personne ne les connaît. D'ailleurs, ce serait impossible de les voir au milieu du tourbillon dans lequel elles se jettent. Elles ont bien raison. Cela leur permet de lâcher du lest. Un conseil : apprenez à évacuer votre énergie sans danger. Plus vite vous y parviendrez, moins vous risquerez l'éruption ou l'implosion. Il est parfaitement acceptable de s'exercer avec des inconnus. Petit à petit, vous apprendrez à vivre de la manière qui correspond à votre tempérament. N'allez surtout pas vous cacher. N'oubliez pas que chacun a droit à la tolérance et à l'amour.

Le Sud poussé à l'extrême

Tous les Points cardinaux peuvent souffrir d'hyperdéveloppement, surtout lorsqu'ils totalisent plus de dix Unités (ce qui est le cas lorsque le ❼ apparaît deux fois). Toutefois, un Centre de gravité au Sud se manifeste de manière particulièrement dramatique. En effet, les excès d'Est (❽ et/ou ❸) restent souvent longtemps indécelables car ils sont associés à une grande retenue sur le plan émotionnel. Le danger est bien plus évident au Sud, où l'on passe rapidement de l'hyperexcitabilité et de l'enthousiasme à l'hystérie la plus complète. De plus, on risque également de verser dans la colère, la domination ou l'autoritarisme. Il est très facile de contrebalancer ces extrêmes, à condition bien sûr de le vouloir.

On ne devrait pas constamment gronder ou modérer les enfants dont le Centre de gravité se trouve au Sud. Mieux vaut canaliser leur énergie en leur proposant des activités adaptées. À cet effet, rien de plus efficace que le sport, qui leur permettra de faire mordre la poussière à tous leurs adversaires. Tout le monde n'aime pas cela, mais les gens du Sud, si. Pensez aussi à la danse, l'un de leurs talents innés. Qui ne sait pas danser ? D'ailleurs, l'humanité effectuerait un grand pas en avant si cette discipline faisait partie des programmes scolaires. Toutefois, les enfants du Sud n'ont nul besoin de cours. La plupart d'entre eux ont la danse dans le sang : il suffit de leur donner quelques conseils, et c'est parti. Alors que nous sommes nombreux à avoir deux pieds gauches, ils se montrent gracieux et légers, même après des années de télévision et de malbouffe.

Les enfants possédant beaucoup de ❼ ou de ❷ doivent éviter autant que possible (voire systématiquement) de manger chaud le soir. En effet, ils risquent d'avoir du mal à s'endormir, le processus de cuisson conférant à la nourriture les qualités du rouge, ce qui renforce son énergie. (Toutefois, un enfant manquant de Sud aura tout intérêt à consommer du porridge ou une bonne soupe bien chaude avant d'aller au lit.) Ceux qui totalisent plus de dix Unités Sud s'abstiendront de porter du rouge et se méfieront des dates contenant le ❼ et/ou le ❷.

Une petite réflexion en passant : les créateurs de mode feraient bien de respecter les règles du Code. En choisissant la couleur de leur prochaine collection, ils devraient s'inspirer des Points cardinaux. Quand le quatrième chiffre de l'année concernée est un ❼ ou un ❷, le rouge doit être à l'honneur. Même chose pour le vert lorsque ce chiffre est le ❽ ou le ❸, pour le jaune s'il s'agit du ⓪ ou du ⑤, et il faut du bleu ou du noir pour le ❻ ou le ❶, et du blanc pour les années finissant par ❾ ou par ❹. Il arrive que les grands couturiers s'inspirent des goûts de leurs clients pour choisir la nuance dominante de l'année suivante. Et là, surprise ! Ça ne marche plus ! Je suis sûr que vous avez votre petite idée là-dessus.

N'oubliez pas d'utiliser la couleur d'une Station pour neutraliser ou apaiser celle du Point cardinal opposé. Dans le cas du Sud, ce sera le noir ou le bleu (pour le Nord). Vous pouvez également vous entourer de personnes dont la date de naissance contient un ❻ ou un ❶, surtout si votre Nord est totalement absent. Enfin, pour être sûr de ne pas vous tromper, transmettez vos richesses à la Station suivante sur la Roue, et donc à l'Ouest (aux gens titulaires du ❾ ou du ❹). Les excès du Sud n'y résisteront pas.

> ### La petite histoire de Johanna
>
> *J'organise quelquefois des stages d'une semaine sur le thème de la lune, ses cycles et ses rythmes, durant lesquels j'enseigne beaucoup de choses que j'ai apprises à la ferme. À l'occasion de l'un d'entre eux, il y a quelques années de cela, j'ai décidé de tenter d'aborder le Code pour voir si le moment était venu de le dévoiler. L'une des participantes a pâli et s'est caché la tête de ses mains. Un peu plus tard, je lui ai demandé ce qui s'était passé. Parfois, les gens n'aiment pas que l'on soit très explicite sur certains sujets. Voici ce qu'elle m'a répondu, atterrée : « Je suis horrifiée. Cela fait des années que je pousse ma fille à porter du rouge, et je lui ai acheté des objets de cette couleur pour décorer son appartement parce que je la trouvais triste et fatiguée. Je viens de découvrir que sa date de naissance contient deux ❼, et que le Sud et le rouge l'écrasent de tout leur poids. » Bien entendu, elle ne connaissait pas le Code dans toute sa complexité. Tout a fini par s'arranger. Sa fille va bien, et elle a fini par passer son bac sur le tard (en portant essentiellement du bleu).*

Une dernière suggestion pour terminer. Les gens très marqués par le Sud ont tendance à beaucoup transpirer, faute de quoi ils deviennent plus facilement fiévreux que les autres. Des vacances sous un climat chaud et humide non compensé par la fraîcheur de l'eau de la mer ou d'une piscine les met complètement à plat. La montagne, en revanche, convient bien à leur tempérament.

Les gens du Sud rêvent de ciels bleus et de climats tempérés. Une garde-robe bleue et noire les aide à ne pas surchauffer.

L'absence de Sud : vos Chiffres ne comprennent ni le ⑦ ni le ②

Si vous venez de découvrir que votre date de naissance ne contient ni ⑦ ni ②, ne soyez pas déçu. Nous sommes là pour vous aider ! C'est juste que vous êtes destiné à autre chose. Il est normal d'être conscient des vides de votre Code et de tenter d'y remédier. C'est même recommandé. Néanmoins, vous n'avez pas à devenir une personne du Sud : faites en sorte de vous familiariser avec ce dernier et tout ira bien.

Ceux qui ne font pas cet effort ont du mal à accéder à un réel bien-être, et ils se demandent souvent pourquoi. Or les gens dotés du ⑦ ou du ② bénéficient souvent d'un public attentif. Les autres, en revanche, se sentent facilement incompris, quels que soient leurs talents d'orateurs et leur charisme objectif. Même quand tout va bien pour eux, ils ont toujours vaguement peur que quelque chose se passe mal. Cela dit, si vous êtes né sous un signe de feu (Bélier, Lion ou Sagittaire), vous n'aurez peut-être même pas conscience de manquer de Sud.

Que pouvons-nous vous conseiller ? C'est facile. Commençons par les couleurs. Le rouge sous toutes ses nuances vous apportera suffisamment de force et d'énergie pour faire face à toutes les situations. Vous estimez avoir de bonnes idées mais ne pas être capable de les faire passer ? Vous vous sentez souvent oublié malgré toutes vos qualités ? Cela peut être dû à une quantité de choses. En tout cas, remplir votre Station Sud réglera le problème.

Pour cela, nous vous recommandons de passer beaucoup de temps au soleil (en n'oubliant pas d'utiliser une protection solaire adaptée bien entendu). Ne jouez plus les oiseaux de nuit ! Le soir, entourez-vous de bougies placées dans des photophores rouges. Dès que la nostalgie vous gagne, écoutez de la musique entraînante au lieu de vous laisser gagner par le blues. Cela peut suffire à vous sauver la mise ! Si la visite d'un musée est toujours éducative et agréable, un bon film s'avère parfois meilleur pour le moral. Pensez aussi à jouer d'un instrument au lieu de boire café sur café.

Il nous faudrait probablement un siècle ou deux pour vous expliquer comment tout cela fonctionne. Aujourd'hui, contentons-nous de savoir que c'est le cas. Dessinez les Chiffres ❼ et ❷ sur un morceau de papier rouge que vous mettrez dans votre sac ou dans votre poche. Essayez ! Qu'est-ce que ça coûte ? Quelques pistes en matière d'alimentation : à partir de maintenant, vous allez consommer des pommes rouges plutôt que des vertes, et, bien sûr, boire du vin rouge plutôt que du blanc.

Voyons le bon côté des choses ! L'univers étant fondamentalement juste, les aspects négatifs du ❼ et du ❷ ne vous affecteront pas ! Relisez les chapitres correspondant aux Chiffres figurant dans votre date de naissance. Tirez-en le maximum et intégrez à votre vie quelques-unes des propositions que nous vous avons faites pour remplir votre Sud.

Petit à petit l'oiseau fait son nid.

Médecine de l'âme

Qui sème une pensée aujourd'hui
En récoltera le résultat demain,
Après-demain, l'habitude,
Le caractère,
Et enfin le destin.
C'est pourquoi on doit réfléchir à ce qu'on sème
Et savoir que le destin se décide : Aujourd'hui !

Gottfried Keller

*Je n'ai jamais fait de marketing,
Je me suis contenté d'aimer mes clients.*

Zino Davidoff

*Tout ce qui est bien dans ce monde
vient directement de l'âme.
Tout ce qui est mal est l'œuvre de la brume
Qui l'enveloppe de son linceul.
Marche dans le brouillard jusqu'à ce qu'il se lève.
Ne t'arrête pas avant d'avoir atteint ta destination.
Tu veux prendre un raccourci ?
Alors comprends que la brume vient de toi.*

Ron Fischer

L'Ouest (❾ et ❹)

Prudence et habileté

Si votre date de naissance contient le ❾ et/ou le ❹

L'Ouest apporte la force. Ceux dont la date de naissance contient un ❾ (autre que celui de 1900 !) ont bien de la chance. Néanmoins, les simples mortels ne bénéficiant pas de cet avantage ont parfois du mal à s'accorder avec eux. C'est un fait que les titulaires du ❾ ont l'habitude de n'en faire qu'à leur tête. S'il est vrai que l'indécision chronique est souvent difficile à supporter, la détermination et l'efficacité des gens de l'Ouest, surtout ceux du ❾, a le don d'en agacer plus d'un. N'oubliez pas que la meilleure façon d'agir dans l'intérêt général consiste à essayer de se mettre à la place des autres. C'est très important pour que tout se passe bien au quotidien.

Votre date de naissance contient-elle l'Ouest ? Si oui, la réussite vous attend car vous êtes du genre à travailler dur, voire à vous montrer extrêmement bûcheur. Grâce à votre ambition et à votre dynamisme, vous êtes toujours en première ligne.

Votre « phase créative » dure toute votre vie. Vous fermez rarement la porte aux critiques constructives, surtout si elles sont susceptibles de vous apprendre quelque chose et de vous aider à évoluer. Votre prudence et votre ambition vous amènent toujours à la première place. Peu de patrons, de directeurs, de P-DG ou d'avocats ne possèdent ni le ❾ ni le ❹.

Les artisans les plus doués eux aussi sont souvent natifs de l'Ouest. En effet, les gens de l'Ouest préfèrent souvent les professions leur permettant de créer ou de construire quelque chose, de préférence de leurs propres mains. C'est toujours un plaisir que de les regarder travailler. À côté d'eux, nous avons tous l'air de grands maladroits. Il est fort triste que tous ces métiers soient en perte de vitesse par rapport aux professions intellectuelles. Il suffit de lire les pages économiques d'un journal pour en découvrir les conséquences. Nous attendons avec impatience que le jour vienne ou quelqu'un pourra se vanter d'être charpentier, le jour où un fermier spécialisé en agriculture biologique deviendra ministre de l'Agriculture !

La petite histoire de Johanna

Un jour où je discutais avec un chef de chantier, j'ai compris en quoi les Chiffres ❹ et ❾ pouvaient être tellement bénéfiques. Comme je lui demandais pourquoi il aimait tant son métier, il me répondit la chose suivante : « Je veux juste construire quelque chose qui dure longtemps après ma mort. Quelque chose de tangible. »

Deux autres chefs de chantier écoutaient notre conversation. Ils travaillaient sur un immense projet, un viaduc autoroutier. C'était très facile de déduire quels ouvriers étaient de l'Ouest, car ils se réjouissaient à l'idée du résultat final. Les autres restaient là sans rien faire et semblaient s'ennuyer. En tant que comptable, je fus fort surprise de voir à quel point les rôles avaient été mal distribués. Les compagnies de travaux publics feraient mieux de se demander si leurs mauvais employés sont titulaires des Chiffres de l'Ouest et de leur trouver des postes plus adaptés à leurs capacités (que font-ils dans ce corps de métier pour commencer ?).

Imaginez un peu combien ces connaissances pourraient être profitables à un service de ressources humaines ou à une agence pour l'emploi !

Le **9** et le **4** sont gages de persévérance et de sens des affaires très développé. À cet égard, leurs différences sont minimes. On trouve plus d'ouvriers qualifiés, d'ingénieurs et de bricoleurs chez les **4**, et plus d'hommes d'affaires chez les **9**. De manière générale, les gens de l'Ouest se montrent très exigeants, professionnellement parlant. Ils n'accepteront un poste sans réel intérêt que s'ils n'ont vraiment pas le choix. Ils naviguent dans la finance comme des poissons dans l'eau. On dirait qu'ils savent compter avant de prononcer leur premier mot. Alors que la plupart des autres gens détestent les banques mais s'en accommodent à contrecœur, eux les adorent. Voilà un talent à exploiter.

L'Ouest n'a peur de rien et propulse les projets vers l'avant jusqu'à leur achèvement. C'est également la patrie des inventeurs les plus brillants. Quelquefois, en avance sur leur temps, ils accèdent à la célébrité à titre posthume. Les ingénieurs, les commerciaux, les mécaniciens, les pilotes d'avions et de voitures de course, les champions et les secrétaires sont tous des enfants de l'Ouest. D'ailleurs, les assistantes de direction se montrent souvent indispensables à la bonne marche de leur société dans la mesure où l'on a besoin d'elles pour aider et motiver les dirigeants avec qui elles travaillent.

Le profil idéal combine l'énergie du **9** et du **4** et le pouvoir du Point cardinal Ouest. Vous considérez un tel ou une telle comme une perle, mais il ou elle n'est titulaire ni du **4** ni du **9** ? Ce n'est pas aussi rare qu'on pourrait le penser. Rien n'est jamais insurmontable, pas même la conquête de l'Ouest. Si, en plus de jouir d'une grande détermination, vous avez la chance de faire la rencontre d'un professeur humain et talentueux, il vous apprendra à vous tirer d'affaire. Nous connaissons plusieurs personnes dans ce cas : malgré leur manque de **9** et de **4**, elles ont réussi à intégrer l'aspect mathématique et pratique de l'Ouest. À cœur vaillant, rien d'impossible !

Les enfants de l'Ouest

La plupart du temps, il vaut mieux lâcher la bride aux enfants de l'Ouest car, de toutes manières, ils ne font jamais que ce qui leur chante. Cela n'en fait pas pour autant des enfants difficiles. Au contraire, ils sont plutôt contents de la vie dès lors qu'ils disposent d'un modèle qui leur convienne. La meilleure façon pour un parent de leur mettre des bâtons dans les roues, c'est d'agir comme s'il avait toujours raison et eux, tort.

Les enfants de l'Ouest sont des battants et ils gagnent toujours ! Laissez-les croire qu'ils peuvent tout conquérir. Leur envie d'aller de l'avant leur permet de prendre un bon départ dans la vie. C'est pourquoi il est vital de ne pas les freiner en les négligeant ou, au contraire, en les surmenant. Ne faites pas comme ces pompeux imbéciles qui déterrent régulièrement leurs plantes pour voir si leurs racines ont bien pris. Sachez que les enfants de l'Ouest sont bien moins résistants aux bouleversements que les autres.

En revanche, ils sont généralement capables de tenir les autres à distance pour préserver leur personnalité. Ils font souvent preuve d'obstination ou, mieux, de ténacité, de grandes qualités tant qu'elles restent dans des limites raisonnables. Ne sous-estimez pas leur ambition. Vexés de ne pas être pris au sérieux, ils risquent de devenir agressifs et d'être blessés dans leur amour-propre, peut-être pour toujours. Ils ont le sentiment de s'abaisser en faisant des concessions dans la mesure où ils s'estiment plus intelligents que les autres. Toutefois, un comportement aussi belliqueux cache surtout de l'anxiété et une certaine crainte des conflits, comme la plupart des gens de l'Ouest le savent bien.

Vous commencez sans doute à avoir une idée de l'énorme quantité de pouvoir et d'énergie véhiculés par l'Ouest. Tout cela doit être mis à profit tôt ou tard. L'argent et les biens matériels sont très importants aux yeux des personnes dont la date de naissance contient le ❾ et/ou le ❹. Cela n'a rien de moralement condamnable en soi. Ce qui compte et ce qui rend heureux, c'est l'humanité et l'intelligence que l'on emploie à gérer sa fortune.

L'Ouest en devenir

Maintenant que vous en savez un peu plus sur les pouvoirs spéciaux de l'Ouest, il est fort possible que vous ne vous y reconnaissiez pas, bien qu'il figure dans votre date de naissance. C'est le moment de jouer les « détectives de l'âme ».

Il peut exister plusieurs raisons pour que l'Ouest ne se développe pas. Si cela a commencé dès l'enfance et que vous avez perdu confiance en vous, vous aurez plus de mal à réparer les dégâts. L'Ouest est gage d'énormément de détermination et de volonté, qualités réprimées chez les enfants victimes d'une éducation par trop autoritaire. Tant de gens sont conscients de capacités innées qu'ils n'arrivent pas à manifester. Qu'est-ce qui peut bien les en empêcher ? En lisant ce livre, ce dont vous avez l'intuition depuis longtemps va peut-être se confirmer.

Tâchez de réfléchir à vos souvenirs, à vos sentiments passés, et de modifier votre façon de voir, là, tout de suite. C'est impératif. Faites au moins l'effort d'essayer. Débarrassez-vous de vos vieux schémas de pensée. Cessez de vous repasser toujours le même film. Écrivez votre propre scénario et regardez l'œuvre qui en résulte. Mettez le volume à fond !

La couleur de l'Ouest est le blanc. Travaillez chaque jour avec son énergie bénéfique, ce qui vous aidera à partir du bon pied. Mais ne faites rien si vous ne le sentez pas ! Vous ne vous reconnaissez pas dans la description de l'Ouest alors qu'il figure dans votre Signature, mais vous vous trouvez très bien ainsi ? Alors, ne changez rien à votre vie. Toutefois, en partant du principe que vous avez vraiment envie d'évoluer, voici quelques conseils. Utilisez la couleur blanche pour vous habiller, pour décorer votre maison, et votre bureau. Le blanc confère volonté, courage, esprit d'innovation et confiance en soi. Vous devriez mettre énormément de blanc dans les endroits où vous passez tout votre temps et limiter les bibelots de toutes les couleurs. Préférez les nappes blanches. Ne portez pas trop de vert, car il a tendance à gêner l'énergie de l'Ouest.

Débloquez un certain nombre de choses en vous servant à bon escient des Chiffres ❾ et ❹. Chaque fois que c'est possible, choisissez un numéro de téléphone, de chambre, de plaque d'immatriculation ou un mot de passe contenant un ❾ ou un ❹. Dessinez ces chiffres sur un morceau de papier ou de tissu blanc que vous garderez sur vous. Si votre intellect regimbe quelque peu, ce n'est pas grave. Après tout, Rome ne s'est pas bâtie en un jour. Testez quelques-unes de nos suggestions, mais, surtout, n'en faites pas trop. Votre but est de redynamiser votre Ouest. Cela fait, tout reprendra sa place, y compris les couleurs de votre vie.

L'Ouest poussé à l'extrême

Lorsque l'Ouest en fait trop, il est temps de prendre des mesures pour juguler les pouvoirs du ❾ et du ❹. Quelquefois, un Point cardinal a besoin d'être contrebalancé. Si votre date de naissance contient plus de dix Unités Ouest (16 avril 1969 par exemple), vous avez du pain sur la planche.

Un Ouest en « surpoids » peut se manifester par des accès d'égocentrisme ou par un excès d'individualisme dans le travail ou dans la vie privée, à des moments où l'esprit d'équipe serait de mise. En effet, le ❾ donne parfois trop d'assurance. Il arrive que l'on développe un tel sens des affaires qu'il en devient surhumain et débouche sur le matérialisme, la corruption, bref des énergies destructives balayant tout sur leur passage. Comme l'a écrit le psychologue Mihaly Csikszentmihalyi : « Une affaire qui ne contribue ni à l'évolution de l'humanité ni à son bien-être n'a aucune valeur, quels que soient les profits qu'elle génère. »

L'égoïsme et la soif de pouvoir peuvent ruiner une famille entière. Du fait d'un ego démesuré, les gens titulaires du ❾ veulent toujours avoir le dernier mot. C'est vrai d'autres Points cardinaux, mais l'Ouest se montre bien plus dangereux à cet égard.

Ceux qui ignorent l'importance des relations entre le ❾, le ❹ et la couleur blanche doivent bien comprendre la chose suivante :

s'ils sont titulaires des deux Chiffres ou de deux occurrences du Chiffre ❾, porter du blanc renforcera les penchants égocentriques et obstinés de cette combinaison. Deux ❾ totalisent tout de même 18 Unités, bien plus que le seuil de 10 Unités, signe d'extrémisme potentiel. D'ailleurs, les personnes concernées supportent généralement très mal les hôpitaux du fait de l'abondance de blanc qui y règne.

Un Ouest hyperdéveloppé peut également se manifester de manière totalement opposée. Au lieu de se jeter dans des activités commerciales marquées par le succès et la froideur, certaines personnes font l'expérience d'une sorte de paralysie intellectuelle. En effet, leur mental capitule devant une telle profusion d'idées, de possibilités et de compétences. Toutes les opportunités qui leur sont offertes leur donnent le tournis, un peu comme ces migraines consécutives à un emploi du temps surchargé. Faute de pouvoir tout accomplir, le cerveau rend les armes.

Il est souvent très facile de remédier à tous ces problèmes. Si votre Ouest est très fort, ne portez jamais de blanc. Les jours en ❾ ou en ❹, économisez votre énergie et réfléchissez avant d'agir. Prenez les choses l'une après l'autre. Commencez toujours par le plus urgent. Ne gaspillez pas vos forces physiques et mentales. Servez-vous de la couleur de la Station opposée (le vert de l'Ouest) pour équilibrer vos extrêmes. Tâchez de vous entourer de personnes dont la date de naissance comprend le ❽ ou le ❸, surtout lorsque vous en êtes vous-même dépourvu.

Pour profiter de tous les avantages d'une Station, mieux vaut éviter de se renfermer sur soi-même. Au contraire, transmettez vos richesses à la Station suivante, dans le cas présent le Nord, et aux gens titulaires du ❻ et/ou du ❶.

Pesez le pour et le contre avant de vous lancer. Ne vous précipitez pas, la patience ne comptant pas parmi les principales qualités de l'Ouest. Réajustez les énergies de votre maison et de votre environnement professionnel à l'aide des couleurs verte et jaune. Essayez d'ouvrir la porte à l'harmonie et à l'équilibre. La meilleure façon de contrer les excès de l'Ouest consiste à prendre son temps et à avancer pas à pas. N'oubliez pas le vieux proverbe : « Tout vient à point pour qui sait attendre. » Il ne tient qu'à vous de faire le nécessaire pour que votre vie s'améliore.

L'absence d'Ouest : vos Chiffres ne comprennent ni le ❾ ni le ❹

Que faire si ma date de naissance ne comprend ni ❾ ni ❹ ? Comme développer les grandes aptitudes inhérentes à l'Ouest ? L'absence de ❹ veut-elle dire que je ne saurai jamais rien faire de mes mains ? Un manque de ❾ m'empêchera-t-il indéfiniment de me mettre à mon compte ? Détendez-vous, pas besoin d'en arriver là ! Pour commencer, peut-être avez-vous eu la chance, enfant, qu'on vous encourage à remplir les vides de votre Roue, ce que cherchent à faire tous les marmots !

Si ça n'a pas été le cas, ne perdez pas courage ! Il n'est nullement nécessaire de conquérir et d'intégrer les vides de votre Point cardinal Ouest. Comprendre de quoi il s'agit suffira largement. Regardez les choses du bon côté : vous ne possédez pas le caractère industrieux et insatiable typique des gens de l'Ouest, ces qualités qui énervent si souvent les autres. De plus, excellente nouvelle s'il en est, vous ne serez jamais tenté de verser dans le même genre d'excès.

En revanche, quelques petites incursions dans le monde de l'Ouest ne vous feront pas de mal. Grâce à vos nouvelles connaissances, vous allez peut-être découvrir que votre fille, titulaire du ❹ et du ❾, n'est pas aussi égoïste que vous le pensiez. Vu sous cet angle, votre beau-père lui-même ne possède pas un profil si matérialiste que cela. Mettez vos préjugés de côté et acceptez l'échelle de valeurs des gens de l'Ouest, même si elle vous paraît étrange. Qui peut bien avoir envie de se poser éternellement en juge ?

La petite histoire de Johanna

Ma date de naissance ne contient ni ❾ ni ❹, et c'est sûrement ce qui m'a poussée à étudier la comptabilité. En effet, j'avais le sentiment de devoir combler un vide. Je me rappelle avoir été sidérée d'entendre mon patron me dire : « Le blanc est votre couleur préférée, n'est-ce pas, Johanna ? » Or le ❾ et le ❹ sont associés à la couleur blanche, et les vêtements blancs renforcent les aptitudes mentales de l'Ouest (logique, esprit mathématique, sens de l'organisation, etc.). Je me suis sentie gênée, percée à jour. Tout à fait typique de l'attitude cachottière de ma famille en ce qui concernait le Code !

Si vous possédez une affaire qui marche bien sans pour autant être titulaire du ❾ ou du ❹, c'est probablement que vous avez réussi à combler votre vide d'Ouest. En conséquence, vous êtes capable de gérer votre budget sans que votre générosité ne précipite vos comptes dans le rouge. Si, en revanche, la gestion de votre société vous paraît épuisante et fastidieuse, vous devriez envisager de vous chercher un assistant ou un associé de l'Ouest, quelqu'un qui n'aura aucun mal à s'occuper de vos finances.

Toutefois, prenez bien garde de ne pas vous faire exploiter. De manière générale, les personnes à qui manque l'Ouest doivent garder un œil vigilant sur leur budget et ne pas se laisser aller à la générosité qui les caractérise. Elles ont souvent besoin d'un bon chien de garde (un conseiller fiscal par exemple) prêt à montrer les dents pour les défendre. Sans cela, elles risquent d'avoir du mal à profiter de leur argent et à l'investir de façon astucieuse.

Des cours du soir de comptabilité peuvent parfaitement suffire. Pour conquérir et intégrer l'Ouest, attachez-vous à acquérir des connaissances en analyse financière et en économie. Relisez la partie consacrée à « l'Ouest en devenir », page 93. Vous y apprendrez comment attirer les qualités de l'Ouest (ou vous en passer).

Un bon conseil : suivez nos recommandations en matière de couleurs pour faire entrer de la force et de l'énergie dans votre vie. Envisagez d'utiliser des bougies, des serviettes de table ou des vêtements blancs. Faites confiance à votre instinct, vous ne le regretterez pas.

Médecine de l'âme

Bien qu'ils aient préparé leurs examens, les nouveaux élèves de la réserve indienne rendaient souvent page blanche. S'ils faisaient cela, c'était pour ne pas vexer leurs compagnons incapables de répondre aux questions.

Claus Biegert

*Si quelqu'un se moque de vous, prenez-le en pitié ;
car si vous vous moquez de lui, vous ne vous le pardonnerez jamais.
Si quelqu'un vous blesse, oubliez ;
car si c'est vous qui le blessez, vous n'oublierez jamais.
Car cet autre, en vérité, c'est votre moi le plus sensible, auquel on a donné un autre corps.*

Khalil Gibran

Le Centre (⓪ et ⑤)

Un pouvoir naturel et vibrant

Si votre date de naissance contient le ⓪ et/ou le ⑤

Le ⓪ ou le ⑤ dans votre date de naissance vous assure la stabilité, quelles que soient les circonstances (ou presque). Il en faut beaucoup pour contrarier les gens du Centre, avec leur créativité, leur volonté de se sacrifier, leur patience, leur générosité et leur amour de la nature. Leur capacité à prendre soin des autres en fait des personnes aux valeurs sûres, à l'aise dans leur foyer qui, de plus, font preuve de spiritualité autant que de bon sens. Pragmatiques, elles sont aimées de tous.

Les gens du Centre sont toujours prêts à s'occuper des uns ou des autres. De manière peu surprenante, il n'est pas rare que des personnes indélicates cherchent à en profiter.

La manière dont vivent au quotidien les gens du Centre dépend essentiellement des autres Chiffres de leur date de naissance. Il en va bien sûr ainsi pour tous les Points cardinaux. Toutefois, dans le cas précis, un facteur supplémentaire entre en jeu : la différence entre le ⑤ et le ⓪, plus marquée que pour les autres Stations. Le ⑤ est gage de volonté et de lien avec la terre. C'est le Chiffre des jardiniers et des fermiers se consacrant à l'agriculture biologique. Le ⓪ possède plus ou moins les mêmes caractéristiques avec, en sus, un peu de tous les autres Points cardinaux ainsi qu'un plus grand attrait pour la spiritualité, ce qui en fait un Chiffre tout à fait unique. Autrement dit, le ⑤ abrite l'énergie du Centre ; le ⓪ aussi, mais en y ajoutant celle de tous les autres Chiffres de la Roue, de manière moins marquée toutefois que si ces derniers figuraient dans la date de naissance concernée. Les titulaires d'un double ⓪ ont de très fortes personnalités. Si vous désirez être ami avec eux, vous devrez les laisser vivre leur vie.

Les personnes du Centre possèdent un trait de caractère fort étonnant : elles ont tendance à souffrir soit d'un terrible mal du pays, soit d'une irrépressible envie de voyager. Si, si, vous avez bien lu. Ces deux extrêmes apparaissent souvent chez le même individu. Comme disait le Faust de Goethe : « Deux âmes se partagent mon sein. » Les professions créatives et celles qui sont en rapport avec la nature sont typiques d'un tel dilemme. En effet, les gens du Centre aiment bien se faire un nid quelque part et éprouvent quelque difficulté à quitter leur ville natale (ou celle qu'ils se sont choisie). Toutefois, ayant une conscience toute particulière de la force de leurs racines, ils savent que ces dernières ne tiennent pas à des aspects matériels ou géographiques, ce qui les pousse quelquefois à ne pas tenir en place.

La patience du Centre est un atout pour nombre de professions. Les jardiniers, les fermiers spécialisés en agriculture biologique, les forestiers, les géologues, les éducateurs, etc., se trouvent fort bien d'avoir un ⓪ ou un ⑤ dans leur date de naissance. Ainsi, une personne devant être physiquement présente à son travail cent pour cent du temps bénéficiera grandement de l'influence de ces Chiffres.

Si vous en êtes titulaire et que vous cherchez toujours votre voie ou que vous ne vous reconnaissez pas dans ce que nous venons de vous exposer, nous vous recommandons de vous intéresser aux grands organismes humanitaires, une manière comme une autre d'avoir une action globale sans s'éloigner du Centre. Peut-être tenez-vous là l'occasion de réaliser le rêve de toute une vie.

Lorsque l'on est porteur des Chiffres du Centre, c'est un peu comme si l'on possédait des racines très profondes. Étrangement, de nos jours, ces dernières semblent avoir perdu une partie de leur signification. En effet, au-delà de leur capacité à s'ancrer dans le sol pour résister à toutes les tempêtes, les racines sont également à l'origine de beaucoup de dynamisme et de mouvement. C'est grâce à elle si le tronc, les feuilles et les fleurs d'un arbre peuvent pousser. Si petites et insignifiantes soient-elles, elles donnent la vie. Sans leur pouvoir de germination, nulle existence ne serait possible. Elles ont beau ne jamais voir le jour, ce sont elles qui annoncent la lumière. Leur pouvoir est immense et durable. De toutes petites graines deviennent des arbres majestueux. Des fleurs sortent du bitume.

Cette croissance rendue possible par le jeu de forces opposées, typique du Centre, le rend sensible à la futilité de certains efforts. De la même manière qu'une hache peut priver des racines de sève d'une minute à l'autre, tout peut s'arrêter d'un coup dans la vie. Si un arbre peut renaître d'une grave blessure, ce n'est pas toujours le cas. Il arrive qu'il soit trop profondément atteint. Cette métaphore a son parallèle dans l'humanité : aider quelqu'un en vain a quelque chose de frustrant et d'attristant. Mais, pire, continuer à le faire sans plus de résultat représente un gaspillage de temps et d'énergie, susceptible de nuire à la personne concernée. De plus, cela revient à négliger d'autres gens qui, eux, seraient ravis d'avoir un peu de soutien et en feraient bon usage.

L'un des écueils auxquels se heurtent les Chiffres du Centre consiste à se satisfaire de l'agréable sentiment d'aider son prochain, sans pour autant s'assurer que cette assistance est dispensée à bon escient, qu'elle est efficace et qu'on n'attend rien en retour. Pour remplir ces critères, il faut qu'elle soit accordée à des gens qui ne resteront pas là à se croiser les bras, qu'elle leur serve à conquérir leur indépendance et à assumer leurs responsabilités. Du même coup, on en a vite terminé et on peut passer à autre chose. En revanche, une forme malhonnête d'assistance se résume à priver son bénéficiaire de toute forme de liberté et d'autonomie, le réduisant à la dépendance. Il n'y a qu'à s'intéresser au monde de l'éducation pour le constater : combien de professeurs d'aujourd'hui semblent vraiment se réjouir des progrès de leurs élèves ?

Vous reconnaissez-vous un peu dans cette façon d'agir ? Si oui, sachez qu'il existe un antidote : être bien dans sa peau. Une seule chose à faire : vous débarrasser de cette manie de vous faire bien voir. C'est une grande aventure, mais elle vaut la peine qu'on la tente car elle mène à la liberté et, surtout, à la possibilité de vraiment aider les autres.

Les enfants du Centre

Les enfants du Centre sont aventureux. Ils peuvent se passionner pour n'importe quoi, du moment qu'il y a de la nouveauté dans l'air. Dotés d'une insatiable curiosité, ils veulent tout savoir sur tout, dans le moindre détail. Tous les enfants aiment bien s'occuper d'un petit jardin, mais ceux du ⓪ ou du ⑤ ont besoin d'obtenir des résultats. Ils sont du genre à rester assis là à attendre qu'apparaisse une petite pousse verte. Ne soyez pas surpris si vous les retrouvez au même endroit quelques jours plus tard, la première tomate n'ayant pas encore montré le bout de son nez. Même chose avec les animaux. Qu'ils possèdent un chien, une tortue ou un hamster, ils s'en occuperont avec amour pendant des années. Même une fois l'enthousiasme du départ un peu entamé, ils seront toujours aussi contents d'emmener leur chien se promener.

Sachez que tout ira bien pour les enfants du Centre si vous encouragez leur curiosité, leur soif d'exploration et leur amour de la nature. Il est fort possible que vous contribuiez à l'éducation d'un futur adulte responsable, l'un de ceux qui tenteront de réparer les dommages causés à la nature par les hommes du xxe siècle. Quelle bonne chose pour notre monde !

Le Centre en devenir

Que se passe-t-il lorsque l'homme d'affaires accompli du Centre, si pragmatique, s'entend vanter l'amour de la nature typique des Chiffres ⓪ et ⑤ sans l'avoir jamais ressenti ? Comme dans tous les autres cas, il est souvent nécessaire de plonger dans son passé pour trouver une réponse à cette question. En effet, ce serait vraiment dommage de se passer des talents du ⓪ ou du ⑤.

Qu'est-ce qui a bien pu aller de travers ? Tout d'abord, nous aimerions vous rassurer : peu importe que vous ne vous sentiez à l'aise ni avec vous-même, ni avec le monde qui vous entoure. Vous avez certainement structuré votre existence d'une autre façon, et c'est très bien comme cela. Toutefois, si vous avez le sentiment de ne pas vivre en accord avec vous-même, cela vaut sans doute la peine de vous pencher sur ce qui vous a amené là. Peut-être traînez-vous de vieilles valeurs rigides à la manière d'un boulet qu'on vous aurait mis au pied. Par exemple, certains jeunes P-DG aimeraient bien humaniser leur société en créant une crèche ou en alignant le salaire des femmes sur celui des hommes, mais ils se sentent tenus de perpétuer la vision machiste et patriarcale de leur père et de leur grand-père. Si, comme eux, vous pensez ne pas agir en accord avec vos convictions, c'est le moment de changer. Après tout, le bonheur est à ce prix.

Personne autour de vous n'a envie de vous voir évoluer ? Quelle que soit la raison qui vous a fait accepter tous ces compromis, allez-y pas à pas. Le Centre est associé à la couleur jaune. Mettez du jaune partout dans votre vie : sur vos vêtements, dans votre appartement, sur votre lieu de travail, pour réveiller votre Centre et disposer à nouveau de toutes vos chances. Une chose est sûre : quiconque possède le ⓪ ou le ⑤ ne doit pas les laisser dormir, si tant est qu'il ait le moindre désir de changer.

Au départ, nous vous conseillons de vous saturer de la force qu'impartissent ces Chiffres. Par exemple, usez et abusez-en pour votre numéro de portable, votre plaque d'immatriculation, le mot de passe de votre ordinateur, la combinaison de votre coffre, etc.

Le ⓪ des nombres 10, 20, etc. est parfaitement valable. Pourquoi ne pas changer de façon de compter ? Au lieu du traditionnel 1-2-3, employez donc 5-10-15-20 pour numéroter les pages de votre journal intime ! Cela vous semble dingue ? Croyez-nous, les résultats seront au rendez-vous.

Les hommes risquent d'avoir un peu de mal à mettre du jaune dans leur garde-robe, mais ils peuvent toujours arborer un fin bracelet jaune au poignet. Pas de problème pour les femmes. Le jaune est même peut-être d'ores et déjà votre couleur favorite. Désormais, portez-en le plus possible, même en hiver. Avez-vous déjà choisi la couleur de vos nouvelles parures de bain ?

Pas besoin de lâcher votre emploi à la banque pour devenir jardinier. Il se peut que vous vous preniez de passion pour la culture des orchidées ou celle des cactus. Il existe des dizaines de manières de favoriser l'amour de la nature du ⓪ ou du ⑤, même en appartement. Il suffit de semer quelques herbes aromatiques dans une jardinière ou dans une mini-serre installée sur le balcon.

Toutefois, n'oubliez pas que, si vous ne vous reconnaissez pas dans le caractère de votre Point cardinal et que vous vivez très bien ainsi, c'est certainement que vous avez fait ce qu'il fallait pour cela dans le passé. Dans ce cas, donnez-lui une chance de revenir à la vie, et tout le monde sera content !

Le Centre poussé à l'extrême

On pourrait penser, au premier abord, que les gens du Centre ont peu de risques de verser dans l'excès. C'est vrai. Toutefois, plusieurs occurrences de ces Chiffres peuvent être à l'origine d'un certain malaise. En effet, un Centre surchargé peut se manifester de diverses manières dans la vie de tous les jours. Poussée à l'extrême, la modération peut se changer en immobilisme et en léthargie. Un Centre équilibré se contente certes d'un rien, mais il fait souvent preuve de beaucoup d'activité physique et mentale. En revanche, le « faux calme » a souvent l'air de ne rien faire alors qu'il est ravagé par l'angoisse.

Vous considérez-vous comme un « grand bileux » ? Laissez-vous les autres vous exploiter continuellement sans faire aucun cas de ce que vous voulez ? Un air distrait et une certaine tendance à rêvasser vont souvent avec un Centre trop développé. Comme souvent dans la vie, le mieux est l'ennemi du bien. Médicament ou poison ? Tout est question de dosage. Une extrême générosité se transforme facilement en avarice ou en prodigalité. Un Centre trop fort pousse fréquemment à perdre ses moyens et à manquer de confiance en soi. Les enfants qui en sont atteints ont un petit air absent que personne ne s'explique ; ils donnent l'impression d'être ailleurs.

Ici encore, nous vous conseillons de travailler avec les couleurs. Le jaune favorise la créativité et les bonnes idées. Toutefois, il n'est pas adapté à un Centre hyperdéveloppé et risque de vous rendre distrait et déconnecté. Évitez-le au maximum, surtout pour votre literie, vos sols et vos murs.

Comme vous le constatez, ce sont souvent de toutes petites choses qui font changer le monde. Les extrêmes se transforment très facilement en leur contraire. Quiconque possède un Centre trop développé devrait s'abstenir de s'entourer de jaune et se méfier des dates contenant un ⓪ ou un ⑤.

Pour compenser, il suffit souvent de s'adonner à une activité appropriée. Si vous n'avez pas la possibilité de changer de travail, contentez-vous de vous trouver un nouveau passe-temps. Pourquoi un amoureux de la nature ne trouverait-il pas son bonheur dans l'apprentissage de l'informatique, ou un fou d'Internet, dans de longues promenades ? On peut parfaitement compenser un Centre trop fort en s'occupant d'animaux. En effet, ces derniers ont besoin d'attention. Pas question de leur imposer vos états d'âme. Il leur faut de la nourriture et de l'affection même si vous, vous n'êtes pas d'humeur. Plus vous serez attentif, mieux vous parviendrez à vous recentrer.

L'absence de Centre : vos Chiffres ne comprennent ni le ⓪ ni le ⑤

En admettant que ni le ⓪ ni le ⑤ ne figurent dans votre date de naissance, ne vous précipitez pas sur un stage d'agriculture biologique ou sur un week-end de randonnée. Pour vous familiariser avec les pouvoirs spéciaux du Centre, il vous suffira largement de méditer dix minutes chaque matin afin de ne plus vous sentir ballotté de toutes parts. Sachez que les signes de terre (Taureau, Vierge et Capricorne) auront toujours le sentiment d'un certain lien avec la terre quand bien même ils ne posséderaient ni le ⓪ ni le ⑤.

Nous avons tous nos mauvais jours, ceux où nous nous sentons totalement « à côté de nos pompes ». La plupart du temps, c'est juste une question de biorythmes (voir notre livre *Vivre en harmonie avec la lune*[1], page XXX), et cela arrive tous les quatorze jours à partir de celui de notre naissance. Autrement dit, cela revient toutes les deux semaines, le même jour de la semaine que celui où nous avons vu le jour, et cela dure quelques heures, vingt-quatre au maximum. Nul ne connaît l'origine de ce phénomène. C'est juste un moment où le Centre nous fait défaut. Néanmoins, ne vous en faites pas. Vous n'êtes pas obligé de subir régulièrement ce passage à vide. Grâce à un peu de méditation et de reprogrammation, on peut tout à fait apprendre à s'en accommoder.

Jetons un petit coup d'œil à la nuance qui existe entre un ⓪ et un ⑤ absents. Sans ⑤, on manque d'assurance dans la vie courante. Sans ⓪, on n'arrive pas à se centrer. En conséquence, la personne concernée n'est pas entièrement contente d'elle-même et se sent constamment obligée de vérifier qu'elle en fait assez, même si les résultats sont déjà au rendez-vous. Elle a comme une impression de vide et se demande si elle a fait les bons choix dans la vie. Un enfant dépourvu de Centre se montre souvent anxieux et tente de se rassurer à l'aide de quelque chose de réconfortant : un

---

[1]. Johanna Paungger et Thomas Poppe, *Vivre en harmonie avec la lune. Santé et rythmes naturels*, Guy Trédaniel Éditeur, 1999. (NdT)

tas d'animaux en peluche par exemple, qui lui servent à se créer un sentiment d'appartenance.

Dans ce cas, il est très important d'agir. Les jours où vous n'avez rien de prévu, sans occasion spéciale, assurez-vous de vous débarrasser rapidement de cette impression de vide, voire de l'empêcher totalement de se manifester. La solution la plus efficace ? Vous rapprocher de la nature. Hélas, ce n'est pas toujours faisable. Voici donc une astuce pour ces moments-là : occupez-vous d'animaux. Cela marche très bien pour les enfants. Un hamster ou un cochon d'Inde peut parfaitement suffire. Si vous envisagez une sortie, pensez à la ferme pédagogique. Faute de mieux, recrutez donc le chat du voisin !

Les enfants dépourvus de Centre adorent avoir un bout de jardin bien à eux. Laissez-les semer quelques graines et observer les petits êtres qui peuplent leur carré de terre. L'étude des rythmes naturels (fleurs, graines, récolte, début et fin) ne peut que leur être favorable.

Les adultes, eux, peuvent renforcer leur Centre en choisissant des lectures adaptées. Souvent, les contraintes du quotidien nous empêchent de nous documenter à fond sur un sujet donné. Remédiez donc à ces omissions gaspilleuses d'énergie. Afin d'avoir du temps pour vous, surtout, organisez-vous et tenez-vous à votre agenda. On profite bien mieux d'un moment de rêverie dès lors qu'on est sûr de ne pas se réveiller accablé par la culpabilité.

Revenons une dernière fois aux couleurs. Si vous pensez un tant soit peu en avoir besoin, choisissez le jaune. Comme c'est la nuance qui vous manque, c'est également celle qui réveillera votre Centre. En faire votre couleur dominante améliorera considérablement votre quotidien et vous aidera à vous recentrer. Peignez-en des murs entiers et décorez votre appartement de tournesols. Les rideaux jaunes sont visibles même ouverts, et ils donnent de la vie à n'importe quelle maison. Vous pouvez aussi vous fabriquer une petite cachette jaune, même si vous n'êtes plus un enfant depuis longtemps. Il n'y a pas d'heure pour les braves !

Médecine de l'âme

N'importe qui peut compatir aux souffrances d'un ami, mais seule une personne dotée d'une nature exceptionnelle est capable de se montrer sensible à son succès.

Oscar Wilde

Tu n'as pas besoin de continuer à vivre
Comme hier
Débarrasse-toi de cette idée,
Et tu auras un millier de chances de changer de vie.

Christian Morgenstern

Tu te demandes pourquoi il est si important
que tous les grands prédicateurs
nous exhortent à la gratitude ?
Il existe à cela une quantité de raisons
que tu es capable de trouver par toi-même.
Les plus importantes ?
Personne ne peut éprouver de la gratitude
tout en étant malheureux.

Ron Fischer

Troisième partie :
Les Signatures

Introduction

La Roue des Chiffres peut prendre exactement trente et une formes en fonction des combinaisons de Points cardinaux correspondant aux Chiffres de votre Code personnel. Nous appelons ces combinaisons des Signatures. Nous aimerions vous dire un mot du bouquet coloré de Chiffres et de couleurs qui les composent, ainsi que de votre Signature personnelle.

Pour bien comprendre le Code, il faut absolument commencer par lire la deuxième partie de ce livre, celle qui est consacrée aux Points cardinaux. Vous y apprendrez quelles sont vos richesses. Vous découvrirez peut-être que, d'ores et déjà, votre intuition vous a guidé dans le bon sens et que vous en tirez le meilleur parti possible. Parfait ! Toutes nos félicitations ! Toutefois, il se peut que vous ne vous reconnaissiez pas dans nos descriptions. Combien de fois nous a-t-on dit : « J'ai toujours eu l'impression que vous me parliez d'une partie de moi que je n'ai jamais développée à cause des circonstances, de mes parents, de mes professeurs, de mes patrons... »

Nous n'avons en aucun cas l'intention de bouleverser votre vie. Pourtant, nous n'aimerions pas non plus que vous passiez à côté d'opportunités favorables. C'est bien joli de se plaindre auprès de ses amis autour d'une tasse de café ou d'un bon verre, à son avocat ou à son psy. Toutefois, cela ne mène à rien et cela gaspille de l'énergie. Mieux vaut avancer. La Roue anniversaire ainsi que votre Signature personnelle vont vous servir de guides. Désormais, vous disposez des outils nécessaires pour remanier votre vie.

Nous avons tous notre propre histoire. La manière dont s'est construite notre âme détermine les obstacles que nous avons à franchir. Êtes-vous timide, peureux, naïf, amer, méfiant, radin, faible, ambitieux, paresseux, fatigué, malade ?

Quelles que soient les choses qui vous freinent, débarrassez-vous-en ! Concentrez-vous sur vos qualités et tirez-en le meilleur parti possible. Certaines situations vous effraient, par exemple ? C'est tout à fait naturel. Toutefois, il ne faudrait pas qu'un état d'esprit passager se transforme en pilier de votre quotidien. Si vous passez votre temps à dire : « Je sais ce que je devrais faire, mais je n'y arrive pas », relisez les pages consacrées à vos Points cardinaux et aux qualités qui en découlent. Vous êtes d'ores et déjà en possession d'un trésor. Le moment est venu de vous en servir.

Armé des bons outils, on arrive toujours à de meilleurs résultats. Un horloger n'a pas besoin des mêmes instruments qu'un boulanger. Un pilote des Vingt-Quatre Heures du Mans n'utilisera pas la même machine qu'un fermier du Jura. Ce n'est pas qu'un métier vaille mieux qu'un autre. Le fermier aurait du mal à rentrer sa récolte à l'aide d'une voiture de course, tout comme le pilote automobile ne remporterait pas un trophée juché sur un tracteur ! Inutile de proposer un tournevis au boulanger pour qu'il fasse des petits pains, ou une cuiller en bois à l'horloger pour qu'il répare une montre. C'est aussi simple que cela.

Quels que soient vos talents, servez-vous-en pour atteindre vos objectifs. Il y a de la place pour tout le monde sur notre planète, car tout le monde y a son utilité. Évaluez vos faiblesses, vos défauts et vos mauvaises habitudes sans vous juger. Faites-le demain, après-demain puis au bout de quelques jours ou quelques semaines. Souvent, nous voyons moins de choses chez nous que ne le font nos proches. Il n'est pas facile de se regarder dans le miroir. Toutefois, il est clair et net que, plus nous ferons preuve d'honnêteté envers nous-mêmes, plus vite nous trouverons le chemin de la lumière, du bonheur et de l'amour éternels.

Les cinq Signatures simples

Le Nord

Du génie, une porte ouverte sur le monde
Des pouvoirs s'élançant vers le ciel

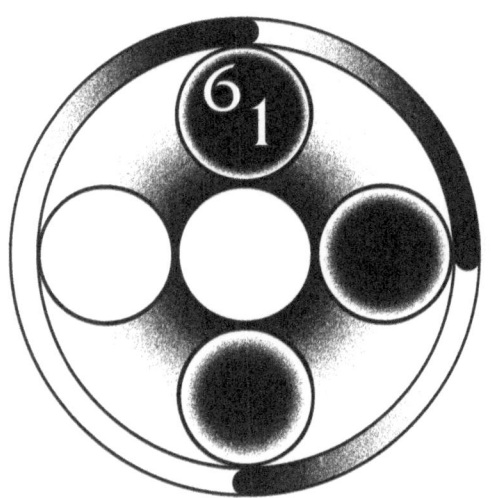

La sagesse et l'amour bâtissent le monde depuis l'éternité ;
Grâce à eux la nuit et l'hiver créent les prés fleuris du printemps ;
Leur magie règne partout, rajeunissant le monde,
Intimant au froid de céder la place !

Hermann Lingg

Cette Signature correspond aux dates de naissance contenant les Chiffres ❻ et/ou ❶

Quelques exemples de dates de naissance dont la Signature est le Nord (une combinaison rare) : 6 janvier 1961, 1er juin 1916, 1er janvier 1966.

Si vous avez lu ce livre depuis le début, vous vous demandez sans doute avec curiosité (et une certaine inquiétude, j'imagine !) ce que veut dire le fait qu'une seule de vos Stations soit occupée. Ne vous inquiétez pas ! Quelle que soit votre nature, rien ne vous empêchera de réussir dans l'existence du moment que vous saurez utiliser le trésor que représente votre Code. Votre rôle à vous consiste tout simplement à faire vivre ces dons extraordinaires.

Une Signature ne comportant que des ❻ ou des ❶ est signe d'intelligence supérieure. Nous ne parlons pas ici de raisonnement scientifique ou de logique, ces véhicules suffisamment fiables pour vous emmener partout où vous le souhaitez, mais plutôt de la forme d'intelligence qui fait de la vie un voyage riche de signification. Il est impossible de prévoir quand quelle direction le génie de votre Signature décidera de vous emmener. Vous pourriez devenir un homme politique de grande envergure, véritable serviteur de l'État, ou le meilleur charpentier du pays. Quoi qu'il en soit, vous aurez besoin de vous faire entendre (et ce à juste titre). Parmi les titulaires de cette Signature, on trouve de grands journalistes, de ceux qui font rêver des milliers de gens et qui ont le courage de changer le monde au lieu de se lamenter sur le thème du verre à moitié vide.

Si quelqu'un doté de cette Signature naît dans une famille dont le leitmotiv est : « Mais pourquoi faut-il donc qu'il/elle se conduise toujours comme ça ?! », cette personne risque de manquer de confiance en elle. En effet, malgré tous ses talents, elle pourrait bien finir par se prendre pour une idiote. Les gens détenteurs de la Signature Nord n'arrivent à entretenir leur génie que si d'autres personnes les comprennent et les encouragent. Il peut s'agir d'un parent éloigné, d'un professeur très doué, capable de voir ce qui se passe réellement chez son élève et de l'apprécier, ou même d'un ami connu à un cours de gym. Vous avez le pouvoir de provoquer sciemment des rencontres positives. Tout le monde est susceptible, à un moment ou à un autre, de s'occuper d'une plante fragile et de l'aider à pousser.

Les dons extraordinaires de cette Signature doivent absolument être mis au service d'une occupation enrichissante pour soi-même ou pour l'humanité, faute de quoi celui qui la possède risque d'être tenu pour un excentrique ou un marginal. Enfant difficile, il risque de se transformer en adulte un peu perdu, incapable de se trouver une profession ou des amis qui lui conviennent. Ce genre de personne se montre souvent très maladroite dans la vie de tous les jours ; elle n'arrive jamais à trouver deux chaussettes de la même couleur le matin, par exemple. Les gens particulièrement brillants ont du mal à gérer le quotidien. Pourtant, quelques encouragements et une bonne dose de travail d'équipe peuvent amplement les aider. Une personne du Nord a souvent besoin d'un ou plusieurs collègues qui l'aideront à faire aboutir ses trouvailles en gérant les phases de réflexion, de présentation et de marketing. En effet, les aspects pratiques et commerciaux ne sont pas son fort. Elle doit faire très attention à bien s'organiser et à tout verrouiller par des contrats.

Cette Signature, dans la mesure où elle manque de perspicacité et de recul, n'est pas à l'abri de problèmes d'ordre affectif. C'est pourquoi il lui est conseillé de se servir des couleurs et de l'alimentation pour éveiller les énergies qui lui manquent et apprendre à les utiliser. Les démarches les plus simples donnent souvent d'excellents résultats. Pour commencer, débarrassez-vous de tous les vêtements noirs ou bleus de votre garde-robe et éliminez ces couleurs de votre environnement immédiat. Vous en avez déjà bien assez comme cela. À force, elles risqueraient de vous pousser aux pires excès. Comptez plutôt sur le vert pour tout ce qui est d'ordre affectif, sur le rouge pour améliorer votre vitalité, sur le jaune lorsque vous êtes à la recherche de sérénité et de nouvelles idées, et enfin sur le blanc pour tout ce qui touche à votre carrière.

L'utilisation judicieuse des couleurs vous aidera à mieux gérer votre vie de tous les jours. Pourquoi ne pas porter discrètement une écharpe bien choisie ? Ce type de vêtement mettra un peu de couleur dans votre garde-robe, si tant est, bien entendu, que votre sexe et votre profession vous le permettent. Nous savons bien que les nuances un peu vives n'ont pas leur place dans certains milieux, quand bien même elles vous sont quasi indispensables !

Choisissez également vos aliments en fonction de leur couleur. Il faudra sans doute encore un peu de temps à la communauté scientifique pour comprendre ce que les enfants savent intuitivement, autrement dit le fait que la valeur nutritionnelle d'un produit ne dépend pas uniquement de sa teneur en nutriments. Une personne se nourrissant essentiellement de nourriture peu colorée (riz, pommes de terre, pâtes) finit par développer une personnalité tout aussi insipide. Inspirez-vous plutôt des tables méditerranéennes et de la profusion de couleurs qui y règne. Utilisez de la vaisselle soit totalement blanche, soit multicolore, et précipitez-vous sur le linge de table aux nuances les plus gaies.

Peut-être préférez-vous faire confiance au pouvoir des Chiffres ? Si tel est le cas, inscrivez tous ceux qui vous font défaut sur un morceau de papier que vous emporterez partout avec vous. Si ce conseil vous semble tout à fait saugrenu, n'hésitez pas toutefois à le suivre, quitte à le faire dans la plus grande discrétion. Cela ne vous demandera aucun effort, et ça marche ! Qu'avez-vous besoin de savoir de plus ?

Attention ! Il n'y a qu'un pas du génie à l'échec. Si votre vie ne vous plaît pas particulièrement, prenez dès aujourd'hui le taureau par les cornes. Peut-être devriez-vous changer de métier ? Essayez de déterminer quelles sont les choses qui vous freinent et celles qui vous motivent. Vous avez parfaitement le droit de choisir ce qui est bon pour vous et de vous entourer de personnes qui vous apprécient. Surtout, relisez le paragraphe consacré aux Chiffres du Nord (❻ et ❶) dans la deuxième partie de ce livre (page 47). Vous y trouverez une tonne d'idées de carrières et d'occupations vous permettant de tirer parti de vos talents. N'oubliez pas de relire les chapitres concernant les Stations qui vous manquent de sorte à apprendre à y remédier. C'est ainsi que vous accéderez à la satisfaction et au bonheur.

L'Est

Empathie, amour de la musique, don de guérison
Le tout sous une forme concentrée

Notre corps est le jardin, notre volonté le jardinier qui le cultive. Que nous y semions l'ortie ou la laitue, l'hysope ou le thym, des plantes variées ou d'une seule espèce ; que nous le rendions stérile par notre oisiveté, ou que notre industrie le féconde, c'est en nous que réside la puissance de donner au sol ses fruits, et de changer à notre gré.

William Shakespeare, *Othello*

Cette Signature correspond aux dates de naissance contenant les Chiffres ❽ et/ou ❸

Quelques exemples de dates de naissance dont la Signature est l'Est (une combinaison extrêmement rare) : 8 mars 1983, 3 août 1933, 3 mars 1938.

Cette Signature représente l'Est à l'état pur ainsi que ses qualités intrinsèques : amour de la musique, empathie, don de guérison, etc. Les gens concernés font preuve de bon caractère, de sens de la justice et d'esprit d'entraide. Si cette Signature est la vôtre, vous avez sans doute un certain mal à utiliser toutes ces qualités au quotidien, surtout parce que vous ne comprenez pas pourquoi les autres manquent à ce point d'empathie. Certaines personnes de l'Est ont l'impression que le sol qui les entoure est jonché d'épines et que chaque pas en avant est synonyme de douleur.

Cette Signature, tout en étant un don du ciel, constitue un immense défi. Il faut absolument, si vous en êtes titulaire, que vous appreniez à connaître les autres Stations de la Roue. Sachez que ce ne sera pas une partie de plaisir. Au départ, le tempérament fougueux et excessif du Sud risque de vous rebuter, tandis que l'énergie calme et reposante du Centre vous paraîtra sans doute ennuyeuse et sans intérêt. Du fait de votre manque total d'obstination, l'Ouest pourrait bien vous effrayer, de même que l'intense énergie du Nord. Cependant, en vous familiarisant avec ces Points cardinaux, vous gagnerez du terrain et finirez par coloniser la totalité de votre Roue anniversaire. Finalement, ce devrait être une belle aventure !

Un Est fort est fréquemment signe de grande tolérance. « Vivre et laisser vivre », c'est le mot d'ordre des gens de l'Est, qu'aucune attitude n'est susceptible de choquer. C'est la raison pour laquelle ils ont souvent un effet apaisant sur les autres ; d'ailleurs, il n'est pas rare que l'on vienne les consulter d'un peu partout. En effet, on a tendance à les considérer comme des havres de paix, des refuges contre la tempête, ce qui leur convient parfaitement puisqu'ils adorent se rendre utiles.

Si vous êtes titulaire de cette Signature, vous êtes du genre à vous laisser facilement influencer. En conséquence, le mot « non » ne fait pas partie de votre vocabulaire. Il va falloir vous y mettre. Si vous avez souvent le sentiment de dire « oui » sans le vouloir, vous voyez certainement où je veux en venir. Peut-être essayez-vous de vous rebeller à votre façon ? Au lieu d'énoncer un « non » haut et clair, vous vous contentez sans doute d'un hochement de tête ou d'un regard fuyant, ou même d'un tout petit « oui » murmuré à toute vitesse. La personne qui se trouve en face de vous, elle, n'entend que ce fameux « oui ». Il est fort possible que vous sachiez parfaitement résister mais que vous vous laissiez intimider par les autres.

Renoncez immédiatement à toute forme de subtilité et apprenez à dire clairement « non ». Sinon, vous finirez par faire souffrir votre entourage en vous mettant en colère pour vous faire respecter. Le jour où cela se produira, les gens n'en reviendront pas tellement ils auront été habitués à votre patience et à votre sens de la nuance. Alors, surtout, n'en arrivez pas là !

Votre Signature étant très axée sur l'assistance, vous ne savez plus où donner de la tête. Pour le savoir, sollicitez un avis extérieur. Vous avez tendance à penser que l'organisation n'est pas ce qu'il y a de plus important dans la vie, et vous avez bien raison. La paperasse peut toujours attendre. Nous sommes tout à fait d'accord avec vous.

Afin d'éviter de vous faire constamment exploiter, vous allez devoir vous mettre au travail pour conquérir les Stations qui vous manquent. Pour commencer, dépêchez-vous de vous intéresser aux couleurs. Conférez à votre existence l'éclat du Sud (❼/❷) à l'aide du rouge. L'Ouest (❾/❹) attend que vous utilisiez du blanc (surtout pour vos tenues vestimentaires). Ainsi, on vous remarquera plus et vous développerez certaines qualités de l'Ouest (détermination, précision et organisation). Pour ne pas léser le Nord

(**6**/**1**), servez-vous généreusement du bleu et du noir. Quant au jaune, il attire les énergies équilibrantes du Centre (**0**/**5**). De bons choix ne manqueront pas de donner des résultats rapides.

Les gens à qui manquent beaucoup de Stations compensent quelquefois ce vide de manière instinctive à l'aide des couleurs. Peut-être avez-vous des amis dont l'appartement est envahi de coussins multicolores, de tableaux bariolés et autres babioles chamarrées ? Certains se contentent de tapis aux nuances vives tandis que d'autres se croient obligés de décorer chaque centimètre carré de leur maison, ce qui peut gêner leurs visiteurs ou leur saper le moral. Toutefois, en tant que véritable natif de l'Est, vous devriez vous fier à votre intuition et ne pas hésiter à faire ce que vous souhaitez.

N'hésitez pas à utiliser des cristaux de couleur, dans votre bureau par exemple. Le vert est la seule nuance à manier avec précaution. En effet, vous en possédez déjà beaucoup. Trouvez les professions qui vous conviennent en relisant le paragraphe consacré aux Chiffres de l'Est page 63 et réfléchissez à nos suggestions. Si votre métier actuel ne vous plaît pas, changez-en ! Il n'est jamais trop tard. Si c'est impossible, optez pour un passe-temps adapté à vos talents. Cela vaut toujours la peine de faire ce que l'on aime !

Le Sud

Tempérament fougueux, enthousiasme, charisme
Le tout cohabitant sous le même toit

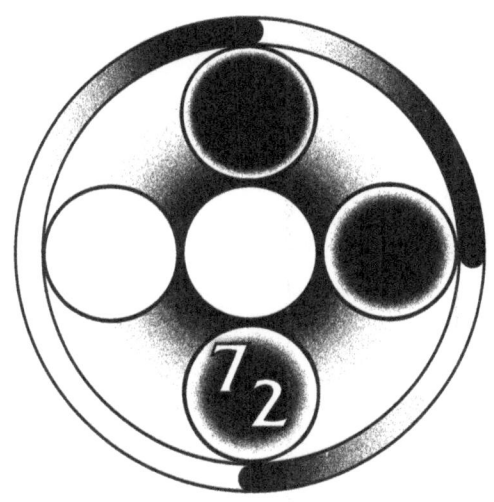

*Qu'il est agréable de découvrir la Nature
Tout en se découvrant soi-même,
Sans faire violence ni à l'un ni à l'autre,
Par des interactions agréables
Leur permettant de s'équilibrer mutuellement.*

Johann Wolfgang von Goethe

Cette Signature correspond aux dates de naissance contenant les Chiffres ❼ et/ou ❷

Quelques exemples de dates de naissance dont la Signature est le Sud : 27 juillet 1972, 2 février 1977, 2 juillet 1927, 7 février 1922.

Comme les deux précédentes, cette Signature correspond à une personnalité tout à fait spéciale. Les gens du Sud sont pleins de vitalité. Lorsqu'ils montent sur scène, le public se pend à leurs lèvres. C'est juste une question de charisme.

Ce ne sont pas des personnes que l'on néglige, chose qu'elles détesteraient d'ailleurs. Les Signatures chargées en ❼ et en ❷ sont toujours très en vue. Elles emballent tout le monde. Vous ne les trouverez pas dans des bâtiments tristes et des quartiers envahis par la grisaille, où leur énergie ne saurait se développer.

Les gens du Sud ne sont pas faits pour vivre en ermites. Néanmoins, dans des cas extrêmes, il arrive qu'ils aient besoin de se protéger de leur propre enthousiasme et qu'ils aspirent à une vie monacale, mais cela arrive rarement. Pour être heureux à l'intérieur, ils ont besoin de s'extérioriser. Il leur faut beaucoup de contacts et des aventures démarrant au quart de tour. Quand ils organisent quelque chose, il faut que ça aille vite ! Ils sont faits ainsi.

Naturellement, la patience n'est pas leur vertu cardinale. Les personnes centrées sur le Sud n'apprécient guère de faire la queue chez le dentiste ou de patienter dans les embouteillages. Alors qu'elles pourraient se montrer très efficaces, elles se lassent vite de tout ce qui précède l'action et se mettent, en conséquence, facilement en colère (bien que la réaction consternée et apeurée de leurs interlocuteurs les étonne toujours).

On n'arrête pas de dire aux enfants concernés de se tenir tranquille. Or, plus on les réprimande, plus ils risquent de sombrer dans la résignation et le manque de motivation. Ils se calment en apparence mais se changent en Cocottes-minute prêtes à exploser.

Si cette Signature est la vôtre, vous risquez d'avoir souvent de la fièvre (signe de système immunitaire affaibli ou d'émotions refoulées). Compensez cette fragilité à l'aide de compresses froides, de vêtements bleus et de literie de la même couleur.

Si tout ce que je viens de vous dire ne vous paraît que trop familier, je vous conseille vivement de vous lancer immédiatement dans la conquête de vos Stations manquantes. Néanmoins, résistez à la tentation d'employer la force. Prenez patience et laissez venir les choses.

Commencez tout doucement par relire les chapitres consacrés à ces Points cardinaux (l'Ouest, le Nord, l'Est et le Centre) dans la deuxième partie de ce livre. Cela fera beaucoup d'informations à absorber au premier abord, mais regardez le bon côté des choses : votre Signature fait d'ores et déjà de vous quelqu'un d'extraordinaire. Il ne vous reste plus qu'à combler les vides. De plus vous ne risquez pas de souffrir des problèmes inhérents à ces Stations (la déprime éventuelle de l'Est, par exemple).

Avec le temps, vous obtiendrez des résultats tangibles. L'expérience montre que les couleurs se montrent particulièrement utiles en la matière. Usez du rouge avec parcimonie dans votre garde-robe ou pour décorer vos lieux de vie : il est déjà très présent chez vous.

Faute d'Ouest (❾/❹), vous devriez vous servir de la couleur blanche (surtout pour vos tenues). Elle vous permettra d'acquérir de la volonté, de la précision et des capacités d'organisation, compléments idéaux à l'impétuosité de votre Signature.

Le vert, couleur de l'Ouest (❽/❸), vous aidera à développer votre patience et votre sensibilité. Compensez votre impatience innée en effectuant de longues promenades en pleine nature.

Le jaune, en invoquant l'énergie apaisante du Centre (⓪/⑤), vous poussera à la pondération et vous redonnera le sens des proportions.

Enfin, ne négligez pas la curiosité et l'inventivité du Nord (❻/❶) : usez et abusez du bleu et du noir, et de leur énergie apaisante. N'oubliez pas non plus de travailler avec des gens dont les Signatures contiennent les Stations qui vous manquent.

À chaque Signature ses forces et ses faiblesses. Dans votre cas, développer un véritable esprit d'équipe représenterait un grand pas en avant et vous aiderait à combler les vides de votre Roue. Bonne chance !

L'Ouest

Un destin fabuleux
accepté avec grâce

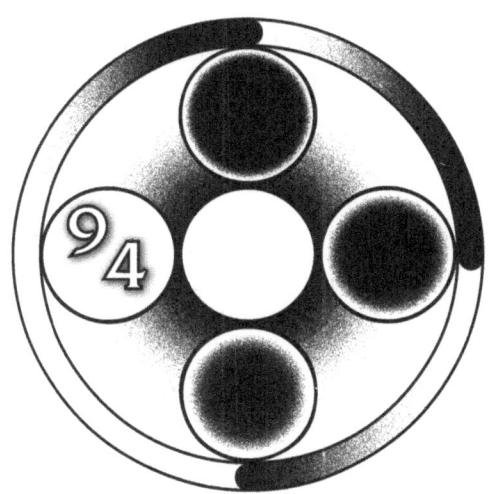

Souhaites-tu rendre le monde meilleur ?
Je ne pense pas que cela puisse se faire.

Le monde est parfait.
On ne peut le rendre meilleur.
Si tu es négligent envers lui, tu le détruiras.
Si tu le traites comme un objet, tu le perdras.

Il y a un temps pour être devant,
un temps pour être derrière ;
un temps pour être en mouvement,
un temps pour être au repos ;
un temps pour être vigoureux,

Le Code –

un temps pour être épuisé ;
un temps pour être en sécurité,
un temps pour être en danger.

Le maître voit les choses comme elles sont,
sans tenter de les contrôler.
Il les laisse suivre leur cours,
et demeure au centre du cercle.

Laozi
– traduction de Stephen Mitchell

Cette Signature correspond aux dates de naissance contenant les Chiffres ❾ et/ou ❹

Quelques exemples de dates de naissance dont la Signature est l'Ouest : 4 avril 1949, 4 septembre 1994, 9 septembre 1949, 4 avril 1994. Ce genre de combinaison est très rare. La prochaine ne se présentera pas avant le 4 avril 2044.

Cette Signature mérite qu'on la traite avec beaucoup de soin tant elle est spéciale. Si vous en êtes titulaire, vous possédez des talents de dirigeant au-dessus de la moyenne ainsi qu'une intelligence supérieure, et vous êtes né sous le signe de la réussite. Dans la mesure où une seule de vos Stations est occupée, cette dernière totalise beaucoup d'Unités, ce qui lui donne encore plus de force. Une tâche difficile vous attend : utiliser toute cette énergie à bon escient. C'est un peu comme si l'on vous avait fait cadeau d'un cheval de course dont le dressage n'était pas encore terminé.

Tout est question de mesure et de bon sens. Beaucoup de gens de votre entourage vont se sentir étouffés par votre présence, ce qui risque de poser problème. En effet, nombreux sont ceux qui se sentent inférieurs à vous malgré tous leurs efforts. Même si vous en êtes conscient, le véritable danger réside dans le fait qu'ils pourraient bien finir par se résigner. Bien peu de gens sont aussi doués que vous, et vous allez devoir apprendre à vous mettre à leur niveau. Grâce à votre intelligence et à votre intuition, vous savez généralement quoi faire. À vous de jouer, donc !

Sachez-le bien : les autres ne vous comprendront jamais tout à fait. Vous êtes beaucoup trop rapide pour eux. Votre soif de succès ne vous laisse que bien peu de temps pour vous occuper d'autre chose dans la vie.

Toutefois, nous sommes tentés de vous dire que cela ne durera pas. Si vos nombreux dons vous permettront certainement de connaître la réussite, vous n'accéderez au véritable bonheur qu'en élargissant vos horizons de manière à y inclure les autres Stations de votre Roue ainsi que les qualités leur étant associées. Ainsi, votre talent pour les activités manuelles, bien que légendaire, risque de vous isoler. Après tout, vous n'avez besoin de personne. Vous êtes le meilleur, c'est tout. Le travail en équipe n'est pas votre fort : vous avez l'impression de perdre votre temps et de gaspiller votre énergie.

Il est temps que vous compreniez un certain nombre de choses dans la vie. Vous êtes un génie ? Tant mieux, mais vous allez devoir faire un peu de place à des concepts qui vous sont encore étrangers. Essayez de vous rapprocher de personnes moins douées que vous. Leurs compétences sont juste différentes des vôtres et elles ont d'autres talents à offrir. Il est clair que, si vous ne jugez votre réussite qu'à l'aune du solde de votre compte en banque, vous n'avez pas grand-chose à faire de la création d'une crèche ou du récital de piano de votre fille. Attention ! Écoutez bien ! N'oubliez pas qu'un arbre croulant sous les fruits le doit aux racines, aux branches, aux feuilles, aux abeilles, aux rayons du soleil, etc., sans lesquels il ne serait rien.

Dans la mesure où quatre de vos Stations sont vides, il se peut que, malgré votre succès et votre notoriété, vous ne soyez pas totalement satisfait de votre vie ou que, peu à peu, vous vous sentiez de moins en moins heureux. Vous n'êtes certainement pas le seul. Personne ne peut vous fournir la clé du vrai bonheur ; les professeurs, les écoles, les parents, les religions, les psys et autres professionnels du même genre en sont incapables. Qu'y a-t-il d'étonnant à cela ? C'est le plus long voyage que nous ayons tous à effectuer, et, pour cela, nous n'avons même pas besoin de bouger d'un pouce. Lorsque nous cherchons la sérénité et que nous ne nous aimons pas, c'est à notre cœur que nous devons nous adresser. Chaque tour du monde commence par un seul pas.

Vous pouvez utiliser les couleurs pour acquérir les talents des Stations qui vous manquent. Bien que la plupart des professions typiques de l'Ouest soient exercées par des gens portant du blanc, évitez au maximum cette couleur, dont vous disposez déjà en quantité plus que suffisante. Ne positionnez pas votre bureau face à l'Ouest ou dans la partie Ouest d'un bâtiment, que ce soit chez vous ou sur votre lieu de travail. Évitez également de prendre vos vacances dans un endroit orienté à l'Ouest. Votre premier choix doit être l'Est. Sinon, rabattez-vous sur le Sud ou le Nord. Envisagez également de vivre dans un lieu caractérisé par le Centre : près de la grand-place ou dans le centre d'une ville, par exemple.

N'oubliez pas de vous servir du pouvoir des couleurs dans votre vie de tous les jours. C'est le vert qui avantage le plus votre Signature ; mettez-en dans vos vêtements, votre décoration, votre alimentation, etc. Toutefois, le bleu, le noir, le jaune et le rouge peuvent également vous être utiles. Ayez soin de consommer des aliments de toutes les couleurs, et faites très attention de ne pas vous limiter à une nourriture fade (pâtes, riz, pommes de terre, sauce béchamel, gâteaux recouverts de glaçage blanc, etc.). À l'exception du ❾ et du ❹, tous les Chiffres peuvent équilibrer votre Signature. Évitez donc le ❾ et le ❹ autant que possible (plaque d'immatriculation, adresse, numéro de chambre d'hôtel et, surtout, numéro de téléphone). C'est le moment de relire la deuxième partie de ce livre pour vous documenter sur vos Stations manquantes. Essayez donc de passer un jour à « ne rien faire de spécial » avec des amis : vous aurez d'ores et déjà fait un grand pas dans la bonne direction.

Le Centre

Il vagabonde patiemment d'un monde à l'autre
Aussi à l'aise à l'intérieur qu'à l'extérieur

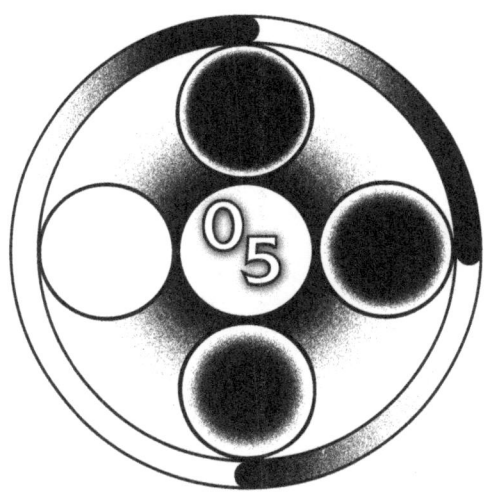

Liés à nos frères par un but commun et qui se situe en dehors de nous, alors seulement nous respirons et l'expérience nous montre qu'aimer ce n'est point nous regarder l'un l'autre mais regarder ensemble dans la même direction. Il n'est de camarades que s'ils s'unissent dans la même cordée, vers le même sommet en quoi ils se retrouvent. Sinon pourquoi, au siècle même du confort, éprouverions-nous une joie si pleine à partager nos derniers vivres dans le désert ?

Antoine de Saint-Exupéry

Cette Signature correspond aux dates de naissance contenant les Chiffres ⓪ et/ou ⑤

Quelques exemples de dates de naissance dont la Signature est le Centre : 5 mai 1900, 5 mai 1905, 5 mai 1955, 5 mai 2000, 5 mai 2005. Ce sont les seules dates du xxᵉ et du xxiᵉ siècle à contenir exclusivement des Chiffres du Centre, et ce jusqu'au 5 mai 2050.

Les gens titulaires de cette Signature sont capables de gérer les situations les plus compliquées, et ils risquent d'en affronter pas mal au cours de leur vie. Toutefois, les pouvoirs du Centre (⓪ et ⑤) ont une caractéristique réconfortante : ceux qui en sont dotés ne prennent pas les choses au tragique. En effet, ils sont capables, dans la plupart des cas, de trouver une solution aux problèmes les plus graves. Du coup, ces derniers n'ont même pas le temps de les inquiéter. Cette Signature est dédiée à la gestion des catastrophes.

De plus, elle a bien entendu ses propres difficultés à gérer. Les énormes pouvoirs du Centre ainsi que les nombreux défis auxquels il est confronté les uns après les autres le mettent en effet en danger de sombrer, parfois, dans la résignation. Ainsi, il arrive aux gens du Centre de penser : « Non, ça ne va pas recommencer ! » en poussant un grand soupir, et de se demander si, cette fois encore, ils vont arriver à reprendre le collier. Dans ces moments-là, il est nécessaire qu'ils soient tout à fait convaincus de la présence d'un Guide suprême qui, dans sa grande sagesse, sache exactement quand arrêter de les mettre à l'épreuve.

Chose intéressante, deux extrêmes se rencontrent au sein de la Signature du Centre : un esprit des plus casaniers et un vagabond impénitent. Souvent, les titulaires de deux Chiffres du Centre passent toute leur vie au même endroit ou, au contraire, se transforment en infatigables voyageurs ne quittant plus leur camping-car. Parfois, leur vie connaît plusieurs phases : sédentaires pendant une vingtaine d'années, ils décident tout d'un coup de faire leurs valises et rechignent à s'installer quelque part des mois durant. Comme vous l'avez lu dans la deuxième partie de ce livre, le Centre est le Point cardinal qui englobe tous les autres en leur tendant les bras. S'il figure dans votre date de naissance, vous n'aurez pas grand mal à conquérir les autres Stations. Cela explique peut-être le conflit intérieur que nous venons de vous décrire.

Le goût du voyage et de la vie casanière peuvent donc se côtoyer chez la même personne, alternant au fil du temps. Par exemple, il est fort possible que, enfant, vous ayez eu la bougeotte mais qu'arrivé à la vie adulte vous ne souhaitiez plus sortir de chez vous. Et puis vous atteignez l'âge mûr et tout change à nouveau. Vous voilà tenté de repartir par monts et par vaux (ce que vous faites bien sûr). Si vous vous êtes déjà livré à ce genre de valse-hésitation, vous savez à présent que c'est dû à votre Signature. Cela n'a donc rien de bien étonnant.

Votre attitude envers les autres tend à fluctuer entre extrême sensibilité et belle indifférence, même si c'est le plus souvent la première qui prévaut. De manière générale, les gens du Centre sont compréhensifs, se prêtent à des rôles très variés et se distinguent par leur tolérance. Les Chiffres ⓪ et ❾ sont fréquemment présents chez les professionnels que caractérisent la patience et le dévouement. Bien entendu, l'énergie du « côté obscur » rôde autour d'eux. Comme vous l'avez certainement compris au cours des pages précédentes, les pouvoirs d'une Signature simple sont particulièrement concentrés. Or, un total impressionnant d'Unités appartenant au même Point cardinal (y compris au Centre) est souvent annonciateur d'actions impulsives, de crises de colère, etc. Attendez-vous à être surpris !

Nous vous avons déjà expliqué que le signe distinctif du ⓪ est sa capacité à endosser les qualités des autres Chiffres. En conséquence, la Signature Centre intègre les dons de toutes les autres directions, du moment que, durant l'enfance, on ne lui a pas appris à les craindre ou à s'en débarrasser.

Si vous êtes titulaire de cette Signature, vous devez absolument éviter de porter du jaune et de l'utiliser pour décorer votre maison et votre lieu de travail. En revanche, usez et abusez de toutes les autres couleurs.

Dans la mesure où votre Centre de gravité se situe au Centre, ce qui est particulièrement vrai dans le cas précis, nous vous conseillons de vous adonner à la méditation. Le « côté obscur » de la patience est la rage. Faute de maîtriser cet aspect de soi, on risque de faire souffrir ses organes.

En effet, les émonctoires (foie, reins, pancréas, ganglions lymphatiques, rate, estomac et intestin) méritent qu'on leur accorde beaucoup d'intérêt, et c'est encore plus vrai dans le cas d'une Signature de type Centre. Par mesure de prévention, nous vous conseillons de boire une infusion dépurative (d'ortie par exemple) entre 15 heures et 19 heures à la lune descendante. Pendant cette période, soignez tout particulièrement votre alimentation et faites bien attention à vous.

Même si tous vos Chiffres semblent pointer dans la même direction, vous avez en main tous les éléments nécessaires pour réussir votre vie et améliorer celle de votre entourage.

Les dix Signatures doubles

Le Nord-Est

Une intuition développée et une grande perspicacité
Beaucoup de recul

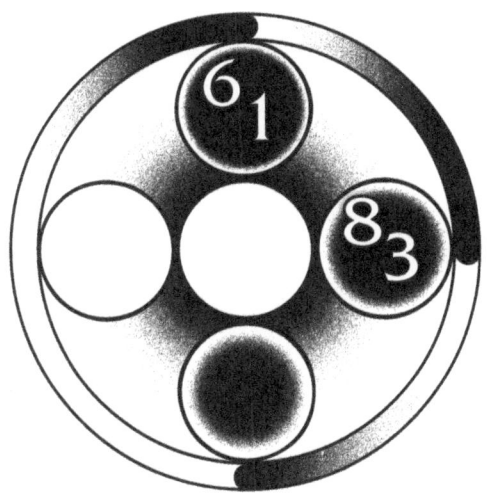

*Si tu veux être aimé, commence par aimer
ceux qui ont besoin de ton amour.
Si tu as besoin de la sympathie des autres,
commence par leur en montrer à eux.
Si tu veux qu'on te respecte, apprends
à respecter tous ceux qui t'entourent, jeunes ou vieux.
Quoi que tu attendes des autres,
commence par le leur donner ; tu verras qu'ils te le rendront bien.*

Paramahansa Yogananda

Cette Signature correspond aux dates de naissance contenant les Chiffres ❻ et/ou ❶ – ❽ et/ou ❸

Quelques exemples de dates de naissance dont la Signature est le Nord-Est : 16 mars 1968, 13 juin 1986, 6 août 1938, 13 mars 1986, 1er juin 1913, etc.

Il faut toujours bien observer quels Chiffres composent une Signature donnée. Où se situe son Centre de gravité ? Ainsi, le 1er août 1988 et le 3 juin 1966 ont toutes deux une Signature Nord-Est mais elles sont à l'origine de caractères différents dans la mesure où, au-delà des questions d'environnement et d'hérédité, leurs talents ne sont pas les mêmes. En effet, la Signature se contente d'être indicative. C'est son Centre de gravité qui fait toute la différence, surtout dans le cas de Signatures doubles comme c'est le cas ici.

Si nous devions décrire chaque Signature en deux mots, celle du Nord-Est mériterait le qualificatif d'« intuition intelligente ». En effet, il n'est pas si fréquent que cela d'être à la fois capable de reconnaître de nombreuses corrélations et de montrer énormément d'empathie. Pourtant, c'est le cas des gens du Nord-Est, même si ce don a quelquefois besoin d'être éveillé chez eux. Ces qualités étant toutes deux très fragiles, elles ont tendance à se cacher pour peu qu'on ne s'en occupe pas assez, mais elles sont bien là, prêtes à se manifester !

Les personnes titulaires de cette Signature apprennent vite. Elles comprennent facilement ce qu'on leur dit et le mémorisent sans difficulté, du moment que le sujet concerné les intéresse. Sinon, parents et professeurs se heurtent à un mur et se voient souvent contraints de recourir à une intervention extérieure pour motiver les récalcitrants. Toutefois, de manière générale, les enfants du Nord-Est n'ont aucun mal à faire leurs devoirs.

Une Signature combinant le Nord et l'Est offre d'intéressantes perspectives, principalement orientées vers la nature et le monde.

En effet, le Nord est symbole d'intelligence et de rationalisation, et l'Est, d'intuition, de persévérance, d'amour de la musique et de dons de guérison.

Cette Signature possède un seul inconvénient. Ses titulaires ont parfois du mal à jauger les situations, ce qui retarde leur réaction. De plus, l'énergie du Nord (❻/❶) peut mener à une débauche d'impatience dès lors que ceux qui en bénéficient ne se sentent ni assez appréciés ni assez soutenus lorsqu'ils partent dans leurs délires personnels et provoquer, en conséquence, la résignation. D'ailleurs, disons-le tout net, les gens de l'Est ont tendance à s'apitoyer sur eux-mêmes dès lors que tout ne se passe pas comme ils le souhaitent (ou comme ils le voient dans leurs rêves). Rien de mieux pour perdre son temps. Mieux vaudrait tirer le signal d'alarme dès qu'un sentiment de résignation pointe le nez, s'accorder un peu plus d'amour et retrouver le sens des responsabilités.

Les titulaires de cette Signature réussissent plutôt bien dans la vie car ils sont très autonomes. Comme tous ceux qui s'en sortent bien, ils devraient donc faire en sorte de partager leurs talents avec les autres, idéalement les possesseurs des Stations qui leur manquent. Dans le cas précis, il s'agira du Sud, la Station suivante dans l'ordre de rotation de la Roue anniversaire (voir page XX). Non content de transmettre vos connaissances à vos collègues de travail, attachez-vous donc à le faire, dans le privé, avec des natifs du Sud, de l'Ouest et du Centre. L'aide de tous ces gens vous sera forcément précieuse un jour ou l'autre.

Chaque Signature a ses propres défis à relever. Dans votre cas, il s'agit de ne pas sombrer dans la crédulité. En effet, si votre associé possède beaucoup de ❾ et de ❹, attendez-vous à ce qu'il essaie de vous voler votre succès. Vous vous montrez souvent imprudent, naïf et trop généreux en matière d'argent. Si la plupart des gens n'en profiteront pas pour abuser de votre confiance, certains le feront parce que vous leur faciliterez la tâche. Ils iront peut-être même jusqu'à n'y voir aucun mal, persuadés qu'ils « rembourseront tout plus tard jusqu'au dernier centime ».

Un vide de Sud est souvent synonyme de manque de confiance en soi, parfois totalement injustifié. Ainsi, un prix Nobel dépourvu de ❼ ou de ❷ est bien capable de se demander s'il mérite d'obtenir une telle distinction. L'absence d'Ouest, elle, est désavantageuse en situation de travail. Fréquemment, on manque de « tripes » au moment opportun. Quant au vide de Centre, il se fait très peu sentir dans la mesure où l'Est ne rechigne pas aux émotions, ce qui rééquilibre le tout.

Si vous êtes titulaire de cette Signature et que vous manquez d'assurance, nous vous conseillons de mettre beaucoup de rouge dans votre vie (autrement dit d'en porter et d'en décorer maison et lieu de travail). N'hésitez pas à consommer régulièrement des fruits et des légumes rouges. Soyez fou : imaginons que vous ayez le sentiment de disparaître à côté de vos amis ou de vos conjoints. Personne ne vous remarque. La prochaine fois que vous sortirez ensemble, portez du rouge plutôt que du noir. Ne le faites que si vous vous sentez à l'aise ainsi, sans quoi vous aurez l'impression de vous faire remarquer ; vous serez très gêné et cela ne vous avancera à rien. En réunion, portez du blanc pour renforcer votre volonté et votre confiance en vous. Chez vous, pariez sur le jaune. Méfiez-vous du vert, du noir et du bleu. Vous en avez bien assez comme cela.

Maintenant que vous en savez un peu plus sur votre Signature, vous voilà prêt à repartir du bon pied !

L'Est-Sud

Gai, serviable et compréhensif
Plein de vie si on s'occupe bien de lui

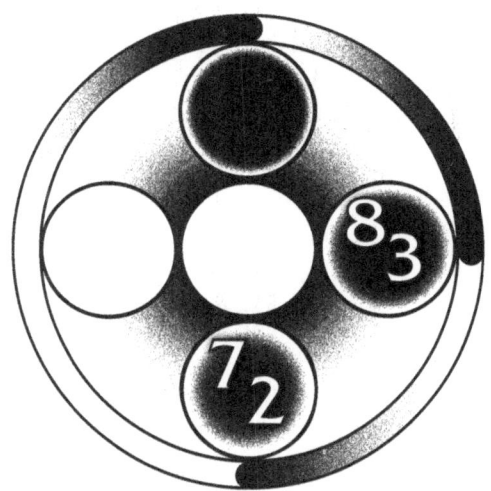

La vérité est pareille aux étoiles qui ne sont visibles que derrière l'obscurité de la nuit. Elle est comme toute chose belle dans ce monde qui ne révèle ses attraits qu'à ceux qui ont souffert de la fausseté. La vérité est ce sentiment secret qui nous apprend à nous réjouir de nos jours et à souhaiter cette même joie pour tout le monde.
Khalil Gibran

Cette Signature correspond aux dates de naissance contenant les Chiffres ❽ et/ou ❸ - ❼ et/ou ❷

Quelques exemples de dates de naissance dont la Signature est l'Est-Sud : 3 août 1972, 2 juillet 1978, 8 février 1938, 27 juillet 1987, 7 août 1927, etc.

Les titulaires de cette Signature peuvent s'attendre à une vie exceptionnelle. En effet, la sensibilité, l'amour de la nature et la sérénité y côtoient une grande envie de liberté et un dynamisme à toute épreuve. Ces énergies ont besoin d'être tempérées pour s'allier avec bonheur. Si tel est le cas, le succès est au bout de la route. Les gens de l'Est-Sud étant souvent gais et agréables, leur présence est toujours appréciée. Comme ils sont suffisamment sûrs d'eux pour ne pas en rajouter, ce n'est pas dans leurs rangs que vous trouverez les petits plaisantins qu'on n'arrive jamais à faire taire ; en conséquence, on les invite un peu partout. Grâce à eux, la moindre petite soirée prend des airs de fête et, pour corser le tout, on peut compter sur eux pour aider à faire la vaisselle. Même les enfants en sont fous et les réclament à leurs goûters d'anniversaire. Si cette Signature n'existait pas, il faudrait l'inventer.

Somme toute, cette Signature est riche de possibilités. Quel que soit son Centre de gravité, elle promet une vie haute en couleur. Peu importe qu'elle penche plutôt vers l'Est, vers le Sud, ou que les deux s'équilibrent. Il est vrai toutefois que le tempérament fougueux du Sud se fera mieux entendre si l'Est ne contient qu'un seul ❽ ou un seul ❸. Inversement, le calme régnera en présence d'un seul ❷ au Sud (pour le 2 août 1983 par exemple) : l'aspect émotionnel prendra le pas sur les bouillonnements du Sud.

Les titulaires de cette Signature sont souvent mélomanes. Il n'est pas rare de trouver dans leur placard un instrument de musique qui, loin de rester là à ramasser la poussière, fait le bonheur de celui qui en joue tout autant que les délices d'un auditoire subjugué. Il faut encourager les gens de l'Est-Sud à chanter, ce qu'ils font très bien. En tant que médecins, guérisseurs ou vétérinaires, ils se servent avant tout de leur intuition. L'absence de Centre étant compensée par l'Est, elle n'a pas grande importance dans le cas précis. Toutefois, le vide d'Ouest (❾/❹) pose un réel problème auquel il convient de s'attaquer : le domaine des affaires doit être sérieusement tenu à l'œil. Les bons médecins, vrais bienfaiteurs de l'humanité, ceux qui ont choisi ce métier dans le seul but de guérir et non pour gagner de l'argent, devraient s'habiller en blanc. En effet, le blanc, couleur de l'Ouest, symbolise la volonté et les concessions. Les titulaires de la Signature Est-Sud peuvent compenser leur manque de sens des affaires en s'associant à des personnes compétentes ou en prenant une décision courageuse : celle d'acquérir les connaissances qui leur font défaut.

Le vide d'Ouest (❾/❹) les empêche de mettre en pratique leurs bonnes idées. C'est la raison pour laquelle ils ne peuvent que bénéficier d'un partenariat avec un titulaire de cette Station, qui saura leur apporter un surplus d'énergie. Tout le monde y trouvera son compte.

Chose intéressante, les meilleurs médecins du monde entier ont souvent cette Signature, même s'ils n'ont pas fait de longues études. En effet, ils n'ont pas l'endurance du Nord, particulièrement friand de longs parcours universitaires. Toutefois, il est souhaitable que les natifs de l'Est-Sud fassent l'effort d'en passer par là, de manière à se rendre encore plus utiles auprès de leurs patients.

Les études ne sont pas non plus le fort des musiciens. Faute de Nord (❻/❾), les gens n'aiment pas prolonger leur scolarité. Ce n'est pas une question d'aptitudes, mais plutôt de manque d'envie. Si quelqu'un de l'Est-Sud décide de se lancer dans l'aventure avec tout ce que cela implique, il est plus que capable d'y arriver. Mais pourquoi se compliquer la vie ?

Nous vous conseillons d'utiliser les couleurs du Centre (le jaune de l'intuition) et du Nord (le noir et le bleu de la sagesse). Ce dernier vous aidera à vous recentrer et à méditer jusqu'à ce que votre voix intérieure se fasse entendre. Le jaune, lui, vous inspirera et vous donnera de nouvelles idées. Servez-vous de ces couleurs pour vos vêtements et la décoration de vos lieux de vie, ou sous forme de petits papiers que vous emporterez partout avec vous. Petit à petit, vous constaterez de réelles évolutions dans votre comportement.

N'utilisez surtout pas de draps rouges pour le lit d'un enfant de cette Signature. Le Sud étant déjà très présent chez lui, il aurait beaucoup de mal à dormir. Quand la mère manque elle-même de ❼ et de ❷, elle fait quelquefois l'erreur de penser que le rouge bénéficiera à son enfant alors que le jaune et le blanc conviendront bien mieux à ce dernier. C'est la même chose pour les adultes, sauf qu'eux ne dépendent pas des choix de quelqu'un d'autre. L'Est gérant particulièrement bien les émotions, le vide de blanc n'a pas grande importance. Toutefois, si vous avez le sentiment d'en manquer, faites de longues promenades en pleine nature et portez du blanc pour compenser.

En résumé, voilà donc une Signature pleine de dynamisme et de talent. Faites-en donc bénéficier le reste du monde.

Le Sud-Ouest

Vigueur et ambition
Il est sur la bonne route

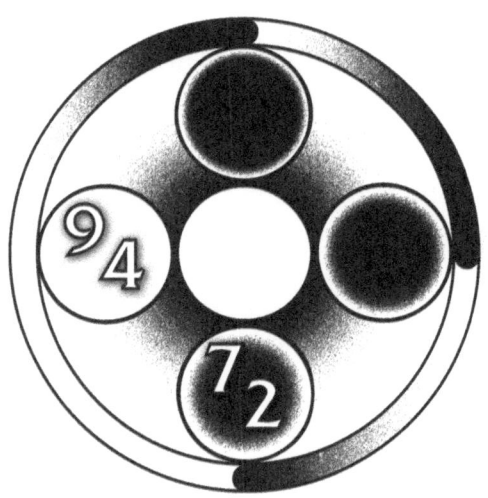

Quand un homme fait quelque chose que tout le monde admire,
on trouve cela merveilleux ;
mais le passage du jour à la nuit, le soleil, la lune,
les étoiles dans le ciel, les saisons sur terre,
les fruits qui mûrissent,
toutes ces choses sont l'œuvre
de quelqu'un de bien plus puissant que l'homme.

Chased-by-Bears

Cette Signature correspond aux dates de naissance contenant les Chiffres ❼ et/ou ❷ – ❾ et/ou ❹

Quelques exemples de dates de naissance dont la Signature est le Sud-Ouest : 2 juillet 1993, 4 octobre 1972, 9 février 1974, 2 avril 1929, 27 juillet 1949, etc.

Cette Signature se base sur une superbe combinaison de dynamisme et d'ambition. Avec elle, vous êtes capable non seulement de montrer l'exemple mais aussi de contribuer à changer le monde, du moment que vous décidez de vous y mettre. Vous pouvez tout faire. Vous obtiendrez des résultats inaccessibles aux simples mortels.

La palette de cette Signature est riche de possibilités en matière de professions. Peut-être serez-vous un chercheur passionné, un peintre de talent, un fou de technologie ou un avocat de renom. Quoi qu'il arrive, dès lors que vous vous servirez de votre tête, vous atteindrez vos objectifs. En fonction du nombre d'Unités totalisées à l'Ouest, vous serez perçu par votre entourage comme quelqu'un de bien ou, au contraire, comme un gestionnaire sans pitié. Vos collègues attirés par le travail d'équipe risquent de souffrir quelque peu de votre autoritarisme sans que vous en soyez conscient, les conséquences de votre attitude vous échappant totalement.

Le Sud poursuivant son but avec le dynamisme qui le caractérise, cette Signature n'éprouve pas de difficultés à obtenir des résultats. Si votre Centre de gravité se trouve au Sud, il est possible que vous manquiez d'esprit critique et d'objectivité et que vous ayez tendance à ne pas assumer vos responsabilités. C'est le résultat de la lutte interne qui fait rage dans votre tête entre l'ermite n'ayant besoin de personne et l'éminence grise consciente que, seule, elle n'arrivera à rien.

Les gens du Sud-Ouest font d'excellents gestionnaires financiers, tant pour eux que pour les autres, car ils ont besoin de la sécurité qu'apporte un peu d'argent mis de côté. Pourtant, ils ont quelquefois le sentiment d'être sur la corde raide, non pas qu'ils manquent véritablement de ressources ; c'est juste une impression. De plus, ils vivent souvent au-dessus de leurs moyens sans s'en rendre compte. C'est l'un des points faibles de cette Signature.

Cet aspect de la personnalité Sud-Ouest ne serait pas un problème en soi si ne venait s'y ajouter une tendance fort dangereuse : l'aversion pour l'inconnu. Le Nord manque à cette Signature alors qu'il est synonyme de curiosité et de refus des dogmes et autres croyances aveugles. Vous devez absolument régler ce problème si ce n'est déjà fait. Pour cela, inscrivez-vous à des cours du soir ou mettez-vous immédiatement à porter du bleu et du noir et à en décorer votre maison et votre bureau. Les couleurs peuvent vous rendre de grands services. Toutefois, nous vous invitons avant tout à apprendre à écouter, la meilleure façon qui soit de s'ouvrir au monde et de changer de perspective.

Les enfants dotés de cette Signature se distinguent par leur esprit mathématique et leur dynamisme. On ne devrait pas les punir lorsqu'ils piquent des crises de colère, mais plutôt les traiter avec beaucoup d'amour et de compréhension. La méthode forte ne marche jamais. Effrayés, les enfants n'oublient jamais et risquent de vouloir un jour ou l'autre se venger. Attachez-vous plutôt à leur montrer l'exemple : cela donnera de bien meilleurs résultats.

Les titulaires de cette Signature doivent avoir à cœur de maîtriser leurs énergies négatives, faute de quoi tout le monde en pâtira. Le matérialisme de notre époque ne leur facilite pas les choses. Cela étant, qu'y a-t-il de satisfaisant à gagner par tous les moyens ? Mieux vaut mettre à profit ses nombreux talents et renoncer à exploiter les faiblesses des autres.

Plus vite on compensera l'absence de certaines Stations (Nord, Est et Centre), mieux cette Signature se développera. Pour cela, on peut se servir des couleurs, méditer, écouter, etc. Ayez l'intelligence de consommer une grande quantité d'aliments verts. En effet, cette couleur est gage d'intuition. On ne mange jamais trop de légumes ni de salades. Les points faibles de cette Signature sont le foie, la tête et le cœur. C'est pourquoi de l'exercice et des cures régulières de détoxification s'avéreront efficaces. Usez et abusez des tisanes dépuratives, des jeûnes et autres pratiques purifiantes. Pourquoi ne pas commencer tout de suite !

Si vous avez un enfant doté de cette Signature, vous disposerez de temps pour vous. En effet, les enfants dont la date de naissance contient un ❾ n'ont pas besoin qu'on s'occupe beaucoup d'eux. Mieux vaut leur fournir un modèle de qualité. Ils adorent réussir par eux-mêmes, qualité qu'ils conservent à l'âge adulte.

Le Nord-Ouest

De la volonté et de l'anticipation
Le succès à portée de la main

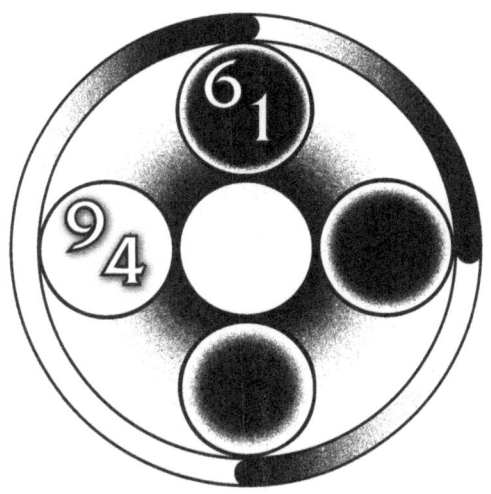

Ose ce que personne n'a osé.
Dis ce que personne n'a dit.
Pense ce que personne n'a pensé.
Finis ce que personne n'a commencé.
Tais-toi au milieu des acclamations.
Ne participe pas aux moqueries.
Aie le courage de donner quand personne ne le fait.
Éclaire l'obscurité de ta lumière !

Lothar Zenetti

Cette Signature correspond aux dates de naissance contenant les Chiffres ❻ et/ou ❶ – ❾ et/ou ❹

Quelques exemples de dates de naissance dont la Signature est le Nord-Ouest : 4 septembre 1961, 9 avril 1991, 16 juin 1964, 1ᵉʳ janvier 1949, 19 septembre 1916, etc.

Une date de naissance combinant le Nord et l'Ouest est gage de confiance en soi, de discipline et de volonté. Le ❻ et le ❶ fournissent une énergie inépuisable, de même que le ❾ et le ❹. Ensemble, ils sont capables de franchir n'importe quel obstacle. Les personnes dotées de cette Signature sont réceptives, créatives, déterminées, entières et ambitieuses. En principe, toutes les portes leur sont ouvertes. Cette Signature convient à une large palette de professions : inventeur, politicien, journaliste, artisan, écrivain, scientifique.

Toutefois, elle a un petit défaut : faute d'Est, ses titulaires manquent d'empathie envers leurs amis et leurs collègues, à moins qu'ils apprennent à utiliser leur intuition et à faire preuve de compassion pour obtenir des résultats : la fin justifie les moyens, si l'on peut dire. Ce mode de fonctionnement n'a rien de négatif. La Signature Nord-Ouest est ainsi faite, c'est tout. Avec un Centre de gravité à l'Ouest, tous les moyens sont bons pour arriver à quelque chose. En apparence, ce comportement peut sembler égoïste et dépourvu d'égards, surtout si les pouvoirs du Nord (❻ ou ❶) n'ont pas la possibilité d'exprimer leurs talents en matière d'idées et d'anticipation. Il en résulte alors une personnalité rigide, difficile à vivre. C'est fort dommage, sachant combien cette Signature peut se montrer favorable. Si ses possesseurs n'ont généralement pas l'intention de se montrer désagréables, c'est ainsi qu'on les perçoit. Toutefois, on peut considérablement améliorer les choses en consacrant quotidiennement du temps à la méditation et en apprenant à écouter. C'est à ce prix que les gens du Nord-Ouest accèdent au bonheur.

Les enfants dotés de cette Signature ont tendance à se battre contre leur entourage mais, heureusement, cela s'arrange à l'âge adulte. Ils sont difficiles à gérer parce que, tout petits, ils savent déjà ce qu'ils veulent. La solution ? Les laisser faire. Cela ne veut pas dire qu'il faut les négliger ou les ignorer. Il s'agit plutôt d'accepter leur indépendance dès le départ, et de les laisser vivre leur vie.

Les parents de familles nombreuses et les professionnels de l'enfance peuvent attester du fait que même les bébés peuvent faire preuve d'une volonté sans faille. Les enfants sont capables de prendre des décisions importantes bien plus tôt qu'on ne le pense en général. Certains parents (voire certains psychologues !) croient que les tout-petits ne savent pas ce qu'ils font alors qu'en les observant bien on s'aperçoit que c'est faux. Il est important de fixer à ces enfants des limites appropriées à leur âge et de leur donner des choses à faire dans un temps limité. Pour le reste, mieux vaut user de générosité. Nos enfants ne sont pas notre propriété. C'est à eux-mêmes qu'ils appartiennent, ainsi qu'à un autre Pouvoir. Les enfants de Signature Nord-Ouest ne supportent pas qu'on les étouffe.

Les adultes, eux, ne tolèrent la condescendance sous aucune de ses formes. Francs et honnêtes, ils se font bien comprendre. Leur problème ? Un certain mal à se corriger, ce qui les oblige parfois à évoluer par la force des choses, à la suite d'une expérience difficile.

Lorsque des enfants dotés de cette Signature peinent à l'école, ce n'est pas faute de capacité à apprendre. En fait, très doués, ils s'ennuient à mort. Ils possèdent également d'excellentes aptitudes physiques, et beaucoup de leurs camarades leur envient leurs nombreux talents. Toutefois, une telle panoplie de qualités les expose à la marginalité. En conséquence, certains adultes ont tendance à vouloir réparer cette « injustice » en les gâtant et en leur accordant trop d'attention, choses qu'ils détestent et récompensent par une attitude agressive. En effet, cette Signature a plus besoin de reconnaissance que de pitié. Une fois que les parents ont compris cela, la famille se porte beaucoup mieux.

Le noir et le blanc sont les couleurs fétiches de cette Signature, qui a tendance à voir le monde sous cet angle : « Si tu ne m'aimes pas, c'est que tu me détestes. » Tout le monde n'arrive pas à s'adapter à ce tour d'esprit, avec pour résultat pas mal de séparations. Le vide de Centre (⓿/❺) se fait tristement sentir. Difficile d'arriver à des compromis, l'empathie de l'Est étant également absente. De plus, le caractère joyeux et la légèreté du Sud (❼/❷) n'étant pas de mise, une légère irritation se manifeste, chez les gens du Nord-Ouest, par quelque chose qui ressemble à de la rage. Pas étonnant qu'ils soient plus doués pour faire des affaires que pour lier des amitiés durables.

Les couleurs des Stations absentes de cette Signature peuvent lui rendre un certain équilibre. L'inépuisable créativité (inventivité) du Nord bénéficiera d'un minimum d'intégration des qualités de l'Est, du Sud et du Centre. Nous vous recommandons de mettre du jaune un peu partout chez vous : sur les murs, les rideaux, le linge de table ou la literie. Pour ce qui est du vert, achetez des plantes grasses. En public, portez du rouge (éventuellement sous la forme d'un fin bracelet). Dans la mesure où un manque de Sud se manifeste souvent sous la forme d'un complexe d'infériorité (même injustifié), user et abuser du rouge permet de gagner en confiance en soi et de gommer ses défauts imaginaires.

Les possesseurs de cette Signature devraient viser haut et transmettre leurs talents à l'Est et au Sud, non de manière froide et égoïste mais plutôt dans l'idée qu'un renvoi d'ascenseur ne peut pas faire de mal.

Le Nord-Centre

Anticipation, patience
Une manne de connaissances

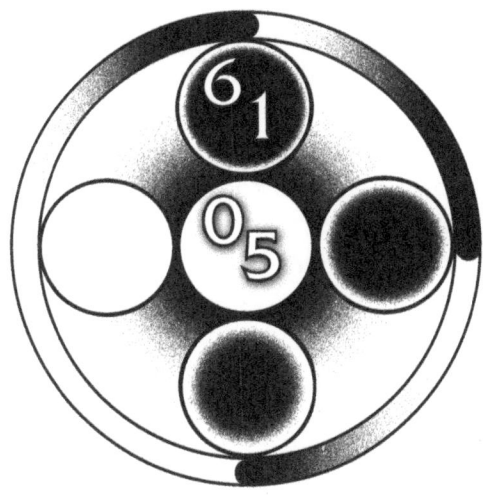

Travaille comme si tu n'avais pas besoin d'argent.
Aime comme si personne ne t'avait jamais fait souffrir.
Danse comme si personne ne te regardait.
Chante comme si personne ne t'écoutait.
Vis comme si le paradis était sur terre.

Mark Twain

Cette Signature correspond aux dates de naissance contenant les Chiffres ❻ et/ou ❶ – ⓪ et/ou ⑤

Quelques exemples de dates de naissance dont la Signature est le Nord-Centre : 1ᵉʳ juin 1950, 5 janvier 1961, 16 mai 1955, 5 octobre 1966, 10 janvier 1005, etc.

Si votre Signature comprend à la fois le ❻ ou le ❶ et le ⓪ ou le ⑤, vous bénéficierez d'un énorme pouvoir d'anticipation, pour peu que vous l'éveilliez et l'entreteniez. Les Chiffres du Nord sont toujours gages de transparence dans les relations, d'ambition, d'intelligence, de détermination et de soif d'apprendre. Ceux du Centre apportent la créativité, l'esprit de sacrifice, la sympathie, le rationalisme et la patience. Cette Signature se montre donc idéale pour la mise en pratique de projets et d'idées, surtout dans le domaine de la publicité. Le Centre apporte la stabilité au Nord. Lorsqu'on se lance dans l'inconnu, il sert tout à la fois de camp de base, de station d'essence et d'endroit pour se reposer. La chance est forcément au rendez-vous. Seule une enfance terrible pourrait mener cette Signature à l'échec en brûlant son âme.

Il arrive que le vide d'Ouest se manifeste sous la forme de châteaux en Espagne, ce qui n'a pas forcément grand-chose à voir avec la qualité de l'idée originale. C'est plutôt le fait d'une grande impatience que le Centre n'arrive pas à contrebalancer et qui met un frein à la réalisation du projet concerné. Le Nord-Centre a beaucoup de mal à comprendre qu'une idée ne se met pas en œuvre sitôt après sa naissance. Si cette Signature est la vôtre, cherchez-vous dès le départ un collègue ou un associé possédant les Chiffres de l'Ouest et qui s'occupera de l'aspect pratique des choses. Toutefois, gardez un œil sur son travail et prenez les précautions nécessaires pour que cet indépendant notoire ne vous vole pas votre idée. Ne sombrez pas pour autant dans la paranoïa : contentez-vous d'établir des contrats en béton et de tout sécuriser dès les premiers jours.

Grâce à la présence du Centre, qui contrebalance le vide d'Est, cette Signature ne manque pas d'empathie. En revanche, vous risquez de pâtir de l'absence du Sud (❼/❷). Vous aurez le sentiment qu'on ne vous prend jamais au sérieux et qu'on fait comme si vous n'étiez pas là, même si ce n'est absolument pas le cas. Certaines personnes sont capables d'entendre les applaudissements qui leur sont destinés tout en se disant qu'elles ne les méritent pas. N'hésitez pas à vous affirmer auprès de votre entourage. Cette impression a beau n'être que purement subjective, elle mérite qu'on s'en débarrasse.

Les enfants dotés de cette Signature sont étonnamment nombreux à foncer sur tous les livres qui leur tombent sous la main. D'ailleurs, ils s'absorbent tellement dans leur lecture qu'ils deviennent complètement inconscients de ce qui se passe autour d'eux. Faute de rencontrer d'autres enfants titulaires du Nord, ils ont du mal à lier des amitiés durables car leur repli apparent sur eux-mêmes passe pour du rejet et de l'indifférence. C'est d'autant plus vrai qu'on les perçoit quelquefois comme « bêcheurs », leurs lectures leur conférant une excellente culture générale. Du coup, les autres mioches les trouvent sans intérêt.

Vous voyez à quel point le génie engendre les préjugés, alors qu'il suffirait que tout le monde essaie de se comprendre. Si les politiciens en tiraient les leçons qui s'imposent, le monde ne s'en porterait que mieux. Toutefois, les serviteurs de l'État n'arrivent souvent à se faire entendre qu'après avoir perdu une élection. Pourtant, il serait si simple de les juger sur leurs résultats.

Que pouvez-vous faire pour compenser l'absence de certaines Stations ? Prenez soin de conquérir l'Ouest, faute de quoi vos brillantes idées ne dépasseront pas le stade de rêve et de vœu pieu. Pour cela, il suffit de prendre des cours du soir sur les sujets en rapport avec ce qui vous intéresse. Commencez par porter du blanc chaque fois que vous participez à une réunion. Une touche de rouge peut également se révéler utile. Les hommes se contenteront d'un bracelet très fin fabriqué avec du cuir ou de la laine. L'usage judicieux des couleurs fait des miracles en matière de complémentation d'énergie.

Évitez à tout prix le noir, surtout si votre Centre de gravité se trouve au Nord. Le jaune, couleur du Centre, se montre rarement inutile ou pesant, sauf si un seul de vos Chiffres se trouve au Nord et tous les autres au Centre (comme pour le 6 mai 1950, par exemple). Dans ce cas, mieux vaut user du jaune avec parcimonie. Grâce à ces quelques astuces et à une bonne dose d'amour-propre, cette Signature vous aidera à accomplir de belles choses.

L'Est-Centre

L'empathie et l'harmonie du Centre
Sur le bon chemin

L'abeille qui recueille le miel
ne gâche pas la beauté de la fleur.
Laisse donc le sage aller où il veut.

Gautama Bouddha

Cette Signature correspond aux dates de naissance contenant les Chiffres ❽ et/ou ❸ – ⓪ et/ou ⑤

Quelques exemples de dates de naissance dont la Signature est l'Est-Centre : 8 mars 1950, 3 août 1985, 5 mars 1958, 8 mars 1908, 3 mars 1980, etc. Il existe relativement peu de combinaisons formant cette Signature, qui reste plutôt rare.

Est-il possible d'abuser des bonnes choses ? On est amené à se poser la question lorsqu'on observe les énergies allant avec cette Signature, parfaite pour les professions que l'on considère souvent comme des vocations : guérisseur, médecin, musicien, fermier et jardinier. En effet, elle apporte tous les traits de caractère correspondants : don pour la musique, empathie, patience, créativité, altruisme, persévérance, chaleur et rationalisme.

Au premier abord, cela ressemble bien à l'équipement de base idéal pour le grand voyage de l'existence. Toutefois, l'empathie et la compréhension peuvent s'hypertrophier aux dépens des besoins de la personne concernée, la privant du minimum d'égoïsme nécessaire à tout un chacun. En conséquence, elle finit par penser qu'elle n'a pas le droit de choisir sa voie et d'accéder au bonheur. C'est souvent le résultat d'une éducation trop rigide dispensée par des parents qui critiquent les choix de vie de leurs enfants, leur interdisant même de les envisager. Résultat : ces derniers risquent d'en être physiquement affectés et de tomber malades.

Nos talents, nos souhaits et nos désirs les plus chers ne nous sont pas attribués de façon arbitraire. C'est à nous de les exprimer. Si une personne dotée de cette Signature décide de naître dans une famille décidée à réussir par tous les moyens, il faudra bien qu'elle se prenne en main pour ne pas se voir totalement rejetée. Il est très douloureux d'être incompris. Tout le monde n'a pas besoin de vivre dans l'harmonie mais, aux yeux des gens de l'Est-Centre, c'est vital.

Ce qu'il y a de fantastique avec le Code, c'est qu'il n'est jamais trop tard pour changer, grandir et progresser. La vie est une œuvre d'art en perpétuelle évolution. Il suffit de le savoir pour que tout s'éclaire et qu'on se mette à réfléchir à ce qu'on veut vraiment. Si nous avons des problèmes, ce n'est pas parce que certaines situations ont le don de se répéter. Au contraire, elles se présentent constamment parce que nous réagissons toujours de la même manière. En soi, elles ne sont pas dangereuses. Ce qui cloche, c'est notre incapacité à les gérer. Posez-vous donc la question suivante : « Devrais-je me plaindre que mon verre soit à moitié vide ou me réjouir qu'il soit à moitié plein ? » Il suffit de voir les choses d'un autre œil pour que tout devienne plus facile.

Si vous avez du mal à dire et à faire ce qui compte pour vous, adoptez une autre approche. Qu'est-ce qui se passe dans votre tête ? Avez-vous besoin de solliciter l'accord de quelqu'un d'autre avant de passer à l'action ? Si oui, cessez immédiatement. Vos proches, collègues et amis ont tellement l'habitude de vous voir vous conduire ainsi qu'il se sentiront peut-être offensés par votre changement d'attitude. Mais, après tout, n'est-ce pas ainsi qu'ils ont toujours agi avec vous, en vous mettant devant le fait accompli sans jamais solliciter votre avis ? C'est à vous maintenant de reprendre les rênes de votre vie. Ce n'est pas difficile. Il suffit de choisir le chemin du bonheur.

Il est possible que, sans le faire exprès, vous invitiez votre entourage à vous malmener du fait de votre répugnance à vous montrer impoli ou très direct (ce qui vous empêche par exemple de dire « non » haut et fort). Apprenez donc à ne pas vous laisser faire. Vous vous le devez à vous-même (et aux autres d'ailleurs). Non seulement vos talents risquent de se perdre inutilement, mais vous risquez, de plus, de finir triste et malade.

Désormais, vous devez considérer que vos blocages appartiennent au passé. Si vous avez l'impression qu'on vous ignore trop souvent, portez plus de rouge, même si vous êtes un homme. Faites-vous la promesse de vous présenter à vos réunions d'affaires, habillé de blanc. Mettez également du noir et du bleu dans votre vie de tous les jours. Le rouge, le blanc et le noir contrebalancent vos Stations manquantes. Utilisez-les à profusion chez vous, au travail, et même dans votre voiture. Le vert et le jaune, les couleurs de votre Signature, ne sont pas vraiment les bienvenues mais vous pouvez éventuellement en user avec parcimonie. N'oubliez pas que toutes ces couleurs ont le même genre d'influence lorsqu'elles s'appliquent à votre alimentation.

Vous comprenez maintenant pourquoi des dates telles que le 8 mai 1988, le 5 août 1988 ou le 8 mai 1955 s'avèrent non seulement faciles à retenir mais aussi lourdes de conséquences. La personne la plus sensible qui soit peut devenir agressive si on abuse de sa bonne volonté.

Si vous êtes doté de la Signature Est-Centre, vous pourrez vous débarrasser de bon nombre de handicaps en jonglant avec les couleurs. Vous avez le trac chaque fois que vous devez prendre la parole, les réunions de parents d'élèves et de professeurs vous donnent la nausée, vous avez envie de disparaître dans un trou de souris au lieu d'assister aux rencontres de votre comité de quartier ? Comme c'est dommage ! Vous avez certainement bien plus de choses à dire que quantité d'autres gens. Ne laissez pas votre Signature avoir votre peau. À vous de jouer ! Prenez le temps de relire les chapitres consacrés aux Chiffres du Centre et de l'Est dans la deuxième partie de ce livre. Ensuite, documentez-vous sur vos Stations manquantes. Vous aurez fait le tour du cercle et le monde vous emboîtera le pas.

Le Sud-Centre

Gaieté, désir d'harmonie
Une vie pleine de joie

Ton éducation dépend de la personne que tu es ;
et cette personne dépend de trois choses :
ce qu'on t'a légué,
ce que ton environnement t'a appris,
et ce que tu as choisi d'en faire.

Aldous Huxley, *L'éternité retrouvée*

Cette Signature correspond aux dates de naissance contenant les Chiffres ⑦ et/ou ② – ⓪ et/ou ⑤

Quelques exemples de dates de naissance dont la Signature est le Sud-Centre : 27 mai 1950, 2 février 1972, 5 juillet 1952, 7 mai 1902, 5 février 2000, etc. Il existe d'autres combinaisons correspondant à cette Signature, mais elle reste peu fréquente.

La Signature Sud-Centre peut représenter un réel défi pour ceux qui en sont titulaires, en fonction de leur Centre de gravité. Le Sud domine-t-il ? Les deux Stations sont-elles à égalité ou le Centre est-il plus fort (si l'un des deux Chiffres correspondant à l'année est un ⓪ par exemple) ? Avec un Centre de gravité au Sud, nous sommes confrontés à une personne au caractère volcanique, qu'on ne peut ni ralentir ni contraindre à quoi que ce soit. Toujours prête à se faire remarquer, elle fonce dans la vie avec enthousiasme. On peut compter sur elle pour obtenir des résultats étonnants par des moyens que personne d'autre n'oserait imaginer.

Pour que les gens dotés de cette Signature soient heureux dans la vie et que nous ayons l'occasion d'apprécier leurs nombreux exploits, il est très important qu'ils aient un métier leur convenant parfaitement. Par chance, de nos jours, il est beaucoup plus facile de changer d'orientation lorsqu'on se retrouve dans une impasse, ce qui n'a pas toujours été le cas. Autrefois, surtout à la campagne, le choix était plutôt limité. Aujourd'hui, les talents artistiques de cette Signature trouvent plus aisément à s'exprimer. À l'ère de l'informatique, même les électrons libres parviennent à se caser. Vous voulez être heureux ? Il y a forcément quelque chose pour vous quelque part.

Afin d'accéder au succès à long terme, les gens possédant cette Signature doivent s'entourer de collègues, d'avocats, de conseillers ou de confidents dont la date de naissance contient le ⑨ ou le ④. En effet, les affaires ne sont pas vraiment leur fort et ils ont tendance à se lancer sans filet. Cela dit, si c'est votre cas et que vous manquez du légendaire sang-froid de l'Ouest, vous pouvez parfaitement acquérir les connaissances qui vous font défaut. Le bon côté de la chose, c'est que vous n'avez nul besoin de vous trouver un « manager ». Contentez-vous de recruter des personnes susceptibles de prendre en main la partie « gestion » de votre travail. Cela vous évitera de perdre votre temps.

Grâce au Centre, l'absence de trois Stations ne se fera pas trop sentir car vous n'aurez pas vraiment de mal à comprendre de quoi il retourne, ce qui suffit, dans la plupart des cas, à rattraper le coup. Sinon, nous vous conseillons de commencer par relire les paragraphes relatifs au Sud et au Centre, pages 77 et 99. Ensuite, consacrez-vous à l'étude de vos Stations manquantes (l'Ouest ❾/❹, le Nord ❻/❶ et l'Est ❽/❸). Tout s'éclaircira dans votre tête et il vous sera considérablement plus facile d'avancer.

Cela fait, vous aurez sans doute le sentiment de ne pas souffrir de l'absence de chaque Station avec la même intensité. Déterminez quelles qualités vous manquent cruellement et intégrez la couleur correspondante à votre vie. Cela fonctionne très bien. Vous avez du mal à vous mettre à la place de vos enfants et à comprendre ce qui les motive ? Vous n'êtes certainement pas le seul dans ce cas. Toutefois, l'apport de vert fera évoluer les choses. Écoutez bien ce qu'ils ont à vous dire, sans pour autant donner votre avis. C'est le meilleur moyen de bien vous entendre avec eux.

La vie n'est pas toujours rose pour les enfants dotés de cette Signature. À force d'être invités à se calmer, ils finissent par renoncer à discuter, au risque de ne pas trouver leur voie. Ayez soin de ne pas leur enlever tout ce qui fait leur caractère ! Faites en sorte de canaliser leur enthousiasme, ce sera beaucoup mieux comme ça. Les enfants du Sud-Centre ont besoin de se défouler.

Nombre d'athlètes et d'aventuriers sont titulaires de cette Signature. Les gens du Sud-Centre font preuve d'une incroyable endurance. À leurs yeux, aucune route n'est trop longue, trop escarpée ou trop pénible. Tester leurs limites, leur force physique, leur agilité, ils ont ça dans le sang. Ce sont les rois des professions extrêmes ; ils font d'excellents danseurs, acrobates, artistes de cirque, plongeurs et prestidigitateurs.

Hélas, ils ne sont pas si nombreux que cela, l'année 1977 étant la dernière leur ayant correspondu au XXe siècle. Toutefois, heureusement, 2000 nous a ramené du sang neuf, prêt à se lancer dans l'existence. Vous doutez du Code ? Observez quelques jeunes adolescents et vous comprendrez.

Les enfants du Sud et du Centre nous préparent de bonnes surprises. C'en est bientôt fini des politiciens, des scientifiques et des proviseurs entêtés, avides, arrogants et égoïstes des années 1900 et plus. Ils seront bientôt remplacés par des étoiles montantes prêtes à faire table rase de ce monde macho, incapable d'apprendre quoi que ce soit et dominé par la vanité et le blabla. Bien sûr, tous ces nouveaux talents ne posséderont pas la même Signature et il nous appartient d'élever nos enfants de telle façon qu'ils fassent fi de l'indifférence et des préjugés pour travailler à une véritable coopération entre les peuples. Avec l'aide des enfants du Sud et du Centre, ils réinventeront ce que nous avons réussi à détruire, volontairement ou pas.

L'Ouest-Centre

Le succès et la patience
Sur le chemin de l'inconnu

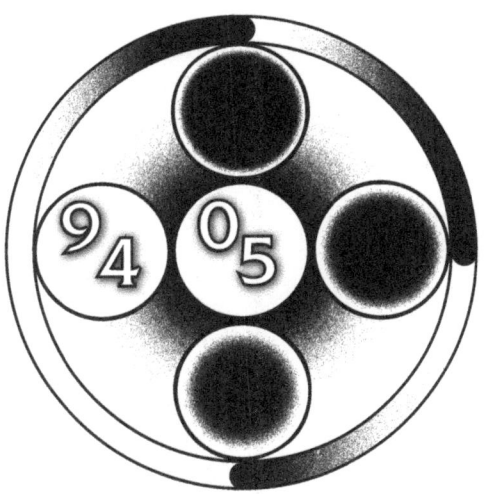

Si votre vie quotidienne vous paraît pauvre, ne l'accusez pas ;
Accusez-vous plutôt, dites-vous que vous n'êtes pas assez poète
pour en convoquer les richesses ;
Pour celui qui crée, il n'y a pas, en effet, de pauvreté.

Rainer Maria Rilke

Cette Signature correspond aux dates de naissance contenant les Chiffres ❾ et/ou ❹ – ⓪ et/ou ⑤

Quelques exemples de dates de naissance dont la Signature est l'Ouest-Centre : 5 avril 1940, 4 septembre 1950, 9 avril 1945, 5 mai 1994, 4 septembre 2005, etc. Cette Signature est plutôt rare.

La Signature Ouest-Centre vous promet une vie très tournée vers l'ambition, le succès matériel occupant le premier plan. Si vous en êtes titulaire, il est très important pour vous de tout avoir. Cela peut paraître très égoïste, alors que ce n'est pas nécessairement le cas. Cette Signature n'est pas celle des pleurnicheurs, mais plutôt celle des gens qui arrivent à leurs fins sans faire trop d'histoires. Confiants et autonomes, ils savent se débrouiller tout seuls et laisser les autres tranquilles. Ce sont des hommes et des femmes d'action.

Vous êtes confronté à une situation qui en appelle à l'affectif ? Sachez que les gens de l'Ouest-Centre ont tendance à considérer toute forme d'émotion comme de la sensiblerie inutile. Par réaction, ils risquent de penser qu'on néglige ce qu'eux trouvent vraiment important dans la vie.

Les personnes dotées de cette Signature ont besoin de passer beaucoup de temps seules. Ne prenez pas cette attitude pour de l'indifférence ou du rejet. C'est juste quelque chose d'indispensable à leur santé mentale. Souvent, cela leur permet d'avoir des idées, d'inventer quelque chose qui bénéficiera à leur famille ou à la société tout entière. Les inventeurs et les athlètes de l'extrême possèdent souvent cette Signature. Il suffit de les voir sur leurs machines infernales, motos, bolides, etc., pour constater qu'ils ne font qu'un avec elles, comme si elles constituaient un prolongement de leur corps.

Cette Signature n'est pas avide de reconnaissance publique. C'est la raison pour laquelle les inventeurs ont tendance à rester cloîtrés chez eux et se sentent souvent très mal à l'aise en société. Vous êtes Ouest-Centre et vous aimez vous montrer en public ?

C'est certainement que vous avez conquis vos Stations Nord et Sud tôt dans la vie, peut-être grâce à un professeur qui vous a poussé à faire de nombreux exposés devant toute la classe. En tout cas, il ne s'agit sûrement pas d'un talent inné.

Grâce au Centre, vous êtes content de ce qui vous arrive. Souvent, vous gérez votre vie tout seul, sûr de vos priorités et de vos préférences. Vous subvenez à vos propres besoins sans léser votre entourage. La seule manière dont vous pourriez malmener votre conjoint, c'est en lui imposant votre besoin de solitude, mais ça n'ira jamais assez loin pour que quiconque en souffre vraiment.

Nous vous conseillons vivement de compenser votre vide de Nord (❻/❶). Si vous estimez pouvoir vous passer de l'Est (vous clamez en être convaincu parce que de manière générale les émotions vous dépassent et vous font peur), rendez-vous page 63 pour lire les paragraphes consacrés à cette Station. Nous verrons si vous pensez toujours la même chose après cela.

Le Sud (❼/❷) est également absent de votre Signature, ce qui pourrait vous faire croire qu'on ne vous remarque pas assez. Toutefois, ce n'est probablement pas le cas car, grâce à un Ouest très fort, vous obtenez toujours ce que vous désirez. En fait, vous maniez l'indépendance à la perfection. Toutefois, si vous étiez amené un jour ou l'autre à manquer d'attention, vous pourriez vous tourner vers la couleur rouge, de sorte que l'énergie du Sud vous donne un coup de fouet, vous insufflant enthousiasme et vitalité. Si porter du rouge vous rebute, vous pourrez toujours recourir à un tapis, à une parure de bain, à des vases, des fleurs, des verres, des draps, etc. de cette couleur. N'hésitez pas à vous fabriquer un bracelet très fin avec du cuir ou de la laine. Souvenez-vous qu'une voiture rouge n'aura pas le même effet sur votre âme qu'un véhicule blanc. Comme vous le constatez, les possibilités ne manquent pas.

Le vert, lui aussi, vous est très favorable. En effet, les gens de l'Est vont loin dans la vie du fait de l'empathie qu'ils éprouvent pour les autres. Pourquoi ne pas vous munir d'un cristal de couleur verte qui vous communiquera cette qualité ? Les minéraux et les pierres précieuses sont très prisés non seulement pour leur rareté, mais aussi parce qu'ils compensent des vides d'énergie. Le sachant inconsciemment, nous achetons ceux qui nous conviennent (à condition de bien écouter notre petite voix intérieure, bien sûr).

Quand quelqu'un exsude la satisfaction et la bonne humeur, comme c'est souvent le cas des personnes Ouest-Centre, cela ne veut pas dire pour autant qu'il est vraiment heureux. Il n'est pire eau que l'eau qui dort. Quelquefois, on tente désespérément d'échapper à une situation désagréable mais en vain. Rien ne change. Vous vous reconnaissez dans ce que nous venons de décrire ? Alors, dès demain, mettez-vous au travail à l'aide des couleurs. Très vite, les choses commenceront à s'améliorer. Des portes s'ouvriront sur des territoires inconnus. Prêt pour l'aventure ?

Le Nord-Sud

Le plaisir de la découverte et des bonnes nouvelles
Bref, l'aventure

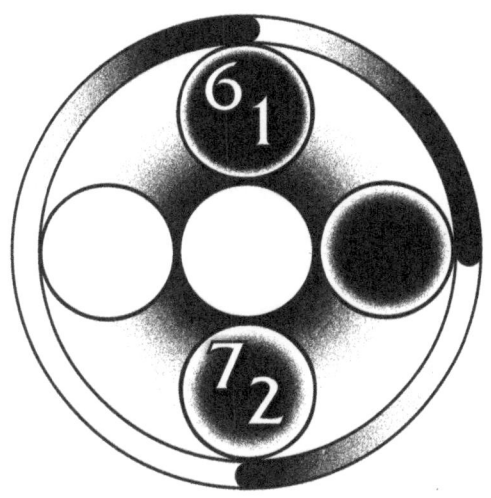

Le miracle de la création est si abondant
Que sa beauté ne peut jamais se tarir.
La création est là,
En toi,
Depuis toujours.
Le monde est un miracle.
Le monde est magique.
Le monde est amour.
Et il est ici, maintenant.

Prière iroquoise

Cette Signature correspond aux dates de naissance contenant les Chiffres ❻ et/ou ❶ – ❼ et/ou ❷

Quelques exemples de dates de naissance dont la Signature est le Nord-Sud : 16 juin 1972, 17 janvier 1961, 27 février 1927, 1er juillet 1971, 6 janvier 1967, etc. Cette Signature est particulièrement dynamique.

La combinaison Nord-Sud, ainsi que l'énergie qui la caractérise, sont présentes dans de nombreuses professions : écrivain, juge, architecte, philosophe. Elles donnent assez d'élan pour accomplir de grandes choses.

Nous espérons que vous aurez eu un professeur titulaire de cette Signature au moins une fois dans votre vie. Si vous êtes vous-même enseignant, tout le monde doit vous adorer. Pourquoi, me direz-vous ? Parce que, de par votre nature intelligente, courageuse, sensible, aimable et déterminée, vous êtes équipé pour éveiller l'intérêt des élèves aventureux, enthousiastes, curieux et avides d'apprendre.

Les gens du Nord-Sud se passionnent pour leur métier et font preuve d'une curiosité de bon aloi ainsi que d'un certain esprit d'innovation. Ils respirent la joie, et il suffit qu'ils pénètrent dans une pièce pour que tout le monde se sente bien. Les deux extrêmes (Nord et Sud) se côtoient en bonne amitié.

Les titulaires de cette Signature passent leur vie à donner. Rien n'est trop difficile pour eux. D'une manière ou d'une autre, ils font feu de tout bois. Ce ne sont pas des hommes d'affaires nés, mais la présence du Nord compense ce manque. Ce qui les rend tellement sympathiques, c'est le fait qu'ils soient toujours prêts à transmettre leurs connaissances sans rien attendre en retour. Trop de gens choisissent une profession leur permettant d'exercer du pouvoir sur les autres. Pas eux. Les gens du Nord-Sud sont ravis de constater qu'ils parviennent à apprendre quelque chose à leurs élèves. Vous avez certainement eu un professeur de ce genre (même s'ils sont hélas rares). Consolons-nous en nous disant que les enseignants pétris d'arrogance nous ont au moins appris une bonne leçon : ne pas devenir comme eux !

Faute d'Ouest et de l'assurance qui lui est associée, les possesseurs du Nord-Sud occupent rarement des postes de pouvoir. Enfant, on ne comprend pas que le monde soit ainsi. On voudrait qu'il se montre équitable et on se raccroche à cet espoir. Adulte, on devient plus réaliste. Nous aimerions que les gens dotés de cette Signature deviennent tous proviseurs ou fonctionnaires du ministère de l'Éducation. L'avenir serait bien plus riant alors. Les programmes scolaires seraient certainement sensiblement améliorés.

Cette Signature est également celle des athlètes de haut niveau, ceux qui finissent par faire partie de notre conscience collective du fait de leur exceptionnel charisme. Elle produit des gens mettant leur ambition au service de justes causes : journalistes d'investigation, employés de la Croix-Rouge ou de Médecins sans frontières. Toutes ces personnes ont le courage de vivre comme des personnages de cinéma.

Pourtant, elles ont elles aussi leurs limites. Le Nord et le Sud sont garants d'une dose considérable de vitalité. Toutefois, si votre Signature est exclusivement centrée sur le Nord ou le Sud, vous risquez de bâtir de spectaculaires châteaux en Espagne à moins que votre enthousiasme ne soit modéré par une troupe d'avocats, de secrétaires et de managers prêts à vous remettre les pieds sur terre. Lorsque les gens dotés de cette Signature décident de se lancer dans les affaires, ils sont généralement bien vus. Tout se gâtera à la fin du mois, quand les caisses seront vides. Ils ont vraiment besoin de se frotter au reste du monde pour trouver leur vocation. Leur problème de base, c'est qu'ils ne comprennent pas grand-chose à l'existence en dehors de ce qui les passionne. Par exemple, ils se fichent complètement de cette musique assourdissante qu'on nous impose à longueur de temps (force destructrice s'il en est) et qui fait de notre vie un cauchemar. Le bon côté de la chose, c'est que leur manque d'ouverture les rend imperméables à toute forme de mode.

S'il vous arrive d'avoir conscience du vide d'Ouest, d'Est et de Centre de votre Signature dans la vie de tous les jours, aidez-vous des couleurs blanche, verte et jaune. Intégrez-les à votre garde-robe, à votre alimentation, et à la décoration de vos lieux de vie et de travail. Familiarisez-vous avec l'Ouest en prenant des cours du soir. Commencez tout de suite à porter du blanc à vos réunions de travail. Le vert et le jaune vous seront également bénéfiques. Les hommes qui souhaitent rester discrets pourront se contenter d'un bracelet très fin de la bonne couleur. Cela leur permettra de compenser très efficacement l'absence des trois Stations concernées sans pour autant se faire remarquer.

Les gens dotés de la Signature Nord-Sud sont souvent sympathiques, intéressants et pleins de vitalité. Nous apprécions tous leur compagnie.

L'Est-Ouest

Créativité et empathie
La voie de la réussite

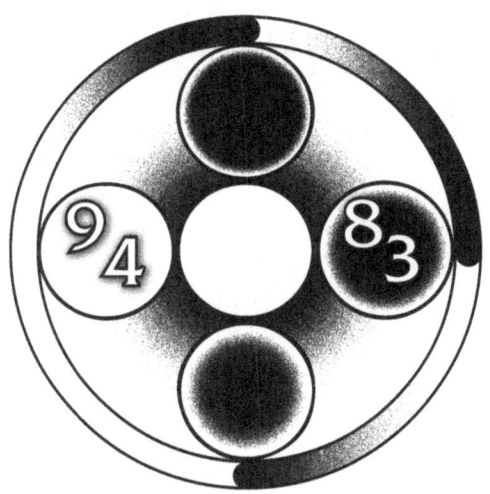

Pourquoi les gens sont-ils si impatients ?
Ils n'arrêtent pas de courir dans tous les sens
et de se demander comment courir encore plus vite.
Ils se dépêchent tellement qu'ils n'ont pas le temps
d'admirer la beauté de l'existence ou de réfléchir.
Je suis plus heureux que les hommes blancs
parce que je ne me fais pas de souci pour ce genre de choses.
Quand je m'inquiète pour mes possessions
j'en fais don à quelqu'un.

Hosteen Klah, homme-médecine navajo

Cette Signature correspond aux dates de naissance contenant les Chiffres ❽ et/ou ❸ – ❾ et/ou ❹

Quelques exemples de dates de naissance dont la Signature est l'Est-Ouest : 3 septembre 1983, 4 août 1949, 8 avril 1993, 9 mars 1934, 3 septembre 1984, etc. Cette Signature, très rare, ne réapparaîtra que le 3 mars 2034.

Deux mondes entrent ici en collision. D'un côté le potentiel, l'ambition, la créativité et l'astuce ; de l'autre, la modération, la proximité avec la nature et l'harmonie. Chacun de ces deux Points cardinaux a quelque chose d'extrême. Ensemble, ils jouent un air qui pourrait finir premier au hit-parade. On a toujours besoin des titulaires de cette Signature et ils se sentent un peu partout chez eux. Leur réussite est quasi préprogrammée, à quelques conditions préalables, bien sûr. Il faut que l'Est fasse en sorte que le succès ne leur monte pas à la tête, provoquant un surplus d'exubérance.

Selon que son Centre de gravité se trouve à l'Est ou à l'Ouest, le possesseur de cette Signature pourra afficher des talents de musicien ou des dons de guérisseur, mais sans sous-entendus romantiques. En effet, ces traits de caractère seront plutôt associés à une excellente capacité à se mettre en avant.

Les enfants dotés de cette Signature savent ce qu'ils veulent très tôt dans la vie. Ils n'ont que faire d'une mère trop protectrice ou d'un père dominateur qui voudraient constamment leur serrer la bride. Toutefois, si on ne leur pose pas de limites, ils risquent de devenir difficiles à gérer et de taper sur les nerfs de tout le monde. Ils n'agissent pas ainsi par méchanceté. En fait, ils sont absolument persuadés que, loin de s'imposer, ils se contentent d'accorder aux autres l'attention qu'ils méritent. Il leur faudra du temps pour comprendre la différence.

Les gens de l'Est-Ouest ont parfois tendance à négliger leur vie privée. Les soirées et autres réjouissances ne les attirent pas vraiment, pas plus que tout ce qui tourne autour de l'apparence physique. Ils se moquent pas mal de la mode et s'achètent des vêtements classiques et solides : c'est plus simple et ça suffit largement.

Si le Centre de gravité de votre Signature se trouve à l'Ouest, vous devrez vous méfier de votre propension à exploiter les autres, financièrement parlant. Faites bien attention de ne pas spolier qui que ce soit de votre entourage. En effet, vous en êtes tout à fait capable. Si, en revanche, l'Est prend le pas sur l'Ouest, votre nature particulièrement circonspecte pourrait bien se trouver mal à l'aise avec les compétences de l'Ouest et faire en sorte de les juguler. Si vous estimez que c'est le cas, il n'est jamais trop tard pour agir. Commencez donc par éviter le blanc si votre Ouest se montre trop dominant, et le vert si l'Est tient le haut du pavé.

Faute de Centre (⑤/⓪), vous risquez de ressentir une certaine agitation que vous ne vous expliquez pas, un peu comme ces choses qui vous travaillent à la puberté et dont l'origine vous est inconnue. Dans ce cas, le jaune devrait considérablement vous aider à retrouver l'équilibre. Invitez également le Nord (❻/❶), absent, à refaire surface, armé de son enthousiasme plus ou moins latent, grâce au noir et au bleu. Le manque de Nord empêche souvent d'acquérir de nouvelles compétences et d'élargir son horizon intellectuel si on n'y trouve pas d'intérêt immédiat. Cependant, un Ouest bien développé peut remédier à ce problème. C'est important. Si nous ne pensons même pas à certains sujets, ils risquent fort de nous faire défaut à des moments clés de l'existence, lorsque nous en aurons le plus besoin.

En cas de vide de Sud (❼/❷), nous avons quelquefois le sentiment de passer à côté de quelque chose, ou encore d'être transparents et sous-estimés. Cette attitude risque d'engendrer un certain esprit de compétitivité qui se montrera de plus en plus destructeur au fil du temps. Utilisez des vêtements, des bijoux et des aliments rouges pour arranger les choses.

Les titulaires de cette Signature n'aiment pas les professions en rapport avec les relations publiques. Ils se sentent plus à l'aise dans les coulisses. S'ils travaillent dur et apprécient les louanges et la reconnaissance, ils préfèrent toutefois rester dans l'ombre. Rien ne leur plaît autant qu'un métier plein d'harmonie et d'humanité, du moment qu'ils sont suffisamment bien payés.

L'un des signes distinctifs de cette Signature est son aspect casanier : les gens de l'Est-Ouest ont littéralement besoin d'un petit nid douillet pour se sentir vraiment heureux. Un appartement confortablement meublé fera l'affaire, dès lors qu'ils pourront s'y sentir chez eux.

Somme toute, cette Signature a tout ce qu'il faut pour promettre une vie très agréable. Il suffit de renforcer ses aspects positifs et de conquérir les points qui lui manquent pour que toutes les portes s'ouvrent comme par miracle.

Les dix Signatures triples

Le Nord-Est-Sud

Détermination, vitalité et compassion
La recette du succès

Parfois, nous nous plaignons des mauvais moments,
alors que s'il y a de mauvais moments,
c'est qu'il y a des gens mauvais.
Les bons moments ne tombent pas du ciel ;
c'est nous qui les créons,
non pas grâce à l'argent et à la technologie, mais avec le cœur.
Les gens bons font les bons moments.
Ceux où règne la bonne volonté, où se tait la violence,
où les gens s'aiment et partagent leurs richesses,
où une fleur a toujours sa place
et un mot gentil également.
Phil Bosmans

Cette Signature correspond aux dates de naissance contenant les Chiffres ❻ et/ou ❶ – ❽ et/ou ❸ – ❼ et/ou ❷

Quelques exemples de dates de naissance dont la Signature est le Nord-Est-Sud : 2 juillet 1963, 13 mars 1972, 16 août 1973, 17 juillet 1961, 7 juin 1937, etc. Cette signature est très répandue.

Qu'il s'agisse d'un conseil amical ou d'une sévère réprimande, tous les enfants de la terre s'entendent dire un jour ou l'autre : « Il est temps que tu fasses quelque chose de ta vie ! » Si vous possédez cette Signature, vous avez de la chance : grâce à elle, vous n'aurez aucun mal à atteindre vos objectifs. Les gens comme vous, avec leur caractère haut en couleur si particulier, sont plutôt rares. Les hommes et les femmes titulaires de ces Chiffres (chanteurs, politiciens, médecins ou combattants de la liberté) ont tout ce qu'il leur faut pour se débrouiller dans la vie, leur scénario de départ étant d'une richesse incomparable. Nous vous rappelons toutefois que, comme pour les autres Signatures, il ne suffit pas de se reposer sur ses lauriers : mieux vaut aller activement de l'avant. Les bons outils ne sont rien sans les bons artisans.

Cette Signature a tout. L'Est (❽/❸) apporte la patience, la compassion et la persévérance, des traits de caractère permettant d'atteindre des objectifs apparemment inaccessibles et de réaliser les rêves les plus fous. La vitalité et le charisme du Sud (❼/❷) vous permettront de convaincre les autres de croire à ce que vous faites. Le Nord (❻/❶) relie le tout grâce à son potentiel et à sa détermination. Il faudrait que le destin vous soit terriblement défavorable pour que tous ces talents ne rendent pas votre vie absolument exceptionnelle.

Vous avez la musique dans le sang. Il y a toujours quelqu'un pour vous écouter chanter ou jouer d'un instrument. Vous êtes également très doué pour la danse et vous devriez laisser les autres effectuer, pour ainsi dire, quelques pas en votre compagnie. Vous pouvez apprendre à peu près n'importe quoi, ce qui vous ouvre un large choix de carrières. Vous saviez tout dès la naissance, et on dirait que la perfection vous vient sans aucun effort. Bien entendu, une autre loi de la nature s'applique à votre cas : il est fort possible que vos talents soient en sommeil. Vous allez devoir prendre quelques risques pour qu'ils s'expriment pleinement. Chérissez ce trésor et mettez-le en valeur.

Vous avez sans doute vu une quantité de films dans lesquels des enfants apprennent le vélo, le ski, la danse ou le patinage artistique. À cet égard, tout le monde ne part pas avec les mêmes cartes en main. Certains enfants ont à peine besoin de s'entraîner pour atteindre la perfection. C'est le cas des petits de dix ans qui dévalent des pistes de ski sans avoir jamais pris de leçons, des champions de tennis qui gagnent Wimbledon à seize ans ou des jeunes virtuoses qui occupent la place de premier violon dans un orchestre philarmonique. Les autres ne leur arriveront jamais à la cheville, même à l'âge adulte. Les enfants du Nord-Est-Sud ont ce talent tout à fait exceptionnel. Après deux ans de cours de piano, ils sont capables de vous enchanter comme s'ils avaient fait cela toute leur vie. Nous pourrions citer de nombreux exemples de petits génies, sachant que l'idée à retenir est la suivante : si vous possédez cette Signature, rien ne peut vous retenir. Le monde vous appartient.

Mais alors, me direz-vous, quelles sont les mauvaises nouvelles ? Eh bien, l'absence de deux Stations : le Centre (⓪/⑤) et son aspect équilibrant, ainsi que l'Ouest (❾/❹) et son sang-froid légendaire. Résultat : vous risquez d'en faire trop (un peu ou beaucoup). Vous aimez aller au bout des choses. Le problème, c'est que vous pourriez bien vous retrouver coincé, éberlué d'en être arrivé là en dépit de l'intuition que vous confère votre Station Est. La clé ? Bien vous informer. C'est à ce prix que vous éviterez la plupart des embûches de l'existence. Vous apprenez facilement : c'est l'une de vos plus grandes qualités. De plus, la vanité et la paresse ne vous concernent pas vraiment.

Que penser de l'absence de l'Ouest sur votre Roue ? Disons que vous réussissez tout ce que vous faites, mais que d'autres sont susceptibles de récolter le fruit de vos efforts. Si vous ne faites pas en sorte de combler ce vide, vous vous ferez tout le temps avoir. L'Est est si généreux qu'il peut donner encore et encore jusqu'à se trouver complètement démuni. C'est la raison pour laquelle vous devriez toujours porter du blanc à vos rendez-vous importants. Cette petite astuce vous gardera en alerte. Pensez également à engager un conseiller doté des Chiffres de l'Ouest.

Nous ne voyons pas d'autres dangers rôdant autour de cette Signature. Négociez les quelques petits obstacles qui se présenteront devant vous, et la vie sera belle. Faites-nous partager votre réussite. C'est facile de nos jours : cela fait plusieurs décennies que le cinéma et la télévision permettent à plus d'un acteur, plus d'un musicien ou plus d'un grand champion de nous faire passer d'excellentes soirées.

L'Est-Sud-Ouest

La joie des rêves qui se réalisent
L'émotion et la raison

Un artiste célèbre était occupé à sculpter un lion de marbre.
Un visiteur, plein d'admiration, lui demanda la clé de son secret.
Le maître répondit :
« C'est très facile,
je me contente d'enlever tout ce qui ne ressemble pas à un lion. »

Parabole arabe

Cette Signature correspond aux dates de naissance contenant les Chiffres – ❽ et/ou ❸ – ❼ et/ou ❷ – ❾ et/ou ❹

Quelques exemples de dates de naissance dont la Signature est l'Est-Sud-Ouest : 8 septembre 1973, 22 avril 1983, 9 août 1982, 23 février 1944, etc. Cette Signature a un énorme potentiel.

On ne peut jamais associer une Signature à une seule profession ou à un seul caractère. Cela ne tiendrait pas compte de tout ce qui en fait la richesse : conditionnement et encouragements, libre arbitre, impasses mentales inconscientes. Une quantité d'influences diverses entrent en jeu : éducation, mentors, opportunités, tentations. Tous ces facteurs, même minimes, ont une action à long terme. Toutefois, on peut dire que la Signature Est-Sud-Ouest est typiquement celle des comédiens.

Si vous en êtes titulaire et que vous avez toujours plus ou moins souhaité monter sur les planches, il faut que vous y parveniez par tous les moyens. Vous n'êtes plus très jeune et vous avez suivi une autre voie ? Rassurez-vous, on a toujours besoin de personnes prêtes à jouer des personnages d'âge mûr. Néanmoins, ne vous inquiétez pas si ce métier ne vous attire pas le moins du monde, car c'est loin d'être votre unique talent. Ainsi, grâce à l'influence du Sud (❼/❷), tout le monde vous aime bien et apprécie votre caractère joyeux. Votre enthousiasme est contagieux. Vous encouragez votre entourage à se montrer moins pessimiste. Si vos collègues vous apprécient, c'est dans le privé que vous vous réalisez vraiment. Quand par hasard vous déclinez une invitation (ce qui est fort rare), la soirée ne peut pas être totalement réussie.

Vous savez généralement exprimer l'empathie de l'Est (❽/❸) en juste proportion. Vous ne prenez presque jamais de mauvaises décisions. Vous savez instinctivement si on a besoin de vous (ou non) et pour combien de temps, ce qui facilite grandement votre vie personnelle et professionnelle. Toutefois, méfiez-vous d'un Centre de gravité à l'Est : vous pourriez trop en faire. Comme le dit le proverbe : « L'enfer est pavé de bonnes intentions. » Votre maison et votre cœur subissent une quantité d'influences extérieures parce qu'on ne vous a jamais appris à dire « non ». Si ce problème remonte à votre enfance, il n'en est pas moins facile à résoudre grâce aux pouvoirs de l'Ouest.

Ce dernier (❾/❹) aiguise votre sens des affaires. Nous vous rappelons que le ❾ implique de plus grandes compétences en matière de gestion financière que le ❹, plus axé sur la dextérité manuelle et sur la mécanique. Si vous exercez bel et bien la profession de comédien, nous vous recommandons vivement de vous faire remplacer pour les scènes de cascade.

Faute de Centre, vous risquez de vous trouver déséquilibré en n'estimant pas correctement la quantité d'énergie à votre disposition. Cela est inhérent à votre thème de vie. Il est fort possible que vous vous jugiez en dessous de tout alors que tout vous réussit. Croyez-le bien, un tel manque de confiance en soi est totalement injustifié.

Le trio de Stations composant votre Roue compense largement l'absence de Nord. Cela dit, ce dernier pourrait vous manquer lorsque l'endurance vous fait mentalement défaut. Votre manière d'apprendre a toujours été différente de celle des autres, ce qui a toujours posé un énorme problème aux professeurs adeptes du bourrage de crâne. Beaucoup de gens sont incapables de comprendre qu'on puisse acquérir n'importe quelles connaissances sans être pour autant un bûcheur. Désormais, ignorez-les. D'ailleurs, vous pourriez envisager de devenir enseignant, surtout si vous avez découvert à quel point il est agréable de transmettre son savoir. Si ce n'est pas le cas, il est temps de vous y mettre !

Votre Signature n'est pas propice à l'individualisme. Vous n'aimez pas la solitude, et elle ne vous réussit pas. Vous faites du meilleur travail en équipe. Votre sens de l'équité vous donne les outils nécessaires, même s'il vous faut quelquefois dépasser certaines désillusions.

Lorsqu'une situation vous semble sombrer dans l'inertie, essayez donc d'utiliser du noir et du bleu. Cela ne vous demandera pas d'efforts excessifs tout en vous assurant des résultats à long terme. Beaucoup de choses dans la vie ont besoin qu'on les déterre et qu'on s'en serve. Nous sommes là pour ça. Quand on y réfléchit bien, on s'aperçoit que les prétendues « coïncidences » de l'existence ne sont rien de plus que les conséquences de nos actions. Vous avez une forte personnalité ? Servez-vous-en ! Vous pensez que ce n'est pas le cas ? Ça va venir, nous vous le promettons. Vous avez tous les atouts en main.

Le Nord-Sud-Ouest

L'endurance et la sagesse
Pour un immense succès

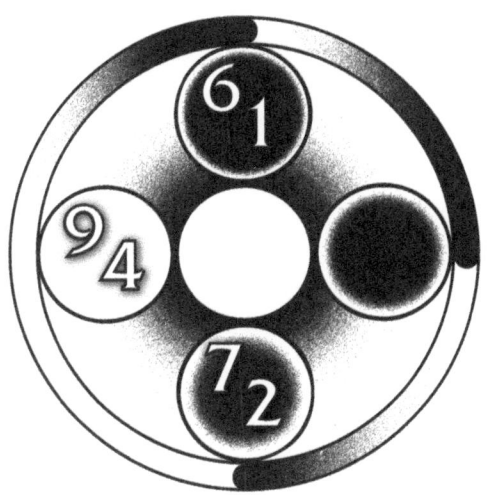

Pour vivre, tu dois aimer la vie.
Ça ne veut pas dire faire tout et n'importe quoi, te rendre malade,
te créer des chaînes et sombrer dans la misère.
Pour savourer la vie tu dois être libre
de toute avidité, de toute envie, de toute passion
qui te déchirent et te détruisent.
En savourant la vie, tu pourras rire,
être heureux, remercier le soleil de se lever chaque jour.
Tu pourras te réjouir de dormir dans un bon lit et de vivre au chaud,
tu rencontreras des gens sympathiques,
Dieu t'apparaîtra dans chaque sourire,
chaque fleur, chaque mot gentil, chaque main tendue, chaque
embrassade.
Si tu sais savourer les choses,
tu vivras au jardin d'Éden.

Phil Bosmans

Cette Signature correspond aux dates de naissance contenant les Chiffres ❻ et/ou ❶ – ❼ et/ou ❷ – ❾ et/ou ❹

Quelques exemples de dates de naissance dont la Signature est le Nord-Sud-Ouest : 16 septembre 1972, 4 janvier 1967, 2 juillet 1991, 7 février 1941, 9 juin 1962, etc. Cette signature est très répandue.

« Qu'est-ce donc que la réussite ? » Depuis la nuit des temps, on dit que le succès est synonyme d'argent, de pouvoir et de célébrité. Toutefois, rappelez-vous que ce qu'on aime est toujours beau : les critères ne sont pas les mêmes pour tout le monde. Pourtant, les titulaires de cette Signature ont au moins une chose en commun : ils ont besoin de réussite tangible. On dit souvent que l'argent ne fait pas le bonheur, mais il n'y a pas non plus de honte à en avoir. N'importe comment, cette Signature se moque des grandes phrases. Sa devise ? « L'argent n'est pas quelque chose dont on parle. C'est quelque chose que l'on a. » Bien peu de natifs du Nord-Sud-Ouest ont des problèmes d'ordre financier. Ils ont de l'argent, ils s'en servent, et ils aiment ça. Point barre.

Les personnes dotées de cette Signature retombent toujours sur leurs pieds. Nous assistons rarement à leurs chutes car elles savent se faire discrètes, mais vous pouvez compter sur elles pour faire savoir à tout le monde que tout va bien. C'est un peu comme si aucun problème ne leur résistait. Inventives, vives d'esprit et pleines d'initiative, quelle que soit la situation, elles sont comme des poissons dans l'eau.

Ce n'est pas ce que vous voyez lorsque vous vous regardez dans la glace ou que vous revenez sur votre passé ? N'ayez crainte ! Tout est là ! Il vous suffit de faire revivre vos talents endormis.

Cependant, il ne faut pas oublier que vous êtes bien plus téméraire que la plupart des gens. Vous ne craignez pas de partir à l'aventure du moment que les risques sont calculés. Du coup, vous atteignez presque tous vos objectifs grâce à votre soin du détail. C'est d'ailleurs l'un des dangers de votre Signature. Ce sang-froid presque surnaturel rend quelquefois les gens du Nord-Sud-Ouest arrogants ; dans la mesure où ils se sortent de toutes les situations, il ne tirent jamais de leçons de leurs erreurs. Résultat : leur tendance à se croire supérieurs provoque l'hostilité générale. Les personnes dont l'Ouest domine les autres Stations (pour une date de naissance comportant à la fois le ❾ et le ❹ par exemple) doivent s'attendre à des réactions négatives dépassant largement une simple moue de dépit.

Il se peut, si vous êtes titulaire de cette Signature, que la conquête des Stations Centre et Est vous donne du fil à retordre. Toutefois, c'est plutôt votre entourage qui risque de souffrir de la situation. En effet, en ce qui vous concerne, vous n'avez sans doute pas l'impression de manquer de quoi que ce soit ou d'avoir besoin de vous améliorer. Le solde de votre compte en banque suffit certainement à vous rendre heureux. Vous avez peut-être même totalement oublié ce qu'est la véritable réussite. Une chose est sûre : cela n'a rien à voir avec de l'argent. L'argent est un mal nécessaire : peu importe la quantité. Ce qui compte, c'est de bien s'en servir.

Nous vous conseillons d'exprimer vos talents tout en vous attachant à conquérir le Centre et l'Est pour parvenir à une certaine intégrité. Vous n'aidez pas votre entourage à vous montrer ses sentiments. D'ailleurs, vous avez sans doute tendance à confondre ces derniers avec de la faiblesse. Du coup, on n'ose plus vous dire quoi que ce soit. Quoi qu'il en soit, vous devez bien comprendre que refouler ses émotions revient à se priver d'air. Utilisez donc le jaune et le vert pour remettre un semblant d'harmonie dans votre existence. Un choix judicieux de couleurs pour vos vêtements, la décoration de vos lieux de vie et votre alimentation donnera des résultats rapides et efficaces. En permettant à des émotions enfouies depuis longtemps de faire surface, vous vivrez une grande aventure qui bénéficiera également à vos proches.

Si le Nord-Sud-Ouest est votre Signature, vous possédez certainement énormément d'endurance et de pouvoir de persuasion. Vous savez aussi ne pas réveiller le chat qui dort ou, au contraire, battre le fer quand il est chaud. Si nous devions vous comparer à un animal, ce serait à un lion. Ne réfrénez pas votre combativité. Un enfant que l'on étouffe risque de vouloir se venger ou de sombrer dans la résignation la plus totale. Le pire qui puisse lui arriver ? Être couvé par sa mère. Les enfants dotés de cette Signature étant dépourvus de Centre (⓪/⑤), symbole d'énergie maternelle, ils n'ont que trop tendance à ne pas arriver à se détacher de leur mère. En conséquence, ils finissent par éprouver de la rage envers eux-mêmes ou envers les autres. Il est fort triste que certains parents, ignorants de telles subtilités, n'arrivent pas à comprendre ce qui se passe chez leur enfant.

C'est pourquoi il est très important que nous vivions notre vie en accord avec notre Signature et que nous nous servions de notre intuition pour trouver l'harmonie. Nous avons certes pas mal de choses à apprendre des autres, et il n'y a aucun mal à se donner des idéaux et des modèles. Toutefois, l'admiration est une excellente chose, pas l'envie. Les gens du Nord-Sud-Ouest ont beau avoir une longueur d'avance sur les autres, c'est à chacun de choisir sa route et de la suivre. Profitez du pouvoir positif de vos Chiffres et vivez dans l'instant… et chaque instant !

Le Nord-Est-Ouest

De multiples talents, de la persévérance
et de l'empathie
Un pot-pourri de génie

*Les trois choses les plus difficiles à faire pour un être humain
n'ont rien de prouesses physiques ou intellectuelles :
primo : répondre à la haine par l'amour,
secundo : accueillir les exclus,
tertio : admettre ses erreurs.
Une fois qu'on y est parvenu, on a en main les clés de la vie.*

Anthony de Mello

Cette Signature correspond aux dates de naissance contenant les Chiffres ❻ et/ou ❶ – ❽ et/ou ❸ – ❾ et/ou ❹

Quelques exemples de dates de naissance dont la Signature est le Nord-Est-Ouest : 14 août 1961, 8 mars 1961, 8 juin 1994, 3 janvier 1949, 6 avril 1983, etc. Cette configuration fait penser à un toit.

Cette Signature promet de stabiliser la vie de ses titulaires. Quoi qu'ils tentent de faire, ils y parviendront. Il arrive que les autres gens ne comprennent pas la raison d'un tel succès. C'est que le Nord-Est-Ouest combine, de manière inattendue, un esprit affûté avec assez d'empathie et de sens des affaires pour créer un ensemble de talents des plus remarquables. Les personnes dotées de cette Signature choisissent généralement une profession les mettant en contact avec le public. C'est pourquoi on trouve parmi elles de nombreux politiciens. Toutefois, si ces gens se rendent célèbres, ce n'est pas parce qu'on leur fait une publicité tapageuse mais bien grâce à leurs exploits.

Le Nord (❻/❶) permet aux gens du Nord-Est-Ouest d'entreprendre de longues études (architecture, médecine, etc.). Il arrive qu'ils ne trouvent pas là leur voie et repartent dans une direction tout à fait différente. Dans ce cas, l'Est leur communique l'altruisme nécessaire aux personnes aimant le contact avec le public. Ils ont besoin d'énormément de tact pour bien s'entendre avec tout le monde.

Il faut de l'intelligence, des compétences, un esprit visionnaire et beaucoup de courage pour répondre aux demandes de toute une nation. On voit bien ce que donnent les promesses à court terme faites dans le cadre des campagnes électorales. N'écoutez jamais les belles paroles. Utilisez plutôt votre pouvoir personnel et votre sens des responsabilités pour vous éduquer tout seul. Les seules choses que nous possédions vraiment, ce sont notre cœur et notre esprit, et c'est à nous qu'il appartient de nous en servir ou de nous en défaire. Bien entendu, de nombreuses influences extérieures affectent votre vie mais, grâce aux nombreux talents que vous confère cette Signature, vous êtes équipé pour affronter les mers les plus calmes comme les océans les plus démontés.

L'Ouest (❹/❾) vous aidera à mettre en pratique ce que vous chuchote votre intuition. Adroit de vos mains, vous saurez faire face à de nombreuses situations, d'autant que vous possédez un sens inné des affaires. Cette Signature souligne souvent la différence subtile qui existe entre le ❹ et le ❾, le premier faisant de vous un excellent travailleur manuel tandis que le second vous conférera de l'assurance et des compétences en matière de gestion financière.

Faute de Centre (⓪/❺), il se peut que vous vous sentiez vaguement mécontent de vous-même du fait de problèmes s'insinuant dans votre vie malgré votre réussite objective (même s'ils sont purement nés de votre imagination).

Là encore, nous vous conseillons de faire simple. Mettez plus de jaune dans votre garde-robe, sur vos murs, sur vos rideaux, sur vos draps de lit. Entourez-vous de fleurs de cette couleur. Ainsi, vous retrouverez l'équilibre. De plus, vous n'aurez plus ce drôle de petit creux dans l'estomac qui vous dérange si souvent. N'hésitez pas à méditer une dizaine de minutes tous les jours sur un fond de musique apaisante.

Ajoutez également du rouge à votre vie pour l'améliorer. Cette couleur symbolisant le Sud (❼/❷), elle éveille les énergies correspondantes. Ce n'est pas que vous manquiez de la vitalité nécessaire à la réalisation de vos objectifs, mais plutôt que vous risquez de vous sentir ignoré, même si ce n'est pas réellement le cas. C'est juste le manque de Sud dans ses œuvres. Il est bien évident qu'il ne suffit pas d'en être conscient pour que tout s'arrange du jour au lendemain. C'est pourquoi nous vous conseillons d'utiliser le rouge pour combler ce vide. N'en faites pas trop toutefois. Étant déjà très bien équipé pour le grand voyage de l'existence, vous n'avez pas besoin de tout avoir tout de suite. Exiger des fraises en hiver aura plus d'effets négatifs sur le monde que de retombées positives sur votre corps.

Vous avez tous les talents essentiels pour réussir de grandes choses en tant que musicien, politicien, journaliste, maître d'école ou homme d'affaires. De plus, vous êtes très adroit de vos mains. Que demander de plus !

Le Nord-Est-Centre

Convaincant, charismatique, empathique
Les feux de la rampe vous attendent

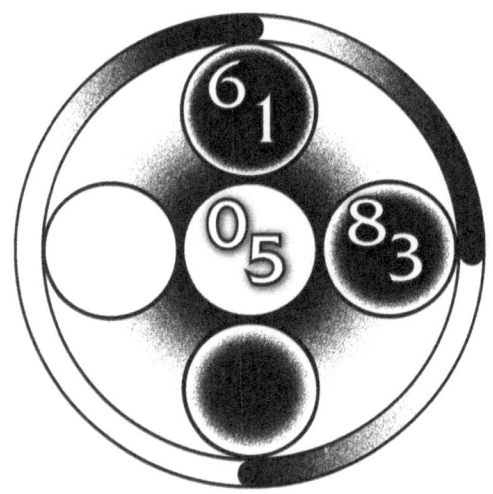

Il y a plus d'un chemin
qui mène à la vie après la vie.
Il y a plus d'une façon d'aimer.
Il y a plus d'une façon
de trouver sa moitié
en quelqu'un d'autre.
Il y a plus d'une façon de lutter contre son ennemi.
Celui qui ne s'aime pas
n'aime personne.
Celui qui n'a aucun respect pour les cadeaux reçus avant sa
naissance
ne respectera jamais rien dans la vie.

Texte amérindien

Cette Signature correspond aux dates de naissance contenant les Chiffres ❻ et/ou ❶ – ❽ et/ou ❸ – ⓪ et/ou ⑤

Quelques exemples de dates de naissance dont la Signature est le Nord-Est-Centre : 8 octobre 1961, 13 juin 1988, 5 mars 1960, B1 mai 1938, 13 novembre 1950, etc.

Les caractéristiques du Nord sont l'ambition, la curiosité, l'anticipation et la ténacité. Combinées à la force du Centre, ces qualités sont gages d'une grande détermination et d'un formidable sens des responsabilités. Ajoutez-y l'empathie de l'Est, et cette Signature promet une vie globalement agréable, exception faite de quelques petits désagréments.

Toutefois, il est possible que vous ne cessiez d'éprouver une certaine impression de vide qui vous empêche de vous réjouir tout à fait. Peut-être êtes-vous à la recherche de ce petit quelque chose qui vous manque depuis votre plus jeune âge (en admettant que vos parents et votre entourage vous y aient encouragé). Vous n'avez aucune raison de vous inquiéter. Vous êtes fait pour l'introspection.

Soyez tout de même prudent. Votre Signature pourrait vous pousser à vouloir trop en faire et à croire que vous êtes capable de surmonter tous les obstacles vous attendant au Sud et à l'Ouest de votre Roue sans aucune aide extérieure. À force de penser que vous devez tout régler tout seul, vous iriez droit au surmenage.

Selon la distribution de vos énergies et votre Centre de gravité, vous pouvez avoir tendance à vous sacrifier, voire à vous oublier. Un Est trop puissant (avec à la fois un ❽ et un ❸ par exemple) risque de vous faire croire que vous devez tout apprendre tout seul, sans prendre le temps de vous reposer ou de mettre en pratique vos nouvelles connaissances. Vous estimez devoir atteindre la perfection sans le moindre entraînement. Il est impératif que vous découvriez les vertus de la patience. Ne laissez jamais seul un enfant doté de cette Signature sans l'avoir prévenu au préalable, sans quoi il risque de souffrir plus tard d'une névrose d'abandon, de méfiance et d'insécurité.

Si le Nord (❻ ou ❶) est la Station la plus forte de votre Roue, vous serez fort tenté de vous orienter vers le service public, grâce à une empathie (renforcée par le ❽ ou le ❸) bien adaptée au travail pour les organisations charitables.

Néanmoins, vous feriez mieux, là aussi, de vous montrer prudent. Si votre profession vous met en rapport avec le public et que vous possédez plus de dix Unités à l'Est (signe d'hypersensibilité), votre empathie pourrait déborder, lâchant la bride à vos émotions pour qu'elles vous mettent des bâtons dans les roues. Vous vous montreriez trop tolérant envers les personnes spécialisées dans l'auto-apitoiement. Conséquences : du stress et de la colère, éventuellement refoulés. Dans ce genre de cas de figure, on n'arrive plus à se sortir des situations dont l'aspect affectif est très prenant car on a perpétuellement mauvaise conscience. Du coup, on reste bloqué là au lieu de tourner les talons (ce qui constituerait pourtant la meilleure solution), au risque de sombrer dans l'agressivité.

L'idéal ? Faire appel au bons sens du Nord ou à la patience de l'Est pour contrebalancer l'influence excessive de l'une de ces Stations. Peut-être pourriez-vous également méditer sur quelque chose dont bien peu de gens sont conscients : en tolérant les personnes difficiles, on les empêche de grandir. En conséquence, elles n'apprennent jamais rien, ou trop tard, bien que tout ait été là pour les guider dans la bonne direction.

Quelle que soit la combinaison de Chiffres de cette Signature, le Centre (⓪/⑤) assurera l'équilibre et l'harmonie de ses diverses énergies.

Aucun Chiffre ici ne pousse à l'agressivité, ce qui explique que les gens du Nord-Est-Centre soient plutôt faciles à vivre. Intéressants, mélomanes, ils peuvent se montrer parfois éprouvants du fait de leur curiosité, de leur détermination et de leur sens de la précision. Comme ils détestent les vies trop bien réglées, ils ne sont absolument pas faits pour le travail de bureau.

L'argent ne représentant pas une priorité aux yeux des natifs du Nord-Est-Centre, ces derniers oublient quelquefois son caractère indispensable et ils ont du mal à apprécier les personnes que la richesse obsède. C'est sans doute très noble, mais les gens très axés sur l'Ouest (❾/❹) s'arrachent les cheveux devant ce genre d'attitude. L'avantage, c'est qu'une perte matérielle, au lieu de constituer une véritable catastrophe, représente avant tout l'occasion de repartir de zéro.

Le vide de Sud (❼/❷) peut être à l'origine de fatigue et de mélancolie. Face à un obstacle, il arrive que les gens du Nord-Est-Centre sombrent dans une dépression et une résignation dont ils ont du mal à se sortir sans aide extérieure. Or, sachant qu'ils détestent se faire aider, le processus de guérison risque de prendre beaucoup de temps. Pour remédier à ce défaut, l'idéal consiste à mettre beaucoup de rouge et de blanc dans sa garde-robe et dans son environnement.

Nous vous invitons également à relire les pages consacrées aux Stations Nord, Est et Centre, celles qui sont présentes sur votre Roue. Ensuite, intéressez-vous à l'Ouest et au Sud de manière à bien comprendre ce qui peut vous manquer. Cela vous permettra de boucler la boucle, au bénéfice de tout le monde.

L'Est-Sud-Centre

De la vitalité, de l'éloquence au service d'une bonne cause

L'heure la plus importante, c'est maintenant.
La personne la plus importante,
c'est celle qui se trouve devant vous.
La meilleure chose qui soit, c'est l'amour.

Maître Eckhart

Cette Signature correspond aux dates de naissance contenant les Chiffres ⑧ et/ou ❸ – ❼ et/ou ❷ – ⓪ et/ou ⑤

Quelques exemples de dates de naissance dont la Signature est l'Est-Sud-Centre : 5 mars 1972, 23 août 2005, 8 février 1972, 3 juillet 1955, 27 août 1903, etc.

Les Chiffres du Centre, le ⓪ et le ⑤, confèrent à toutes les Signatures où ils figurent un caractère équilibré, apaisant et conciliant et modèrent les pouvoirs des autres Stations. Peu importe que leur Centre de gravité soit ailleurs ou qu'une Station manque. Nul besoin de se fatiguer à tenter d'intégrer les qualités de cette dernière. Du moment que vous le laissez faire, le Centre vous y aidera.

Vous êtes né avec la capacité de gérer les conflits. De plus, la présence du ⓪ ou du ⑤ vous permet de mieux comprendre les autres Stations. Le Centre est un grand bâtisseur de ponts.

Même une personne très axée sur le Sud parce qu'elle est née le 22 mai 2007, par exemple, ne perdra pas le contrôle grâce à l'influence modératrice du Centre. Sans cela, un Sud hyperdéveloppé se manifesterait certainement par des accès de rage réguliers. Toutefois, nous vous conseillons de ne pas refouler complètement vos tendances naturelles car elles font partie de votre personnalité.

Au sein de cette Signature, l'Est est, lui aussi, gage de calme et de retenue, dès lors qu'il ne prend pas le pouvoir grâce à une trop grande quantité d'Unités de ⑧ ou de ❸, car alors tout s'inverse. Les gens passant leur temps à prendre soin des autres peuvent finir par avoir le sentiment qu'on les néglige. Si cette impression est légitime à court terme, elle ne peut que faire des dégâts à long terme et provoquer une explosion spectaculaire susceptible de choquer tout le monde. Si cela vous arrive un jour, vous saurez que le moment est venu de faire un peu plus attention à vous.

Personne ne mérite que vous vous sacrifiiez ainsi. Tant pis pour les autres s'ils n'acceptent pas un revirement de votre part. S'il est recommandé d'aimer son prochain comme soi-même, la réciproque est également vraie. Après une longue période d'abnégation, il est possible que votre humeur se modifie discrètement : si le monde extérieur ne décèle aucun changement, votre famille constatera que vous devenez trop émotif et très maladroit. C'est typique d'un Est trop développé. Si vous en prenez conscience, vous aurez fait le premier pas vers la guérison.

Toutes les Signatures axées sur l'Est font preuve de beaucoup d'empathie et de compassion. Sans elles, bien peu de services sociaux, d'organisations charitables et d'ONG survivraient. Les gens dépourvus de ❽ ou de ❸ travaillant pour l'Aide à l'enfance, par exemple, sont souvent très pragmatiques et très bien formés mais ne possèdent pas les compétences relationnelles nécessaires. Ils finissent souvent blasés et aigris.

La Signature Est-Sud-Centre est celle d'une personne pleine d'empathie et de vitalité, qui sait exactement ce qu'elle veut. Grâce au Sud, elle possède de réels talents d'orateur, ce qui peut s'avérer très utile. Après tout, à quoi sert de fabriquer le meilleur produit du marché si personne n'est au courant ? Attention toutefois à ne pas vous écouter parler en négligeant votre auditoire, ce qui correspond à une soif cachée de pouvoir.

Le vide de Nord (❻/❶) peut poser un problème à cette Signature lors des premières étapes d'un projet, faute d'un certain sens logique. De même, les gens qui en sont titulaires risquent d'avoir du mal à finir leurs études, non qu'ils en soient incapables : c'est plutôt qu'ils ont une façon d'apprendre différente de celle des autres.

L'absence de Station Ouest (❾/❹) peut empêcher les gens de l'Est-Sud-Centre de mettre en pratique leurs idées, bien qu'elles soient souvent brillantes. C'est pourquoi ils ont tout intérêt à s'entourer de professionnels ne souffrant pas de cette omission.

L'utilisation des couleurs constitue le moyen le plus rapide de s'attaquer à ces quelques difficultés. Palliez le vide d'Ouest avec du blanc et le vide de Nord avec du bleu et/ou du noir. Pour cela, parsemez-en votre garde-robe, vos meubles, ou quoi que ce soit d'autre qui puisse vous convenir. Écoutez votre intuition, puisque vous avez la chance d'en avoir. Si votre enfant possède cette Signature et qu'il s'obstine à s'habiller tout en noir, respirez un bon coup et dites-vous qu'il le fait pour compenser les absences de sa Roue.

Comme toutes les autres Signatures, celle-ci a ses forces et ses faiblesses. Toutefois, elle est fort bien armée pour conquérir les Stations qui lui manquent. Alors, bon courage !

Le Sud-Ouest-Centre

Le sens de l'innovation, du dévouement et du timing

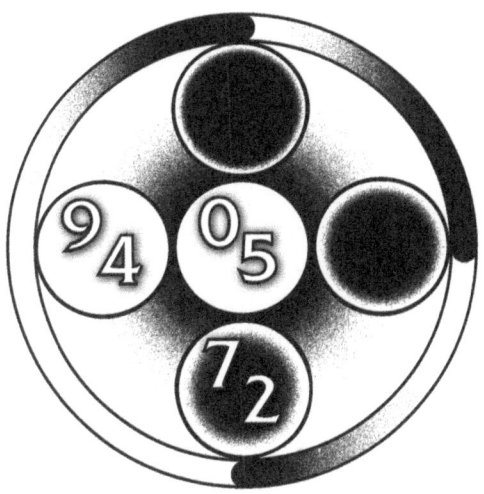

Je te le dis : il n'est point d'amnistie divine qui t'épargne de devenir. Tu voudrais être : tu ne seras qu'en Dieu. Il te rentrera dans sa grange quand tu seras lentement devenu et pétri de tes actes, car l'homme, vois-tu, est long à naître.

Antoine de Saint-Exupéry

Cette Signature correspond aux dates de naissance contenant les Chiffres H et/ou ②
– ⑨ et/ou ④ – ⓪ et/ou ⑤

Quelques exemples de dates de naissance dont la Signature est le Sud-Ouest-Centre : 4 mai 1992, 2 mai 1949, 5 février 1994, 7 septembre 2005, 5 février 1974, etc. Cette Signature est très répandue.

En résumé, les caractéristiques de cette Signature sont les suivantes : pragmatisme, adresse manuelle, vitalité, ambition, esprit d'entreprise. Comme toujours, la présence du Centre (⓪⑤) lui donne de la force. C'est la Signature des conquérants et des inventeurs.

Le Sud, l'Ouest et le Centre forment une combinaison fascinante, propice à l'émergence de héros. L'humanité se porterait certainement beaucoup mieux si nous avions tous le courage de publier nos bonnes idées. Je suis sûr que vous avez déjà eu l'occasion de penser, à la vue d'un nouveau produit : « Mais c'est moi qui l'ai inventé, il y a des années de cela ! » Or, les gens du Sud-Ouest-Centre mettent leurs idées en pratique au lieu de les laisser moisir dans un coin. Néanmoins, tout cela ne se fait pas en un jour. Une fois le concept de base défini, il faut avoir le courage de se mettre au travail et savoir rassembler les fonds nécessaires. Cette Signature en est tout à fait capable.

Les titulaires de l'Ouest sont les meilleurs lorsqu'il s'agit de lancer un produit. Toutefois, un Centre de gravité à l'Ouest peut être signe de cupidité et d'égoïsme, défauts qui sabotent le moindre projet. L'Ouest a toujours besoin d'argent et, la plupart du temps, il en trouve. Difficile pour lui de comprendre que les autres ne fonctionnent pas de la même manière.

Le Sud aide les gens du Sud-Ouest-Centre à innover grâce à sa vivacité naturelle et à sa capacité à repérer les tendances et les modes qui valent la peine qu'on s'y intéresse. Ce talent n'a pas de prix : après tout, quel produit se vendrait sans un minimum de publicité ?

Il est fort difficile de résister à la force de persuasion du Sud. Rien ne vaut un discours convaincu et bien illustré pour pousser un client à prendre une décision. Toutefois, un Centre de gravité au Sud risque de transformer ce boniment efficace en blabla sans intérêt. Il faudra compter sur le Centre et faire quelques efforts pour que tout rentre dans l'ordre. En effet, ce dernier rend notre trio quasi imbattable alors que, sans lui, il risquerait de sombrer dans l'égoïsme le plus affligeant.

Une personne dont la Signature est dépourvue d'Est (❽/❸) est susceptible de commettre un certain nombre d'erreurs avant d'en tirer les leçons nécessaires. En effet, la compassion et la perspicacité ne font pas partie de son bagage de naissance. C'est pourquoi il est souhaitable qu'elle mette du vert dans sa garde-robe et dans son environnement, de manière à renforcer son énergie et son intuition. Le Centre pourra, lui aussi, l'aider à mener ses projets à terme.

L'absence de Nord risque d'obscurcir l'humeur des gens du Sud-Ouest-Centre, en ce sens qu'ils ont du mal à admettre le fait que certaines personnes soient plus intelligentes qu'eux, surtout lorsque leur assurance en a pris un coup. Le Nord, en soi, n'est pas synonyme de matière grise, mais ses titulaires sont capables d'égaler leurs semblables, voire de les surpasser (ce qui n'est pas le cas des autres Stations). Faute d'esprit de compétition, la plupart des gens ne s'en rendent même pas compte. Les natifs du Sud-Ouest-Centre, eux, détestent cela. Nous avons tous quelque chose qui nous hérisse et il est important que nous fassions en sorte de lisser nos plumes, mais cela peut nécessiter énormément de patience.

Si cette Signature est la vôtre et que vous avez provisoirement renoncé à être journaliste le jour où vous avez compris que l'absence de Nord ne vous y aiderait pas, sachez que votre signe du Zodiaque a un rôle à jouer en la matière. Si vous êtes né sous un signe d'air (Gémeaux, Balance ou Verseau), votre agilité mentale vous permettra d'envisager cette profession ainsi que toutes celles qui s'y apparentent.

Les personnes dotées de cette Signature font le bon choix en portant du noir, ce qui consolera, j'espère, les parents qui en ont assez de voir leurs enfants s'habiller en style gothique. En effet, le noir, le bleu et le vert sont les couleurs qui aideront les natifs du Sud-Ouest-Centre à trouver le bonheur.

Le Nord-Ouest-Centre

La patience, le succès
La pondération du Centre

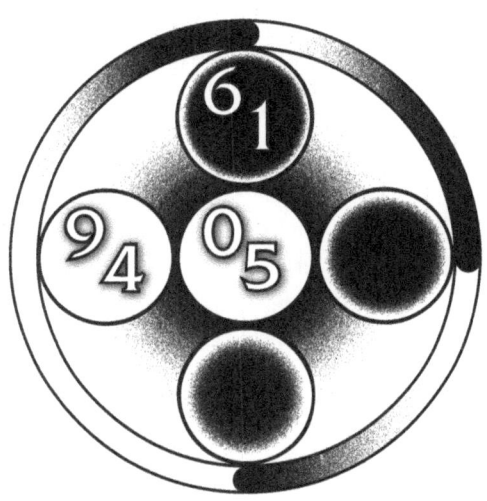

Écoute les exhortations de l'aube !
Vois ce jour. Il est la vie.
L'essence même de la vie.
Dans sa course brève sont encloses
Toutes les réalités de l'existence.
La joie de progresser,
Le bonheur d'agir,
La splendeur d'accomplir.
Déjà hier n'est plus qu'un rêve.
Demain n'est encore qu'une vision.
Mais cette journée bien vécue
Fait de tous tes hiers un rêve de bonheur
Et de tous tes demains une promesse d'espérance.
Un nouveau jour commence,
Accueille-le joyeusement !
Tel est le salut à l'aurore.
Kalidasa

Cette Signature correspond aux dates de naissance contenant les Chiffres ❻ et/ou ❶ – ❾ et/ou ❹ – ⑦⑦ et/ou ⑤

Quelques exemples de dates de naissance dont la Signature est le Nord-Ouest-Centre : 15 juin 1949, 14 janvier 2005, 5 septembre 1961, 11 mai 1938, 13 novembre 1950, etc.

Cette Signature vous assure un sens aigu des affaires (dans quelque domaine que ce soit), ainsi que l'endurance et la patience indispensables à la création d'une société. De nombreux cadres peuvent se féliciter de posséder l'intelligence du Nord combinée à la confiance en soi de l'Ouest. Les enfants prenant la suite de leurs parents, non contents de le faire très volontiers, en profiteront pour tout réorganiser à leur façon. Les gens du Nord-Ouest-Centre partent équipés d'un sixième sens qui leur permet d'être toujours au bon endroit au bon moment.

Cette Signature convient très bien, entre autres, aux inventeurs, aux explorateurs et aux pilotes, dont on ne devrait pas décourager la vocation naissante. En cas de Centre de gravité à l'Ouest (le ❾ et le ❹ étant tous deux présents), on notera un certain goût pour la solitude risquant d'avoir des conséquences négatives sur l'esprit d'équipe nécessaire à toute entreprise. Chez les personnes concernées, le sens des affaires pourrait bien se muer en caractère impitoyable, les empêchant d'obtenir de bons résultats. D'un autre côté, il n'est pas souhaitable qu'elles s'occupent des petits maux de chacun et perdent ainsi leur vision à long terme. Il faut donc qu'elles arrivent à traiter humainement leurs employés tout en restant concentrées sur l'efficacité de leur stratégie. Ce n'est pas une mince affaire.

Comme toujours, il est vital qu'on ait encouragé le développement harmonieux de tous ces talents dès le plus jeune âge, faute de quoi un enfant doté de cette Signature pourrait bien saboter l'affaire familiale en se lançant dans la compétition (au propre ou au figuré) avec une bonne dose d'agressivité. Nous réagissons tous de façons différentes à la frustration. Toutefois, dans le cas précis, l'auto-apitoiement et la résignation ne sont pas d'actualité.

Bien peu de choses séparent le génie de l'abîme. Quelquefois, tout se joue en un millième de seconde. C'est pourquoi la puissance du Nord (**6**/**1**) s'avère particulièrement importante. Du fait de sa capacité d'anticipation, c'est souvent de lui que dépend la réalisation d'une brillante idée. L'influence du Nord peut être présente à l'intérieur d'une Signature ou être le fait d'une collaboration avec des personnes dont la Roue contient cette Station. C'est la raison pour laquelle les titulaires du Nord-Ouest-Centre combinent à merveille esprit inventif et pragmatisme. Si tant est qu'un excès d'énergies de l'Ouest (**9**/**4**) se manifeste, il sera modéré par le Centre (**0**/**5**). Rappelez-vous les caractéristiques de ce dernier : avec sa patience et son aptitude à dégager des schémas récurrents, il tempère toute forme d'exagération et la remplace par du sérieux et de la réflexion. Vite décelés, les dangers sont efficacement jugulés. Cependant, il ne suffit jamais d'inventer quelque chose : la phase de mise en œuvre est absolument cruciale. Lorsque l'Ouest et le Nord travaillent en harmonie, les deux sont possibles.

Il ne manque que deux Stations à cette Signature, le Sud et l'Est. C'est pourquoi nous vous conseillons de vous choisir des collègues et des associés bien lotis en la matière. Sans eux, votre environnement de travail et votre esprit d'équipe pourraient manquer de chaleur et d'enthousiasme. Faites en sorte d'embaucher des secrétaires et des assistants dont la date de naissance contient l'Ouest (**9** ou **4**) et le Nord (**6** ou **1**), afin d'être certain qu'ils feront preuve de proactivité. Sachez aussi que, lorsque l'on occupe ce genre de fonction, l'efficacité ne suffit pas. Il faut aussi avoir un côté humain. Malgré l'absence de l'Est, le Centre suffit à produire assez d'entrain et d'énergie pour que tout se passe bien.

Compensez un certain manque de fougue dû au vide de Sud en utilisant du rouge sur les murs, les nappes, les bougies, les tapis, etc. Les gens du Nord-Ouest-Centre devraient toujours avoir du rouge sur eux. Un simple bracelet fera l'affaire. Contrebalancez l'absence de Station Est en mettant du vert dans votre garde-robe ainsi que dans vos lieux de vie. Pensez aux plantes vertes. Elles sont très efficaces, faciles à entretenir et tout le monde les apprécie. (N'oubliez pas de suivre le calendrier lunaire et de les arroser uniquement les jours Cancer, Scorpion et Poisson. Les résultats ne se feront pas attendre.)

Prenez le temps de vous documenter à nouveau sur les forces et les faiblesses de vos Stations en relisant la deuxième partie de ce livre. La tête finirait par vous tourner à force d'envisager toutes les combinaisons de Chiffres et de Centres de gravité possibles. Ce n'est absolument pas le but, et c'est totalement contre-productif. Contentez-vous de vous reconnaître dans ce que vous lisez et d'en retirer un peu d'inspiration. Si rien ne vous interpelle, réfléchissez un moment. Tâchez de découvrir en vous des choses que vous ignoriez jusqu'ici. Amusez-vous bien !

Le Nord-Sud-Centre

Convaincant, charismatique
La vitalité et le pouvoir du Centre

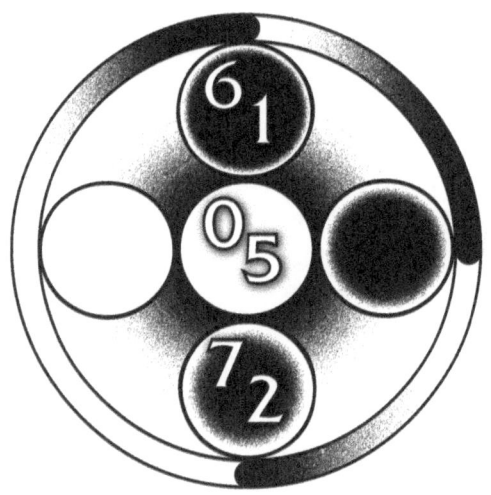

Oui, cher Wilhelm, il n'est rien sur la terre que j'aime comme les enfants. Quand je les observe, et que je vois dans ces petits êtres les germes de toutes les vertus, de toutes les facultés, dont l'usage leur sera quelque jour si nécessaire ; quand je découvre, dans l'obstination, la constance et la fermeté future ; dans l'espièglerie, la bonne humeur et la facilité avec lesquelles ils glisseront sur les dangers de la vie... tout cela si pur, si complet... alors je redis toujours, toujours, les admirables paroles de l'Instituteur des hommes : « Si vous ne devenez comme un de ceux-ci ! »

Johann Wolfgang von Goethe,
Les Souffrances du jeune Werther – traduction Porchat

Cette Signature correspond aux dates de naissance contenant les Chiffres ⑥ et/ou ❶ – ❼ et/ou ❷ – ⑦⑦ et/ou ⑤

Quelques exemples de dates de naissance dont la Signature est le Nord-Sud-Centre : 11 mai 1971, 2 juillet 2001, 27 juin 1920, 7 mai 1961, 5 février 1966, etc. Chez les personnes dotées de cette Signature, l'âme et le monde ont tendance à s'opposer. Le rôle de l'éducation, des opportunités, de la volonté et des mentors est ici prépondérant.

Quels que soient notre caractère et notre expérience, nous partageons tous quelque chose : les richesses du Code. Cette Signature est orientée vers les médias et les relations publiques. Qu'ils soient orateurs ou attachés de presse, ses titulaires sont faits pour le devant de la scène. Plus votre Nord comprendra de ⑥ et de ❶, plus il aura un impact sur votre vie. Plusieurs ❶ feront de vous une personne publique. Si vous ne vous voyez pas ainsi alors que vos Chiffres correspondent, c'est sans doute qu'il est temps de vous fixer de nouveaux objectifs.

Intéressons-nous quelques instants au Centre (⑤/⓪). Comme son nom l'indique, cette Station représente… le centre de l'existence. Elle vous aide à rester ferme et à ne pas vous laisser distraire par le quotidien. Il est bien évident que votre éducation, vos habitudes ainsi que certains actes dont vous n'êtes même pas conscient impactent également votre vie. La bonne nouvelle ? Vous aurez beau vous heurter à un tas d'obstacles, vous parviendrez toujours à les franchir. Vous n'avez pas cette impression ? Peut-être n'êtes-vous pas encore conscient de vos talents cachés.

Le ⓪ a un petit avantage sur le ⑤. Quand il figure sur votre Roue, c'est un peu comme s'il remplaçait tous les autres Chiffres et leurs caractéristiques, ce qui explique l'aura lumineuse qui enveloppe le Centre. Le ⓪ a beaucoup moins de mal que les autres à compenser l'absence des autres Stations.

Un Sud (❼/❷) plein de vitalité donne de l'ambition à cette Signature. Vous êtes non seulement capable de tirer votre épingle du jeu dans le monde des médias, mais aussi de prétendre à des fonctions demandant de grandes capacités d'organisation (metteur en scène, manager, membre d'un conseil d'administration, etc.). Toutefois, faute de Station Ouest, vous devez absolument vous adjoindre les services d'un associé doté du ❾ ou du ❹ et le laisser gérer la partie financière de votre travail. Vous ne sauriez exprimer tous vos talents si vous deviez vous occuper de ces aspects qui vous dépassent.

De plus, vous n'avez pas de Station Est (❽/❸). Là encore, mieux vaut compter sur des collègues, des associés, bref, une équipe, pour remédier au problème. En effet, vous pouvez vous montrer froidement analytique et finir par blesser les autres. C'est la raison pour laquelle vous avez tendance à faire des gaffes. Le danger est d'autant plus présent que vous êtes né sous un signe d'air (Gémeaux, Balance ou Verseau), ce qui vous prédestine à suivre votre chemin sans jamais douter de vous-même. Toutefois, mieux vaut vous laisser faire puisque c'est là votre nature profonde.

Le plus urgent en ce qui vous concerne consiste à combler l'absence d'Ouest et d'Est. C'est le moment de relire les chapitres consacrés à vos Chiffres dans la deuxième partie de ce livre. Intéressez-vous également au Nord, au Centre et à l'Ouest puisqu'ils vous correspondent. Vous possédez leurs traits caractéristiques ! Acceptez cela et tâchez de vous rappeler des moments où vous aviez le sentiment que tout allait bien. Vous allez peut-être repartir de zéro mais, cette fois, en suivant votre vocation.

Que pourriez-vous bien faire pour combler les vides de votre Roue ? Commencez par relire les chapitres relatifs à vos Stations manquantes. Cela vous aidera à comprendre quelles directions, quels pouvoirs et quelles compétences vous font défaut et à vous familiariser avec eux. Vous n'êtes pas censé posséder toutes ces qualités. Personne ne l'est. Il suffit de savoir de quoi on parle. Le plus simple ? Utiliser les couleurs. Dans votre cas, ce sera le blanc et le vert. Vous pourriez en mettre plus dans votre garde-robe, par exemple. Pour conquérir l'Ouest, nous vous conseillons de vous trouver un passe-temps manuel, ou de vous initier à la gestion des finances familiales (contentez-vous de suivre le solde de vos comptes ; ce sera un bon début).

Inversement, si votre Nord est très présent, vous feriez mieux d'éviter le bleu et le noir car ils risquent de renforcer votre Centre de gravité. Si votre Centre est hyperdéveloppé (avec deux ⑤ par exemple), méfiez-vous du jaune. Un Centre de gravité au Sud vous invite à mettre le rouge en attente. Quelle que soit la couleur que vous choisirez, utilisez-la à profusion pour vous vêtir, vous alimenter et décorer vos lieux de vie. Procurez-vous des cristaux que vous garderez toujours sur vous. La fantaisie ne connaît pas de limites lorsqu'il s'agit de donner un coup de fouet à sa Roue anniversaire.

L'Est-Ouest-Centre

L'empathie artistique alliée au sens des affaires
et à la puissance du Centre : quelle vitalité !

Prends le temps de travailler : c'est le prix de la réussite.
Prends le temps de penser : le pouvoir naît de tes idées.
Prends le temps de jouer : c'est le secret de la perpétuelle jeunesse.
Prends le temps d'avoir des amis : ils donnent un goût délicieux à ta vie.
Prends le temps de rêver : les rêves te montrent ce qui est possible.
Prends le temps de rire : le rire est la musique de l'âme.
Prends le temps de donner : le partage met ton cœur en joie.

Poème islandais anonyme

Cette Signature correspond aux dates de naissance contenant les Chiffres ❽ et/ou ❸ – ❾ et/ou ❹ – ⓪ et/ou ⑤

Quelques exemples de dates de naissance dont la Signature est l'Est-Ouest-Centre : 11 mai 1971, 2 juillet 2001, 27 juin 1920, 7 mai 1961, 5 février 1966, etc. Cette Signature est assez rare. Les combinaisons de Chiffres les plus fréquentes lui sont interdites fautes de Nord (❻/❶) et de Sud (❼/❷). Il faut être né le 3, le 4, le 5, le 8 ou le 30. Il ne reste que cinq mois et trente-cinq des années comprises entre 1900 et 2008.

Ces Chiffres correspondent à des personnes tout à fait extraordinaires, bien équipées pour faire cavalier seul dans la vie. Vous en avez déjà rencontré. Leur présence suffit à remplir une pièce. Comme on ne leur a pas forcément appris à bien gérer ce talent, elles ont régulièrement besoin de prendre de la distance, attitude qui passe souvent pour de l'arrogance (parfois à juste titre d'ailleurs). Toutefois, l'empathie, l'expérience et l'énergie de l'Est (8/3) volent fréquemment à leur secours.

Les gens de l'Est-Ouest-Centre ont quelquefois du mal à admettre qu'ils vieillissent. Afin de ne pas y penser, voire d'ignorer totalement le problème et d'échapper totalement à la réalité, ils se choisissent souvent des conjoints plus jeunes qu'eux. Il arrive que cela donne d'excellents résultats et qu'ils continuent tout de même à évoluer (comme tout le monde), mais ce n'est pas toujours facile si on en croit les pages « people » de la presse. Toutefois, ils ont un certain don pour communiquer avec les jeunes et leurs points de vue sont plutôt modernes, ce qui en fait des interlocuteurs très prisés.

Cette Signature est gage de persévérance et de précision. Ceux qui en sont dotés ne laissent jamais rien au hasard. L'Ouest (❾/❹) les encourage à la réflexion, le Centre (⓪/⑤) les rend loyaux et dignes de confiance, et l'Est (❽/❸) leur confère amabilité et sensibilité. N'est-ce pas là un cocktail des plus réussis ? Malgré cela, faute de mettre à profit tous ces talents, ils s'exposent à être brutalement rappelés à la réalité. Rien ne doit jamais être considéré comme un dû.

Nombre d'excellents musiciens possèdent cette Signature. En effet, la plupart des gens de l'Est-Ouest-Centre, non contents d'être mélomanes, jouent exceptionnellement bien d'un instrument. On se régale de les écouter. C'est pourquoi il est particulièrement important d'encourager la vocation artistique des enfants dès leur plus jeune âge, même si leur famille ne se sent pas vraiment concernée.

Bien entendu, le talent ne tombe pas du ciel. Mais le bagage extraordinaire dont partent équipés les titulaires de cette Signature leur donne une longueur d'avance sur les autres.

L'Est-Ouest-Centre est également synonyme de sens des affaires, qualité à laquelle on ne doit pas renoncer sous prétexte d'être un « artiste ». En effet, ces deux traits de caractère peuvent parfaitement coexister. Les personnes dotées de cette Signature ont la particularité de concilier des dons très différents, ce qui leur permet de concilier à merveille l'absence de Station Sud (❼/❷) de leur Roue.

Si vous en faites partie et que vous avez envie de vous produire en public, nous vous conseillons de vous associer avec des personnes possédant les Chiffres du Nord (❻/❶). Toutefois, rien ne vous empêche de négocier vous-même vos contrats. Lorsque vous montez sur scène, porter du noir et du rouge ne peut pas faire de mal. Ces couleurs vous mettront en confiance et vous permettront de conquérir le Nord et le Sud, les deux Stations qui vous font défaut.

Si votre Centre de gravité se trouve à l'Ouest, vous serez plus susceptible de devenir banquier, inventeur, politicien, mécanicien, pilote, chercheur ou explorateur. Si le Centre domine (avec à la fois un ⓪ et un ⑤ par exemple), vous vous tournerez plutôt vers les métiers du secteur social, qui vous permettront de mettre à profit votre bienveillance et votre sens de l'observation. Un Centre de gravité à l'Est risque de s'avérer un peu dérangeant dans la mesure où il vous fera prendre conscience des énergies qui dorment en vous, provoquant éventuellement une certaine résignation. Toutefois, ce problème est facile à régler.

Comme nous l'avons dit plus haut, les gens de l'Est-Ouest-Centre font souvent de grands virtuoses. Néanmoins, tout talent, quel qu'il soit, doit être encouragé si l'on souhaite qu'il puisse se développer. L'Est produit beaucoup de médecins, de guérisseurs, d'adeptes de médecine alternative et de psychologues, grâce à l'empathie naturelle qu'il leur confère dès leur plus jeune âge. Soit dit en passant, les médecins dont la date de naissance ne comprend pas les Chiffres de l'Est ont tendance à devenir ces fameux « mandarins » qui sont plus à l'aise dans des conseils d'administration qu'au chevet de leurs patients.

Donnez immédiatement à vos talents une chance de s'épanouir. Lancez-vous, même si vous n'avez plus vingt ans ! Vous avez des tonnes de choses à faire. Il n'y a pas d'âge pour se mettre à chanter (même si c'est uniquement sous la douche). Vous n'imaginez pas le nombre de jeunes chefs d'entreprise qui aimeraient qu'on leur donne des conseils. Si vous pensez que c'est trop tard, sachez que vous avez tort.

Les cinq Signatures quadruples

Le Nord-Est-Sud-Centre

Une palette de talents multicolore
débarrassée des contraintes matérielles

*Un être humain est une partie d'un tout que nous appelons
« Univers », une partie limitée dans le temps et l'espace. Il
s'expérimente lui-même, ses pensées et ses émotions comme
quelque chose qui est séparé du reste, une sorte d'illusion
d'optique de la conscience. Cette illusion est une sorte de prison
pour nous, nous restreignant à nos désirs personnels et à l'affection
de quelques-uns de nos proches. Notre tâche doit être de nous
libérer nous-mêmes de cette prison en étendant notre cercle de
compassion à toutes les créatures vivantes et à la nature entière
dans sa beauté.*

Albert Einstein

Cette Signature correspond aux dates de naissance contenant les Chiffres G et/ou ❶ – ❽ et/ou ❸ – ❼ et/ou ❷ – ⓪ et/ou ⑤

Quelques exemples de dates de naissance dont la Signature est le Nord-Est-Sud-Centre : 16 août 2007, 12 mai 1983, 18 mars 1952, 11 juillet 1935, 13 décembre 1983, etc.

Si chaque Signature devait être désignée par un adjectif, celle-ci serait qualifiée d'« imaginative ». En effet, ceux qui en sont dotés n'ont pas besoin d'apprendre quoi que ce soit. Ils SAVENT. L'intérêt qu'ils montrent pour tout, leur curiosité hors du commun, leur immense gentillesse et leur amour du changement, entre autres, en font des gens passionnants. De plus, leur énergie spirituelle les met en « contact direct » avec le monde de l'invisible. Avec eux, les conversations ont tendance à s'éterniser. Pas question de parler de tout et de rien. Rien ne les ennuie plus que les obligations, les mauvais films et le blabla sans conséquence. Leur problème, c'est qu'ils sont doués pour tant de choses qu'ils ont bien du mal à faire leur choix. En conséquence, ils mettent souvent du temps à s'épanouir et peuvent changer plusieurs fois de métier, alignant les carrières au fur et à mesure de leur évolution.

Face à une telle multitude de talents annonciateurs d'un avenir radieux, nous allons nous concentrer sur les quelques obstacles susceptibles de freiner cette Signature.

Ainsi, dans la vie, il faut faire attention à prendre soin de ses affaires si on ne souhaite pas qu'elles s'abîment. C'est la même chose pour les connaissances, les opinions et les sentiments. Cette Signature a souvent pas mal d'habitudes, innées et acquises, intégrées plus ou moins volontairement dès son plus jeune âge. Si elle fait l'effort de s'en libérer, le monde lui appartient.

Attention à l'absence de Station Ouest (❾/❹). Si cette Signature est la vôtre, l'argent revêt peu d'importance à vos yeux. Du coup, vous risquez de ne pas être payé faute d'avoir pensé à signer un contrat. La plupart des gens tirent des leçons de leurs erreurs. Vous... pas toujours. La confiance excessive qui vous caractérise, et qui frise parfois la naïveté, vous mettra en danger toute votre vie.

Votre foi en l'honnêteté des autres étant inébranlable, vous allez devoir vous confronter à la triste réalité en repartant de zéro. Spirituellement parlant, les us et coutumes du monde des affaires vous paraissent aussi artificiels que pénibles, ce qui risque de vous amener à vous méfier de vos collègues. Il faut absolument que vous régliez ce problème si vous voulez trouver le bonheur et l'harmonie auxquels vous êtes prédestiné.

Il est fort dommage que peu d'hommes politiques possèdent cette Signature. À ce stade, vous comprenez certainement pourquoi c'est le cas. Victimes de leur crédulité dès le début de leur carrière, nombre d'entre eux n'accèdent pas aux fonctions les plus importantes. Paradoxalement, c'est leur générosité, cette qualité qui rendrait tellement service au reste du monde, qui fait obstacle à leur réussite.

Que vous soyez athlète, forestier, acteur, musicien, guérisseur, médecin, géologue, chanteur ou peintre, homme ou femme, tout est possible. Si vous souhaitez connaître le succès de manière durable, nous vous conseillons de vous adjoindre une personne en qui vous aurez toute confiance. Que cela ne vous empêche pas de prendre quelques précautions cependant. Cette idée vous déplaît, n'est-ce-pas ? Pourtant, il faut vous y faire. Votre vide d'Ouest vous oblige à vous garantir des mauvais coups. Vous n'avez aucune raison de vous sentir coupable pour autant.

N'hésitez pas à renforcer votre Station Ouest à l'aide de la couleur blanche. Portez-en à la moindre occasion. N'oubliez pas d'en mettre quelques touches dans votre bureau, même s'il n'est pas rangé à la perfection : en effet, vous trouvez toujours ce que vous cherchez et vous avez mieux à faire que d'aligner vos stylos par ordre de taille. Votre caractère agréable vous aidera à dénicher un assistant pourvu de talents d'organisation. Pas de problème. Vos points forts sont ailleurs. À quoi bon les gaspiller ?

Nous vous recommandons également d'acquérir une certaine habileté manuelle en vous lançant dans un nouveau passe-temps tel que la construction de maquettes ou tout autre loisir créatif. Il existe de très jolis modèles réduits à assembler soi-même, à la portée de tout un chacun. Vous pouvez également vous intéresser à vos finances et vous créer un budget hebdomadaire, mensuel ou annuel. Toutes ces activités vous aideront à vous approprier les énergies de l'Ouest.

Après votre mort, les générations futures profiteront de toutes les bonnes choses que vous leur aurez léguées. Cette Signature va devenir plus fréquente avec l'avènement du troisième millénaire. Une chance pour tout le monde !

L'Est-Sud-Ouest-Centre

Le cœur et l'esprit vous ouvrent toutes les portes
y compris les plus discrètes

Il y a un bout de paradis dans chaque sourire,
en chaque mot, en chaque marque d'affection.
Dieu t'a fait cadeau de tout son amour,
pour qu'il t'ouvre les portes du paradis.

Phil Bosmans

Cette Signature correspond aux dates de naissance contenant les Chiffres ❽ et/ou ❸ – ❼ et/ou ❷ – ❾ et/ou ❹ – ⓪ et/ou ⑤

Quelques exemples de dates de naissance dont la Signature est l'Est-Sud-Ouest-Centre : 8 septembre 1975, 23 avril 2005, 28 mai 1994, 25 mars 1942, 9 juillet 1958, etc.

Certaines Signatures frôlent la perfection en termes de talents et de compétences. Si celle-ci est la vôtre, nous vous recommandons de relire les informations concernant vos Stations (l'Est, le Sud, l'Ouest et le Centre) dans la deuxième partie de ce livre. Vous ne tarderez pas à découvrir que vous disposez de multiples possibilités, un peu comme un peintre libre de choisir toutes les couleurs qui lui plaisent. Toutefois, vous ne devrez pas oublier de donner à vos dons une chance de s'exprimer si vous souhaitez trouver votre vocation.

Certaines personnes réussissent leur vie sans utiliser la moitié de leur potentiel. Elles ont de l'or dans les mains. D'autres, au contraire, n'arrivent pas à grand-chose. Bien que les personnes dotées de cette Signature sombrent rarement dans l'oisiveté, elles peuvent connaître de brèves périodes de gaspillage d'énergie. En fait, c'est plutôt que leur évolution se fait de manière très discrète. Il est quelquefois très difficile de savoir si elles se protègent du feu des projecteurs ou si elles connaissent une petite baisse de régime.

Vous avez tendance à vous fixer un nouvel objectif dès que vous avez atteint le précédent, sans jamais regarder en arrière ni vous accorder une petite pause pour récolter le fruit de vos efforts. Ce qui vous intéresse, c'est le voyage, pas la destination. Peut-être poursuivez-vous un but invisible aux yeux du reste du monde. Vous êtes plutôt du genre cachottier. C'est dommage, car vous n'imaginez sans doute pas à quel point vous êtes doué. Il se peut que cette hésitation vienne d'une tendance à la timidité et à l'anxiété remontant à votre enfance, sentiments susceptibles de se manifester de nouveau à l'âge adulte. Malgré votre multitude de talents, vous avez une certaine propension à ruminer et à douter de vous. « Je n'y arriverai jamais. » « C'est trop cher. » « Ça prend trop de temps. » « Qu'est-ce que les gens vont penser ? » « Je n'ai pas envie de déménager aussi loin. » La liste de craintes que vous entretenez est interminable. Pour ne pas les laisser vous paralyser, quelques minutes de méditation peuvent s'avérer très efficaces. Usez et abusez des couleurs noire et bleue dans votre garde-robe car elles vous aideront à vous calmer à et à vous rasséréner.

Les gens dont la Signature contient à la fois le Sud (❼/❷) et l'Est (❽/❸) sont de manière générale très appréciés. De plus, dans le cas précis, l'Ouest (❾/❹) leur confère d'excellentes compétences en matière de gestion financière et d'organisation. Ce sont des personnes sympathiques, souvent pleines de bon sens grâce à la présence du Centre (⓪/❺). Heureusement pour elles car, comme le dit le Faust de Goethe, « deux âmes se partagent leur sein ». Autrement dit, il leur appartient de trouver le juste équilibre entre l'Ouest, et sa tête presque trop froide, et l'Est, ce grand romantique.

Si cette Signature est la vôtre, il est possible que l'absence du Nord vous pose quelques problèmes. En effet, vos quatre Points cardinaux sont gages d'une grande soif de connaissance mais, l'énergie du Nord restant à découvrir et à apprivoiser (l'histoire de toute une vie), vous avez un peu de mal à définir des priorités. La plupart des gens n'ont pas la moindre idée des possibilités dont ils disposent dans la vie. Ils ne voient pas plus loin que le bout de leur nez. Dans le cas précis, c'est exactement l'inverse. Les natifs de l'Est-Sud-Ouest-Centre s'intéressent à tant de choses que cet éventail de choix finit par les écraser.

Si tel est votre cas, vous êtes capable de tout réussir à part un certain nombre de choses dépendant de l'influence du Nord (❻/❶). Ne désespérez pas si vous ne savez pas quelle voie emprunter. En fait, vous avez seulement du mal à vous décider et vous manquez du calme nécessaire pour retomber sur vos pieds. C'est aussi pour cette raison que vous vous lancez parfois dans des entreprises auxquelles personne d'autre n'aurait pensé, ce qui constitue un énorme atout et vous rend absolument unique.

Beaucoup de gens adorent le noir et l'utilisent pour se distinguer du reste du monde. Souvent ils compensent sans le savoir une Station absente de leur Signature. En ce qui vous concerne, vous feriez bien de vous aider du bleu et du noir pour vous calmer, vous encourager à méditer et vous fournir la perspicacité dont vous avez tant besoin.

Avantage supplémentaire, vous ne risquez pas de souffrir des défauts inhérents au Nord. C'est la raison pour laquelle vous ne sombrerez jamais dans le fanatisme et dans le stress comme beaucoup de vos contemporains. De plus, vous vous mettez rarement en colère et on vous apprécie généralement beaucoup.

N'oubliez pas de prêter attention à la place de votre Centre de gravité. Nous vous rappelons qu'il se positionne en fonction du dernier Chiffre de votre année de naissance et de la Station totalisant le plus d'Unités. Insistez sur les Chiffres concernés : votre spiritualité ne s'en portera que mieux. Imaginons par exemple que vous soyez né en 1983 et que votre Centre de gravité soit par conséquent à l'Ouest : si vous souhaitez apprendre à jouer d'un instrument, vous aurez intérêt à ne pas brûler les étapes. De plus, vous finirez par vous calmer et vous concentrer sur vos objectifs. Nombre de gens possédant votre Signature compensent intuitivement l'absence de Station Nord en exerçant une profession correspondant aux Chiffres ❻ ou ❶. Tout est possible.

Le Nord-Sud-Ouest-Centre

L'intelligence, la passion et le génie pour un monde meilleur

Puisses-tu avoir toujours du travail pour t'occuper les mains.
Puissent tes poches toujours contenir une pièce ou deux.
Puisse le soleil briller sur tes fenêtres.
Puisse un arc-en-ciel succéder à chaque averse.
Puisse la main d'un ami être toujours avec toi.
Et puisse Dieu remplir ton cœur de joie.

Bénédiction irlandaise à l'usage des voyageurs

Cette Signature correspond aux dates de naissance contenant les Chiffres ❻ et/ou ❶ – ❼ et/ou ❷ – ❾ et/ou ❹ – ⓪ et/ou ⑤

Quelques exemples de dates de naissance dont la Signature est le Nord-Sud-Ouest-Centre : 5 janvier 1992, 10 mai 1974, 16 juillet 1995, 7 septembre 1965, 17 avril 2005, etc. Cette Signature est particulièrement riche en Chiffres divers.

Qu'une personne dotée de cette Signature fasse son apparition et le monde est heureux. Le terme est d'autant mieux choisi que les gens du Nord-Sud-Ouest-Centre ne se contentent pas d'être là : ils APPARAISSENT. Leur charisme impressionne tout le monde et ils ont l'habitude d'être le centre de l'attention générale. Du coup, ils n'acceptent pas de passer au second plan, attitude à ne pas prendre pour un syndrome de jalousie chronique. Ils veulent simplement participer à tout ce qui se passe. Leurs inimaginables talents leur permettent de gérer n'importe quelle situation. Rarement à court d'idées, ils cherchent des solutions, trouvent des failles, innovent à longueur de temps. Intelligents, ils sont aussi très doués pour les activités manuelles. Pour couronner le tout, rien ne les fait paniquer.

Cette Signature est la vôtre mais vous ne vous reconnaissez pas dans la description ci-dessus ? Quelqu'un a dû se débrouiller à merveille pour étouffer vos dons et vos énergies. Nous ne vous encouragerons jamais assez à faire revivre vos talents cachés. Il n'est jamais trop tard.

Il n'est pas toujours facile de côtoyer les gens du Nord-Sud-Ouest-Centre. Les autres ne supportent pas toujours leur inébranlable sollicitude et leur curiosité hors du commun. Pas grand-chose ne leur échappe. Leur entourage, soumis à ce barrage de rayons X, se sent agressé (consciemment ou pas), alors qu'ils souhaitent uniquement offrir de l'aide à ceux qui en ont besoin. Ils oublient simplement que ce qu'ils considèrent comme des erreurs à corriger relève plutôt d'une saine forme d'expérience utile à tout le monde.

Il est vital qu'ils apprennent à se contenter d'observer les autres (surtout les enfants) lorsqu'ils se livrent à ce genre d'activités.

Les acteurs, les politiciens et les virtuoses sont souvent dotés de cette Signature. Ils sont sûrs d'eux, on les écoute et ils ont le sens des affaires. Ce qu'ils ne savent pas, ils l'apprennent. Seule l'absence de Station Est peut les pénaliser. En effet, faute de gestion efficace de leurs émotions, ils ont parfois du mal à modérer la froideur de leur sens des affaires. C'est incroyable ce que leur entourage est parfois amené à subir. Toutefois, leur sincérité et leur caractère agréable font que, la plupart du temps, les autres ferment les yeux du moment qu'ils ne dépassent pas les bornes.

Nous savons que certaines personnes peuvent parfois se laisser aller à tricher, en se faisant porter pâle le jour où elles doivent présenter un projet important, par exemple. Ce type d'attitude ne convient pas du tout aux gens du Nord-Sud-Ouest-Centre. Suivant leur humeur du moment, ils risquent, à vrai dire, de frôler l'hystérie. Si, comme eux, vous aimez avoir une solution à tout, ce genre de pépin pourrait bien vous arriver de temps à autre. Avec un peu de chance, personne ne se trouvera dans les parages pour essuyer la crise de colère qui en résultera. Pour limiter les dégâts, prenez l'habitude d'effectuer de longues promenades en pleine nature.

On ne devrait jamais laisser seuls les enfants dotés de cette Signature, comme tous ceux à qui l'Ouest fait défaut, surtout sans le leur dire. En effet, cela les rassure de faire confiance à tout le monde. C'est pourquoi il est crucial de ne jamais leur mentir, même pour la bonne cause. Cela dit, c'est plus ou moins le cas de tous les enfants. En effet, ils portent des sortes d'antennes, celles que les adultes ont souvent remisées à la cave. Du coup, ils sont conscients des forces et des faiblesses des autres et préfèrent avoir affaire à des personnes franches et directes, même si ce qu'elles ont à dire ne leur plaît pas. Mentez-leur et vous récolterez de la colère, de la méfiance, et une certaine incapacité à communiquer.

Si vous êtes natif du Nord-Sud-Ouest-Centre et que vous n'avez pas encore réalisé vos rêves, c'est le moment de vous y mettre. Il n'est jamais trop tard pour prendre un nouveau départ. Le monde vous attend.

Le Nord-Est-Ouest-Centre

Partez à la conquête du monde grâce
à la stabilité du Centre,
à vos capacités et à votre bonne volonté

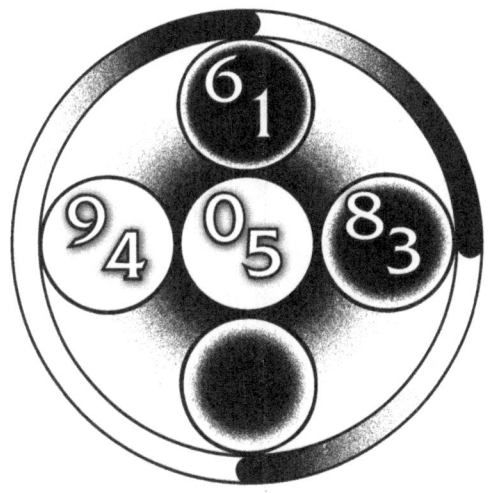

Le plus grand et le plus noble des plaisirs
que l'on puisse éprouver au monde
c'est la découverte de nouvelles vérités.
Le second, c'est de se débarrasser de tous ses préjugés.

Frédéric II de Prusse,
connu sous le nom de Frédéric le Grand

Cette Signature correspond aux dates de naissance contenant les Chiffres ⑥ et/ou ① – ⑧ et/ou ③ – ⑨ et/ou ④ – ⓪ et/ou ⑤

Quelques exemples de dates de naissance dont la Signature est le Nord-Est-Ouest-Centre : 8 septembre 1951, 13 juin 1995, 5 mars 1991, 9 mars 1968, 13 novembre 1945, etc. Cette Signature est porteuse d'immenses joies.

Plus les Chiffres d'une Signature donnée sont variés et éparpillés sur sa Roue anniversaire, plus il est difficile de la caractériser. Les personnes qui en sont dotées ont tellement de dons qu'on a envie de crier : « Super ! » Sauf qu'elles ne sont pas entièrement parfaites ; il leur reste quelques petites faiblesses. Quiconque connaît bien le Code a l'habitude de voir les autres s'attacher à compenser le vide laissé par l'absence de certaines Stations. Ces derniers profitent souvent mieux de leur réussite que ceux qui sont partis avec une longueur d'avance. Après tout, une minuscule petite faille ne porte pas vraiment à conséquence et il est facile de l'ignorer. Si cette Signature est la vôtre, vous voyez certainement de quoi je veux parler. Sachez néanmoins que tout le monde gagne à compenser le moindre manque, si petit soit-il.

Imaginons que, bien que possesseur de cette incroyable Signature, vous ayez du mal à atteindre certains de vos objectifs. Nous vous recommandons une technique simple et efficace, celle qui consiste à mettre plus de rouge dans votre vie. En effet, faute de Sud, vous avez sans doute tendance à vous sentir lésé. Ce sentiment risquant de vous peser beaucoup, il mérite que vous vous y attaquiez chaque fois qu'il se manifestera. L'impression de ne pas être pris au sérieux peut rendre très malheureux, quand bien même elle ne se base sur rien de concret. Usez et abusez du rouge dans votre garde-robe, chez vous et sur votre lieu de travail. Cela vous redonnera confiance en vous. De plus, commencez à surveiller vos biorythmes. Nous sommes tous susceptibles de tomber dans ce genre de piège toutes les deux semaines exactement depuis le jour de notre naissance. (Pour en savoir plus, lisez notre livre *Vivre en harmonie avec la lune.*)

Les titulaires de cette Signature sont si bien lotis en émotions qu'ils ne savent pas toujours qu'en faire. Comme ils détestent tricher, ils se rappellent de ces incidents toute leur vie. Le terme « tricher » s'applique à pas mal d'occasions en ce qui les concerne, y compris à la trahison et à l'abandon. Ces personnes feraient mieux de se concentrer sur leurs objectifs. Attendre les autres ne fera que les exaspérer. En effet, tout le monde n'a pas les mêmes exigences. Leur sens moral très développé dépasse la plupart des gens, au point quelquefois de leur être insupportable. La vie aux côtés d'un perfectionniste n'est pas toujours facile, loin de là.

Si vous êtes natif du Nord-Est-Ouest-Centre, le succès est au bout de la route. Peu importe que vous vendiez des voitures ou que vous jouiez Molière, que vous soyez toujours en tête des manifestations ou que vous exerciez le métier d'athlète, d'inventeur ou d'homme politique. Quoi qu'il arrive, vous avez beaucoup d'atouts en main. Chaque fois que vous choisissez un projet, vous le menez à bien. Si la satisfaction n'est pas toujours au rendez-vous, ce n'est pas dû à un complexe d'infériorité mais plutôt au sentiment de ne pas avoir fait au mieux. Rappelez-vous que tout le monde n'a pas votre chance. Lâchez donc un peu de lest. Appuyez-vous éventuellement sur une équipe (mais pas obligatoirement). Si c'est votre souhait, faites intervenir des collègues dont la date de naissance comprend le Sud (❼/❷).

Évidemment, le Sud ne peut pas tout faire. Il lui faut l'assistance d'une quantité d'autres compétences. Dans le cas précis, votre signe du Zodiaque pourrait vous être fort utile. En effet, les signes de feu (Bélier, Lion et Sagittaire) ne souffrent pas beaucoup d'un vide de Sud en raison de leur capacité à le compenser naturellement.

Dans la mesure où c'est vous qui mettez l'ambiance dans toutes les soirées, on vous invite un peu partout. Profitez-en pour regonfler votre Station Sud, ce qui vous redonnera un sentiment d'appartenance et vous aidera à ne plus vous dévaloriser. En revanche, lorsque sonneront les douze coups de minuit, vous devrez faire en sorte de ne pas jouer les Cendrillon. Vous êtes un grand perfectionniste et vous préférez la solitude à toute forme de compromis ? Parfait. Vous avez du cœur, vous êtes honnête et vous avez oublié d'être bête. Cela justifie amplement vos ambitions.

Nous vous conseillons d'utiliser le rouge de façon permanente pour remédier à vos angoisses. Cette couleur vous aidera à relever tous les défis et à accomplir votre destin. Nous aimerions tellement que vous y parveniez !

Le Nord-Est-Sud-Ouest

Toutes les portes vous sont ouvertes
Vos rêves peuvent se réaliser

Tant que tu rêves, tu vis.
Tant que tu vis, tes rêves te donnent de l'espoir.
Tant que tu espères, l'avenir ne te fait pas peur.
Ton avenir est entre tes mains.
Vis-le au lieu de le rêver.

Petra Heierhoff

Cette Signature correspond aux dates de naissance contenant les Chiffres ❻ et/ou ❶ – ❽ et/ou ❸ – ❼ et/ou ❷ – ❾ et/ou ❹

Quelques exemples de dates de naissance dont la Signature est le Nord-Est-Sud-Ouest : 8 juillet 1969, 12 septembre 1988, 8 avril 1976, 3 juin 1992, 13 février 1994, etc. Cette Signature a la forme d'un anneau.

Les quatre Points cardinaux ornent votre Signature. C'est magnifique ! Vous avez tout ce qu'il vous faut pour atteindre n'importe quel objectif. Nous espérons du fond du cœur que vous êtes conscient de votre chance. Si cela se trouve, vous avez déjà accompli de grandes choses ! Les titulaires de cette Signature réfléchissent, font des essais, bricolent un peu... et c'est parti ! Ils obtiennent des résultats incroyables sans faire d'histoires et considèrent comme normal ce qui dépasse complètement les autres. Il est fort agréable de travailler avec des gens dont l'assurance repose sur de la substance et de l'authenticité. Vous avez le profil idéal pour leur ressembler.

C'est une bonne chose que vous existiez. Cette Signature va prendre son temps pour apparaître au XXIe siècle et y faire naître des inventions, des chansons, des publications, des ouvrages littéraires et des progrès inimaginables. Quelles professions en sont typiques ? À peu près toutes.

Malgré toutes ces bonnes nouvelles, il y a tout de même un hic. C'est une question d'exigence. En effet, vous êtes si perfectionniste que vous avez quelquefois du mal à prendre une décision. Votre entourage n'a pas toujours la patience d'attendre que vous pesiez le pour et le contre. De plus, il arrive que vous vous mettiez très en colère lorsque les autres interrompent vos « rêves constructifs » à coups de remontrances. Plus rarement, votre mauvaise humeur se transforme en obstination caractérisée ou en vanité mal placée.

De manière générale, les personnes dotées de cette Signature ont plutôt bon caractère, ce qui les rend appréciables. Jamais rabat-joie, elles aiment bien s'amuser tout en gardant un œil sur les choses importantes de l'existence, un cocktail bien rare par les temps qui courent. Elles commencent souvent par passer quelques jours à rêvasser, donnant l'impression d'être au point mort. Toutefois, ce n'est qu'une apparence. En vérité, elles se concentrent et passent à l'action une fois qu'elles ont réfléchi absolument à tout.

C'est là que cette Signature peut se heurter à un petit problème. En effet, les enfants qui en sont titulaires prennent souvent un mauvais départ dans la vie car, de nos jours, tout doit aller très vite. À l'ère de l'informatique, « patience et longueur de temps » sont rarement de mise. Toutefois, la célèbre morale de La Fontaine n'en reste pas moins valable et ces enfants le savent bien. Si vous êtes de ceux-là, il est fort possible que vous soyez si doué que vous ayez du mal à vous y retrouver, ou que vos nombreux talents soient toujours en dormance. Le moment est venu de leur donner une chance de s'éveiller !

Le mot « impossible » ne fait pas partie de votre vocabulaire. Souvent, on n'apprécie les grands hommes qu'après leur mort. Ici, c'est différent. On va vous entendre de votre vivant. Il vous faudra du temps, mais vous y arriverez.

Aucune autre Signature n'est victime d'autant d'incompréhension. Pourquoi ? Parce que vous travaillez en silence et que vous n'ouvrez pas la bouche tant que vous n'avez rien à dire. Ce n'est pas tout le temps le cas, bien entendu. C'est surtout pendant les premières phases de votre projet que vous restez discret. Vous n'êtes pas du genre à en faire des tonnes, sans doute du fait de votre vide de Centre (⓪/⑤). Vous n'êtes pas seul à manifester ce manque par un certain mécontentement. Ce dernier est en général injustifié bien que vous ne l'entendiez pas de cette oreille. Vous vous sentez souvent incompris et vous avez besoin que vos proches vous prouvent leur affection. Un Centre fort donne une impression de chaleur. En ce qui vous concerne, vous aimeriez vous sentir à l'abri et bien entouré. Servez-vous du jaune pour remplir ce vide et retrouver le moral. Beaucoup de vêtements et de nourriture de cette couleur vous apporteront le calme intérieur. Vous pouvez également consommer des aliments doux ou sucrés puisque cette saveur correspond au jaune (à condition de ne pas en abuser bien sûr !).

Pour contrebalancer l'absence de Centre sur leur Roue, les natifs du Nord-Est-Sud-Ouest feront bien de passer énormément de temps en pleine nature à marcher, à cueillir des champignons, à photographier des fleurs, etc. Toute activité calme en relation avec la terre vous permettra de vous « planter dans le sol » et de vous recentrer. Pourquoi ne pas mettre des quantités de fleurs chez vous ou cultiver des herbes aromatiques sur votre balcon ou sur le bord de votre fenêtre ? L'important dans l'histoire, c'est que la présence de la nature autour de vous compense votre vide de Centre.

Nous espérons vivement vous avoir fait comprendre que, mieux que quiconque, les titulaires de cette Signature savent rêver. Ne négligez pas cet aspect de votre personnalité, car il vous mènera droit au bonheur.

12 L'ensemble des Points cardinaux

Le Nord-Est-Sud-Ouest-Centre

Toutes les portes vous sont ouvertes

L'homme est suffisamment équipé pour tous les vrais besoins terrestres, s'il fait confiance à ses sens et les développe de manière telle qu'ils restent dignes de confiance.

Johann Wolfgang von Goethe

Cette Signature correspond aux dates de naissance contenant les Chiffres ❻ et/ou ❶ – ❽ et/ou ❸ ❼ et/ou ❷ – ❾ et/ou ❹ – ⓪ et/ou ⑤

Quelques exemples de dates de naissance correspondant à cette Signature fort rare : 21 mai 1998, 17 octobre 1985, 23 octobre 1949, 8 décembre 1990, 19 mai 1978, etc.

On peut dire que vous avez gagné le gros lot. Il est rare que vous rencontriez une quelconque difficulté dans l'existence. Toutefois, quand cela vous arrive, c'est le résultat d'événements de votre vie, votre Signature abondant en talents multiples.

Une telle variété de Chiffres permet aux titulaires de cette Signature de choisir à peu près n'importe quelle profession, provoquant une telle indécision qu'ils ont du mal, jeunes, à sortir de l'impasse. C'est pourquoi il n'est pas rare qu'ils mettent du temps à trouver leur vocation.

Nous vous conseillons de remiser les considérations financières au second plan. Choisissez tout simplement ce qui vous plaît le mieux. De toute façon, vous réussirez, que vous décidiez de reprendre une entreprise ou d'un créer une, de devenir architecte ou d'écrire des livres. Vos nombreux talents n'étant pas distribués de manière équitable, mieux vaut vous fier à votre instinct. Si vous êtes dans le brouillard, testez autant de choses que possible et vous finirez bien par déterminer ce qui vous convient le mieux.

Pour commencer, rappelez-vous que le dernier Chiffre de votre année de naissance est celui qui a le plus d'importance. Si, par exemple, vous êtes né en 1962, il s'agira du ❷. Intéressez-vous donc aux professions décrites dans le tableau des pages 294-295. Si vous êtes né en 1963, l'Est dominera et vous orientera vers la musique ou les médecines alternatives.

Ensuite, notez bien qu'une seule Station peut contenir deux Chiffres, ce qui rend à peu près impossible de définir un Centre de gravité et de déceler un déséquilibre quelque part. Quoi que vous choisissiez, vous aurez toujours une chance de réussir.

Vous avez sans doute connu à l'école des enfants à qui tout semble tomber tout cuit dans le bec. Nous ne parlons pas de ces « premiers de la classe » qui ne savent pas travailler en équipe et qui deviennent soit des tyrans soit des béni-oui-oui, mais plutôt des élèves qui, sans faire grand-chose, se débrouillent toujours pour ne pas redoubler, quitte à ce que ce soit ric-rac. C'est bien le problème. Comme ils n'ont jamais à faire d'efforts, ils ont tendance à se barber et à ne faire attention à rien. Du coup, ils ratent des occasions et se font une réputation de perturbateurs, d'enfants « difficiles ». Heureusement, cela finit généralement par leur passer et, grâce à leur talent, ils rattrapent leur retard.

Il arrive aussi que ces élèves, toujours sans se fatiguer, obtiennent d'excellentes notes. Le jour où ils ont besoin de bachoter un peu, ils ne savent tout bonnement pas s'y prendre. Plus tard dans la vie, ils seront incapables de jongler avec leurs diverses obligations, qu'il s'agisse d'acquérir de nouvelles connaissances ou de respecter un calendrier bien rempli. C'est la raison pour laquelle les titulaires de cette Signature peuvent échouer dès lors que la pression monte. C'est là qu'entre en jeu la manière dont ils ont été élevés. La modération n'étant pas leur plus grand talent, ils risquent de gaspiller leur énergie sur le long terme.

Il y a des moments où, sans que l'on sache pourquoi, tout va de travers ou rien ne bouge (voir à ce sujet le chapitre 13). En général, ce phénomène est en relation avec les Chiffres composant la date du jour. Il est facile de s'entraîner à utiliser les énergies favorables d'une date donnée et à en maîtriser les côtés désagréables. Or, la Signature que nous sommes en train d'étudier n'est pas concernée puisqu'elle a déjà tout ce qu'il lui faut ! Par exemple, les personnes dont la Roue est vide de Sud (❼/❷) ont probablement su tirer parti de l'année 2007 et de ce qu'elle avait à leur apporter. En revanche, les gens dont le Centre de gravité se trouve au Sud (ou chez qui ce Point cardinal est dominant) ont eu tendance à tomber malades cette année-là.

Comme l'a écrit Shakespeare, « La tête qui porte une couronne ne repose jamais avec calme », ce qui est particulièrement vrai dans le cas précis. Nous sommes heureux pour tous les gens dotés de cette Signature, mais nous n'oublions pas qu'ils ont énormément d'opportunités à gérer ! Nous espérons vivement que vous saurez prendre du recul et garder le cap.

Si vous avez lu l'ensemble des pages qui précèdent, vous savez d'ores et déjà que chaque Signature a la possibilité d'optimiser son potentiel, à condition, bien entendu, qu'elle fasse l'effort de mettre à profit ses nombreux talents. Pour cela, il faut s'aimer et se servir du libre arbitre dont nous disposons tous. Nous espérons vous avoir dévoilé plus d'un secret. Nous aimerions vous faciliter l'existence et vous permettre de vous créer un avenir radieux. N'oubliez jamais de vous fier à votre instinct. Le Code, lui, vous aidera tout au long de votre chemin.

Quatrième partie :
Le Code dans la pratique

Les Signatures dans la vie de tous les jours

Dans la première partie de ce livre, nous vous avons exposé les principes de base du Code et présenté la Roue anniversaire. La deuxième partie nous a servi à vous décrire individuellement les Points cardinaux pour vous donner une idée des talents qui sont les vôtres. Dans la troisième partie, vous avez découvert votre Signature et les traits qui la caractérisent. À présent, nous allons vous parler du fonctionnement global du Code, de son utilisation dans la vie de tous les jours et de ses applications en matière de guérison.

Les descriptions des Signatures (troisième partie) vous ont donné une idée générale de ce que peuvent augurer les différentes combinaisons de Points cardinaux. Vous connaissez la dynamique interne de votre propre Signature ainsi que celle des membres de votre famille, de vos collègues, ou de qui que ce soit qui vous intérese. Ces informations peuvent également vous aider à cerner une personne avec qui vous ne vous entendez pas de manière à tenter de trouver un terrain d'entente.

Les trente et une Signatures de la Roue anniversaire vous ont sans doute familiarisé avec la vitalité et le dynamisme du Code. Vous avez constaté que chacun a quelques tâches bien particulières à accomplir. Tout cela vous a sans doute paru très nébuleux à certains moments mais, nous vous le garantissons, le jeu en valait la chandelle. C'est à vous de décider si nous avons rempli notre mission.

Il faut toujours un moment pour apprendre à se servir d'un nouvel outil et on rencontre forcément un certain nombre de problèmes au passage. C'est tout l'intérêt des notices d'utilisation, pas vrai ? À ce stade, ils est possible que vous ayez le sentiment que votre Code, ses Chiffres et sa Signature, vous caractérisent et vous enchaînent, comme si vous étiez génétiquement programmé pour une existence bien précise. Peut-être avez-vous cru reconnaître d'autres types de personnalité à qui vous attribuez, au pire, les mêmes traits immuables ? Si tel est le cas, vous courez le risque de vous perdre dans l'arbitraire le plus total en collant des étiquettes sur tout le monde, ou de vous abriter derrière une série de préjugés qui vous empêcheront de vous développer. Ne vous laissez pas aller à de fausses suppositions. Le Code doit vous servir à améliorer votre vie : intégrez-le à votre quotidien à votre propre rythme.

Nous espérons que la lecture du chapitre consacré à votre Signature vous a intéressé, un peu comme une nouvelle qu'un ami sincère aurait écrite sur vous pour vous aider. Nous sommes certains que vous avez poussé un certain nombre de « ah », que vous avez souri et discuté de tout cela avec votre entourage. Sans doute vous êtes-vous exclamé à un moment ou à un autre : « Tu vois, depuis le temps que je te le dis ! » ou « Enfin quelqu'un qui dit ce que je pense ! », ou même « Pas étonnant, avec ces Chiffres ! » Ces moments de découverte sont fréquents chez les nouveaux utilisateurs du Code : c'est d'ailleurs pour cela que nous avons eu envie d'écrire ce livre.

Jetez un coup d'œil à sa couverture et observez le cercle qui fait le tour de la Roue ainsi que la lumière émanant de son Centre. Vous voyez bien qu'il s'agit là d'une spirale dynamique, d'une œuvre d'art en mouvement qui ne cesse de se développer et de mûrir. Si la manière dont vous avez évolué vous déplaît sans que vous compreniez pourquoi, sachez que ce livre vous montrera le chemin du bonheur.

Le secret de la réussite ? Se connaître et savoir ce qui vous convient. Les hommes au cœur d'aigle sont à leur place dans l'air frais des montagnes, pas dans les bureaux climatisés où se complaisent les comptables qui, incapables de respirer en altitude, se délectent de l'atmosphère raréfiée et de la compagnie des registres couverts de chiffres. Beaucoup de gens ratent leur vie faute d'avoir eu le courage de suivre le parcours que les anges avaient dessiné pour eux. Personne ne donne du sens à son existence sans la petite étincelle de la foi. Qui ne désespérerait pas en lisant les journaux ? Il faut y croire pour s'en sortir et avancer sur la route de la connaissance.

Les aspects dynamiques de la Roue anniversaire

Ce livre vous invite à vous poser les trois questions suivantes :

Quels sont vos Chiffres et que signifient-ils ?

Quels sont les Chiffres qui vous manquent ?

Quelle est la marche à suivre ?

Puisque vous connaissez vos Chiffres ainsi que ceux qui vous manquent, plusieurs routes s'ouvrent devant vous. Vous pouvez vivre votre potentiel à fond et en tester toutes les possibilités. Vous pouvez également trouver une façon de compenser l'absence de certains Chiffres et en profiter pour partir à la recherche des terrains inexplorés de votre âme. Ainsi, vous enrichirez votre palette des couleurs lui faisant défaut et, en échange, vous recevrez un arc-en-ciel, gage de l'intégrité de votre esprit.

Bien sûr, une quantité d'autres choix se présentent à vous. Peut-être avez-vous l'impression que quelque chose vous manque (du fait de l'absence d'une Station) et que cela vous empêche d'être heureux ? Ou alors les Chiffres sont bien là mais vous avez oublié comment les mettre à profit, on vous a forcé à le faire ou vous avez pris peur. Or, il est quelquefois pire de posséder plusieurs Chiffres en jachère que de tirer parti du peu que l'on possède. Pourtant, vous disposez d'une quantité infinie de moyens de vous ouvrir, de mûrir et de devenir vous-même (ou d'ailleurs de résister à toute forme d'évolution). C'est à vous de prendre les bonnes décisions !

Servez-vous de votre libre arbitre pour contribuer au mouvement de la Roue et pour lui donner une chance de faire de votre Signature une œuvre d'art. Par ailleurs, nous aimerions vous exposer trois facteurs essentiels au dynamisme des Chiffres et de leur distribution au sein de la Roue.

Premier aspect dynamique : les Unités

Dans la première partie de ce livre, nous vous avons parlé des Unités. En avez-vous fait le total pour chacun de vos Points cardinaux ?

À ce stade, vous savez que ce total correspond à la somme des Chiffres concernés. Vous êtes également conscient du fait que plus de dix Unités risquent de se solder par l'hyperdéveloppement de la direction concernée, un point négatif ou positif selon les cas. Exemple : Vous êtes né le 9 mai 1979 et vous possédez deux ❾ à l'Ouest, pour un total de dix-huit Unités. En règle générale, un seul ❾ est signe de sens des affaires. Deux ❾, en revanche, peuvent mener à l'égoïsme et à l'entêtement. Autrement dit, le don pour les transactions financières peut se changer en avarice et en tendance à se cramponner aux gens et aux biens matériels.

Supposons que soyez né le 3 mai 1988 : votre Station Est totalise dix-neuf Unités. L'Est est certes le pays de l'empathie mais, avec autant d'Unités, vous vous exposez à être trop gentil et à négliger vos propres besoins. Au bout d'un moment, vous tomberez sans doute dans l'excès inverse et vous vous rebellerez contre toute forme d'exploitation en basculant dans l'égoïsme total à la douloureuse surprise de votre entourage. Du même coup, vous aurez dilapidé votre plus grand talent et vous deviendrez réservé et froid, enfermant votre empathie et votre compassion dans un coffre-fort connu de vous seul. Pour l'en sortir, vous devrez apprendre à faire usage de modération. « Aime ton prochain comme toi-même » invite les gens comme vous à trouver un juste équilibre. En résumé, si l'un de vos Points cardinaux totalise plus de dix points, vous allez devoir vous garder d'en faire trop.

En conséquence, il est crucial d'éviter les dates de naissance comprenant deux fois le même chiffre en cas d'accouchement programmé par césarienne, technique très utilisée de nos jours. En effet, le bébé, non content de se trouver accablé du poids d'un Point cardinal hyperdéveloppé, aurait également à compter avec une quantité d'attentes de la part de ses parents au lieu d'accepter sa Signature sans se poser de questions. Quel que soit le Code qui en découle, nous vous conseillons de considérer n'importe quelle date comme un cadeau du ciel.

Deuxième aspect dynamique : les différences entre les Chiffres

Réfléchissons à présent aux différences existant entre les deux Chiffres d'une même Station. Nous allons prendre l'exemple de plusieurs dates de naissance et esquisser la Roue anniversaire de chacune d'entre elles. En observant ces dessins, vous verrez tout de suite qu'elles forment toutes quatre la même Signature, Nord-Est-Centre.

Toutefois, le ⓪ et le ⑤ n'ont pas la même signification : le ⓪ donne un accès direct à toutes les autres Stations, tandis que le ⑤ est symbole d'amour de la nature. Tout cela vous est expliqué dans la deuxième partie de ce livre ainsi que dans les précédents chapitres. De la même manière, les Chiffres allant de ❶ à ⑤ sont porteurs d'énergie masculine et ceux allant de ❻ à ⓪, d'énergie féminine. Gardez toutes ces subtiles différences à l'esprit lorsque vous étudiez une Signature.

Bien que le 1ᵉʳ mai 1966 et le 10 mai 1955 possèdent toutes deux la Signature Nord-Centre, ces dates sont à l'origine de caractères et de talents très différents. Pourtant, leur direction générale reste la même. La formation de Centres de gravité différents est d'autant plus évidente que seules deux ou trois Stations sont occupées, limitant la quantité de Chiffres disponibles à quatre ou six. La distribution des énergies des Signatures simples saute aux yeux.

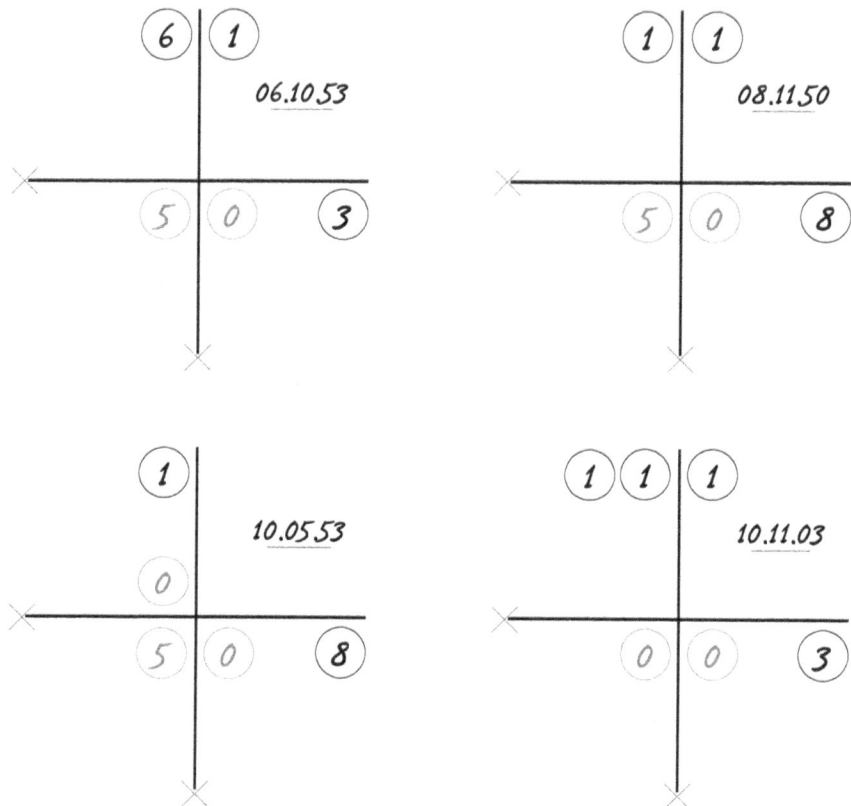

Quant à celle des Signatures quadruples ou plus, elle se fait de façon à peu près équitable. N'oubliez pas de prendre ces données en compte.

Troisième aspect dynamique : les Centres de gravité

Le troisième aspect donnant de l'élan à une Signature réside dans l'importance relative des Chiffres qui la composent. Nous allons prendre quatre autres dates de naissance en exemple. Cette fois, leur distribution et leur Signature sont exactement les mêmes.

Le Code dans la pratique – 249

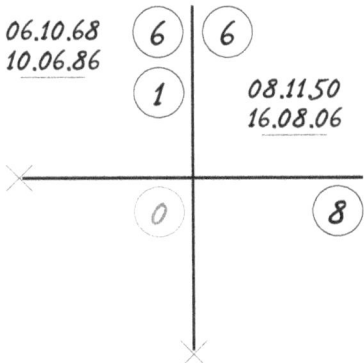

En observant la figure ci-dessus, vous verrez que les dates choisies forment une Signature très orientée au Nord, deux ❻ totalisant douze Unités (plus de dix, donc). Toutefois, un Point cardinal très accentué n'est pas nécessairement excessif pour autant. Ainsi, si l'on prend le 10 juin 1986, on constate que le Nord prédomine grâce au ❻ correspondant à l'année. Mais dans le cas du 10 juin 2008, le pouvoir change de place : le ❻ venant du mois, l'année se termine en ❽. En conséquence, l'enfant concerné sera plus émotif. Bien entendu, cela influera sur son avenir et sur ses choix de carrière (musique, médecine alternative). Soulignons également que, les deux personnes choisies étant toutes deux nées sous le signe du Cancer, elles auront également des traits de caractère typiques de ce signe, comme une grande sensibilité par exemple.

De manière générale, on part du principe qu'un ❻ représentant la date du jour aura moins d'impact qu'un ❻ venant de l'année. Cette dernière ayant plus de poids, on doit s'attacher à développer le Point cardinal correspondant dans la mesure où il est porteur de plus d'énergie et de pouvoir que les autres. Une personne née le 26 janvier 1978 n'ayant pas intégré le caractère visionnaire du ❻ dans sa vie en souffrira moins qu'une autre, native du 24 mars 1976. Toutefois, n'oubliez pas la chose suivante : tout bien considéré, s'il est développé avec amour, mieux vaut un ❻ venu de votre jour de naissance qu'un autre ❻, paralysé et desséché, issu de votre année de naissance. Vous ne cesserez de le constater : les Signatures sont des œuvres d'art en mouvement qu'il est impossible de toujours interpréter de la même façon.

Sachez par ailleurs que l'importance du Centre de gravité et le poids de l'année de naissance expliquent que les anniversaires spéciaux (ceux des cinquante, des soixante-dix ou même des cent ans) soient autant célébrés. En effet, la personne concernée a l'impression que c'est « son » année, et elle garde une certaine affection pour ce fameux jour tout le reste de sa vie.

Nous n'avons pas choisi tous ces exemples pour vous plonger dans la perplexité (même si presque tout le monde passe par ce stade les premiers temps). Vous allez de mieux en mieux interpréter les Signatures et comprendre votre entourage. Un jour, vous serez capable de déceler toutes les subtilités inhérentes au Code personnel de quelqu'un. À force d'étudier des Roues anniversaires, vous en connaîtrez toutes les facettes. C'est en forgeant qu'on devient forgeron !

Comment cultiver au mieux les possibilités que vous offre votre Roue ? Même si vous approchez des quatre-vingts, des quatre-vingt-dix ou même des cent ans, rien ne vous empêche de prendre un nouveau départ. Penser le contraire est le fait d'une grande paresse de l'âme et d'une tendance à la justification, cette habitude des plus destructrices. Il est bien évident que ce livre ne vous expédiera pas au paradis d'un jour à l'autre, surtout si cela fait quarante, cinquante ou soixante ans que vous fermez la porte à votre instinct. Cependant, quelle que soit votre situation actuelle, vous pouvez toujours vous livrer à une petite méditation quotidienne sur le thème du « Que se passerait-il si je… ». Ce petit jeu d'imagination, en vous faisant réfléchir à ce qui arriverait si vous laissiez s'exprimer vos talents, donnera forcément des résultats. Il fera jaillir la petite étincelle qui vous a manqué jusqu'ici. Il n'est jamais trop tard.

Les informations que nous vous avons fournies peuvent vous servir de programme nutritionnel. Supposons que vous soyez mince, en bonne santé, en forme et heureux. Pourquoi diable auriez-vous besoin de conseils en termes d'alimentation ? Eh bien, disons que cela vous permettrait de continuer à faire ce qu'il faut, quitte à y mettre un peu plus de discipline. D'autre part, il se peut que vous ne vous sentiez pas bien et que rien de ce que vous avez tenté n'ait fonctionné. L'effet yoyo est en train de vous démolir. Vous retombez toujours dans le même piège. Peut-on dire que vous jouez les « boulimiques » ? Quoi qu'il en soit, donnez donc à votre intuition une chance de vous montrer le chemin.

Il est possible que le Code constitue la première étape de votre voyage. Tout d'un coup, vous allez vous mettre à mieux communiquer avec vos enfants car vous les comprendrez mieux, et vos relations s'amélioreront.

Nous vous avons expliqué comment combler les vides de votre Roue, compenser l'absence de certains Chiffres et conquérir des espaces inconnus. Même si vous vous estimez globalement heureux, ces connaissances vont vous aider à comprendre votre conjoint, vos enfants et vos contemporains. Deux citations populaires sont particulièrement adaptées à l'influence des Chiffres : « Qui se ressemble s'assemble » et « Les contraires s'attirent ». Paradoxalement, il n'y a pas là de contradiction.

Des Signatures totalement opposées peuvent s'avérer parfaitement complémentaires, pour le grand bien de tous. C'est ce qui se passe quand, par exemple, une personne de l'Est agréable et prompte à se lier d'amitié avec ses clients ouvre un commerce en association avec un natif de l'Ouest, qui fera en sorte que les comptes ne soient jamais dans le rouge. Attention, il ne faut surtout pas que l'un des partenaires essaie d'imiter l'autre. Imaginons le cas d'une petite société : le comptable (titulaire d'un ⑨ ou d'un ④) se met tout d'un coup en tête de faire du commercial alors qu'il n'a ni Station Est ni ⓪. Il est possible qu'il y arrive, mais au prix de quelques moments difficiles.

Des Signatures similaires peuvent également entrer en parfaite harmonie, voire en osmose. Toutefois, elles risquent de se renforcer mutuellement au point de ne plus rien faire du tout. Ainsi, toutes deux assaillies par la crainte, elles auront tendance à rester paralysées alors qu'un profil différent pourrait encourager son ou sa partenaire à élargir ses horizons. Pas de problème si cette situation convient aux personnes concernées. L'ennui, c'est que, si l'une des deux parties reprend sa liberté après des années d'immobilisme, il y a peu de chance que l'autre le voie d'un bon œil.

Que faire si vous ne vous reconnaissez pas dans votre Signature ? Ne soyez pas dupe. Il existe une quantité de façons de gérer d'apparentes contradictions. Supposons par exemple qu'une personne soit devenue un génie des mathématiques ou qu'elle ait fondé une entreprise d'informatique sans Station Ouest. Ou encore qu'un grand musicien ne possède ni ❽ ni ❸ dans sa date de naissance. Ou encore que la Roue d'un fermier féru d'agriculture biologique n'ait pas de Station Centre.

Les exemples de contradictions ne manquent pas. Très souvent, les gens concernés ont eu, dès leur plus jeune âge, peur de perdre le contrôle. Du coup, ils ont instinctivement compensé l'absence de certaines Stations en choisissant leur métier (c'est normal puisque, après tout, ce sont eux qui commandent, pas vrai ?). En agissant ainsi, ils ont, enfants, comblé les vides de leur Roue. Quelquefois, d'autres personnes (parents, médias, professeurs, camarades) les y ont encouragés. Ou alors ils ont eu la chance de disposer d'un ⓪, le Chiffre qui permet de remplacer n'importe quelle Station.

En vous penchant sur le cas de ces gens, vous constaterez que leurs propres Chiffres sont souvent en relation avec leurs passe-temps. Ou encore qu'un P-DG dépourvu de Station Ouest mais titulaire des Chiffres ❽ et ❸ deviendra un patron particulièrement humain, qui pensera à créer une crèche pour les enfants de ses employés par exemple. Il compensera l'absence de ❾ et de ❹ en embauchant des collaborateurs orientés Ouest. Peut-être un fou de travail dont le Centre de gravité est à l'Ouest, jamais chez lui avant 22 heures, trouvera-t-il l'équilibre en se promenant régulièrement en forêt, en faisant pousser des fleurs sur son balcon ou en cultivant des herbes aromatiques.

Comme vous le voyez, les contradictions apparentes entre l'image que l'on se fait de soi et les attributs de sa Signature disparaissent dès qu'on s'y intéresse de près.

Les Signatures des enfants

On nous demande souvent comment gérer les Signatures des enfants. Nous avons d'importantes recommandations à vous faire en la matière. Il est bien évident qu'il faut les encourager à exprimer leurs talents et à s'intéresser à beaucoup de choses. Dans le grand orchestre des âmes bien intentionnées de la planète, chacune devrait jouer de l'instrument qui lui plaît. C'est la condition *sine qua non* pour que le résultat soit parfaitement harmonieux.

Lorsque l'on a plusieurs enfants aux Signatures différentes, ils est crucial de favoriser leur individualité de sorte qu'ils n'aient pas l'impression de ne pas être à la hauteur. Ne mettez jamais en parallèle la réussite de l'un et l'échec de l'autre. Même si les bulletins scolaires ne se ressemblent pas, ne faites jamais croire à un enfant qu'il ne vaut rien. Certains ont besoin de temps pour se lancer, contrairement à leurs camarades. Il y a ceux pour qui il est important d'être bon élève, et ceux qui s'en moquent ou qui ne voient pas le succès sous cet angle. Ceux qui apprennent vite, et ceux qui retiennent longtemps leurs leçons. Et j'en passe.

Grâce au Code, dans l'idéal, les parents devraient apprendre à diriger un orchestre dont ils apprécieraient la diversité. Imaginez-vous un guitariste en train de dire au batteur : « Je joue bien mieux que toi ! » ? Bien sûr que non. On ne peut comparer deux instruments aussi différents. Ils ne produisent pas les mêmes sons. Pourtant, lorsqu'ils jouent, l'ensemble qu'ils forment est supérieur à la somme de leurs talents. De la même manière, aucune Signature n'est supérieure à une autre. Ce qui compte, c'est que chacun fasse de son mieux pour créer un morceau harmonieux, pour le bien de tous. Le Code constitue un merveilleux outil aux mains d'un chef d'orchestre. Ce dernier doit encourager l'esprit d'équipe tout en valorisant les différences de chaque individu.

En musique, rien n'est plus important que le tempo. Les petits enfants devraient beaucoup jouer avec leurs couleurs, et les plus âgés se voir offrir des lectures adaptées à leur Signature et susceptibles d'éveiller leur intérêt. Nous vous conseillons également de discuter avec vos enfants lorsqu'ils vous accusent d'injustice : en effet, vous devez les traiter de manière différente selon leur âge, leurs capacités et les choses qui les passionnent. Cela ne pose généralement pas de problème en cas de grande différence d'âge. En revanche, quand deux ou trois ans séparent deux enfants, c'est plus difficile. Un jour, nous avons expliqué à notre cadet qu'il aurait le droit de veiller aussi tard que son aîné s'il faisait les mêmes devoirs. Cela l'a aidé à comprendre pourquoi on le mettait plus tôt au lit.

N'oubliez pas de vous intéresser aux Stations vides de vos enfants. Il est assez facile de compenser leur absence en s'aidant des suggestions de la deuxième partie de ce livre. Que se passe-t-il ? Qu'est-ce qui manque à l'appel ? La vitalité du Sud ? L'adaptabilité de l'Est ? L'équilibre du Centre ? La volonté et le sain égotisme de l'Ouest ? La pléthore d'idées du Nord ? Qu'à cela ne tienne ! Le Code vous aidera à offrir à vos enfants un bon départ dans la vie. On ne s'y prend jamais assez tôt.

La petite histoire de Johanna

Après la naissance de mon premier fils, j'ai profité de mon congé de maternité pour donner des cours particuliers à des enfants du voisinage, des gamins qui avaient souvent des problèmes d'apprentissage et ne parlaient pas allemand. Je me rappelle un petit bonhomme de onze ans qui, la première fois où nous nous sommes vus, a passé son temps à faire les cent pas devant la fenêtre en grommelant : « Quand j'aurai dix-huit ans, je tuerai tout le monde. » Après plusieurs secondes de stupéfaction, j'ai compris qu'il fallait faire quelque chose, et tout de suite. Le père de cet enfant, universitaire dans son pays, faisait énormément pression sur lui pour qu'il réussisse. Seulement voilà : il ne tenait compte ni de ses talents, ni de sa Signature, ni de son état d'esprit. Le petit garçon parlait très mal allemand et ne recevait aucun encouragement à l'école. Chez lui, il livrait une bataille perdue d'avance et se préparait à redoubler. Bien sûr, d'une certaine façon, ses professeurs avaient « raison » de le laisser échouer. Le père aussi, et lui aussi. Alors, que faire ?

En principe, pour travailler avec les enfants, je préfère me servir de leurs biorythmes (voir notre livre Vivre en harmonie avec la lune[1]*). Généralement, ils progressent très vite, ce qui leur permet de ne plus se sentir surmenés et de réussir à l'école, souvent pour la première fois. Dans le cas précis, c'était impossible. En effet, je ne connaissais ni sa date de naissance, ni ses biorythmes, ni son Code. Je savais seulement qu'il était né en 1974. Cela m'a beaucoup aidée. Ce petit garçon avait soif de succès et énormément de caractère.*

---

1. Johanna Paungger et Thomas Poppe, *Vivre en harmonie avec la lune. Santé et rythmes naturels*, Guy Trédaniel Éditeur, 1999. (NdT)

La patience n'était pas son point fort mais, sous ses apparences haineuses, il était capable de donner beaucoup d'amour. Pour développer ses Stations Sud et Ouest, je lui ai enseigné pas mal de choses sur le terrain, le plus souvent en plein air et à l'aide d'exemples pratiques. Nous avons fait des maths avec des moitiés de pommes ! Grâce au Code, j'ai empêché la résignation de cet enfant de se changer en rage.

Qui n'a jamais été confronté à de tels comportements ? Des enfants épris de liberté deviennent agressifs envers leurs parents parce que ces derniers essaient de les couver. On ne devrait pas toujours plaindre les enfants dont les parents travaillent : cela convient très bien à certains d'entre eux. Inversement, il arrive que des gamins en manque d'affection se rebellent contre une famille négligente et finissent par adhérer à n'importe quelle communauté censée leur offrir l'harmonie.

De nombreux groupes d'extrême gauche ou d'extrême droite, tout comme les sectes, ne doivent leur existence qu'au fait qu'ils exploitent de merveilleuses qualités humaines : l'envie d'être ensemble et de se sentir en de bonnes mains. Pas grand-chose ne les différencie, sinon l'idée que s'en font leurs dirigeants. Les étiquettes politiques servent avant tout à masquer un mode de fonctionnement à peu près universel.

La solution ne consiste pas à se plaindre ni à se justifier constamment. Une seule porte de sortie : la satisfaction qui vient de l'intérieur. Apprenez à assumer vos responsabilités. Prenez votre destin en charge. Le Code vous y aidera.

Pourquoi est-ce si important pour moi de vous parler de tout cela ? C'est parce que la terreur et la guerre ne sont rien d'autre que des formes de rébellion contre l'injustice, à petite ou à grande échelle, que cela concerne un individu ou une nation. Juste après qu'une iniquité a été commise, tout le monde se moque de savoir pourquoi une personne ou un groupe de gens décide de réagir. Aveuglés par les symptômes, les médias se concentrent sur l'aspect spectaculaire des émeutes et autres réactions dues à la terreur. En conséquence, ils ne montrent pas la situation comme ils le devraient et s'écartent du sujet. Vu ainsi, il est normal que le reste du monde veuille faire cesser de telles exactions. Personne n'a une chance de gagner. Des générations et des générations se préparent à souffrir.

Les personnages politiques prétendant « lutter contre le mal » au lieu de s'attaquer aux racines de l'injustice sont dangereux. Ils ne s'intéressent qu'aux votes et aux titres. Ils font bien plus de mal que les prétendus « méchants ». Nous nous exposons à de grands risques en laissant délibérément les gens dans l'ignorance de sorte qu'ils croient à des mensonges et élisent ces politiciens. Faute de voir ce qui se passe, de nous rendre compte que nous récoltons ce que nous avons semé, nous continuons à refuser d'assumer nos responsabilités et nous ne serons jamais libres. La liberté et la dignité n'ont rien à voir avec des frontières ou des biens matériels : c'est juste une question de courage. Le Code peut nous aider à vivre la vie à laquelle nous sommes prédestinés. Nous avons tous besoin de modifier nos routines mentales pour mettre fin à l'injustice et à l'exploitation. Commençons par nous intéresser à notre propre cas, ce sera déjà pas mal. Vous, par exemple : les Chiffres de votre Roue vous disent exactement par quel bout vous y prendre et quels amis choisir (ceux dont la Signature sera complémentaire à la

> *vôtre). En agissant ainsi, tous, enfants et adultes, nous remplacerons notre agressivité par du contentement.*
>
> *« On ne prête qu'aux riches. » Quel proverbe déprimant ! Mais rien ne vous oblige à y adhérer. Nous avons tous une arme secrète, qu'il nous appartient de choisir d'utiliser. Si nous prenons le chemin du bien, le monde suivra. J'en suis absolument certaine. Croyez-moi et joignez-vous à nous !*

Les Chiffres du siècle et du millénaire

Bien que les Chiffres du siècle et du millénaire d'une date de naissance ne jouent qu'un rôle secondaire dans les Signatures, nous vous avons promis de vous en dire quelques mots. En effet, ces Chiffres ont plus d'impact sur la destinée de l'humanité que sur celle de chaque individu.

Réfléchissons un peu. Avez-vous remarqué que les deux guerres mondiales ont commencé dans l'indifférence de l'Ouest (1914 et 1939) pour se terminer dans la compassion de l'Est et l'équilibre du Centre (1918 et 1945) ? Les énergies du ❶ et du ❾, dans leur expression la plus négative, ont certainement contribué a donner au xxe siècle une image belliqueuse. Leur côté obscur a été cause d'agressivité, de désir de se faire respecter quoi qu'il arrive, de pollution de l'environnement et de l'esprit, d'égotisme, de dépendance affective et d'accoutumance. Dans un journal allemand, la journaliste Ricarca Winterswyl a écrit un article (publié le 20 avril 1991) qui disait ceci :

> « Les citoyens deviennent de plus en plus dépendants de services sur lesquels ils n'ont aucune influence et d'experts qui leur disent comment vivre. Leurs compétences innées suffoquent sous le poids des réglementations et des instructions. Résultat : les adultes manquent autant d'autonomie que des enfants. On le leur permet et on les y encourage. Ils ne croient plus ni en eux-mêmes, ni à

l'avenir, ni à l'existence et au don qu'elle a de se réguler d'elle-même. »

Mais que nous réserve le XXIe siècle ? Avant toute chose, de l'espoir ! Le ② et le ⓪ symbolisent la chaleur, l'équilibre et l'harmonie. Ils parlent de renaissance, de nouveau départ, de retour au Centre. Aux alentours de 2030, les enfants nés en 2000 vont commencer à réparer ce que leurs aînés ont détruit. Le pouvoir insidieux d'un XXe siècle centré sur lui-même (❶ et ❾) va céder la place à des Chiffres (❷ et ⓪) capables de mettre en jeu des énergies très disparates. Grâce à eux, les enfants qui viennent de naître vont régler les problèmes créés par leurs parents et leurs grands-parents. La paresse et l'inertie mentale de la société de consommation vont disparaître au profit de quelque chose de mieux. La mondialisation, au lieu de symboliser la froideur et l'exploitation, va se muer en coopération harmonieuse et en célébration d'un monde multiracial.

Les millénaires influencent lentement mais sûrement l'humanité. C'est pourquoi il faudra un moment pour que les effets bénéfiques du ❷ et du ⓪ se fassent sentir. Toutefois, les bases d'un retour à la raison sont d'ores et déjà posées. Les traquenards et les fausses promesses des politiques vont être percés à jour. On accordera plus de valeur à la responsabilité individuelle. La frénésie de consommation va se calmer. On va se concentrer sur de vraies valeurs. Comme nous l'avons déjà dit, cela ne se fera pas en un jour. Ceux d'entre nous qui sont à cheval sur deux siècles peuvent s'y atteler immédiatement. Sans dire un mot, contentons-nous de tourner le dos aux pessimistes qui prétendent qu'on ne peut changer les choses tout seul. C'est faux. Chaque personne peut faire progresser le monde dans le bon sens et exercer sur lui une considérable influence. Prenez le cas de Gandhi. Combien d'hommes aussi remarquables que lui se préparent à faire leur apparition ?

Le Code et la géographie

Pour compléter les quelques conseils que nous venons de vous donner sur l'utilisation des Signatures dans la vie courante, nous aimerions dire quelques mots sur un sujet dont nous avons eu l'occasion de vous parler plus haut : la géographie. Chaque scission de nation homogène, chaque disparition de frontières entraîne nécessairement des bouleversements politiques et humains mettant à mal cet organisme vivant que constitue un pays. L'identité que l'on se forme en tant qu'habitant d'une ville ou d'un pays a beaucoup plus d'importance qu'on ne le pense généralement. Des traits de caractère spécifiques se développent, comme le remarquent souvent les voyageurs sans bien se l'expliquer.

C'est principalement pour cette raison que les personnes changeant volontairement de culture (quelle qu'en soit la raison) n'ont aucun mal à se sentir chez elles dès qu'elles parviennent à assimiler de nouvelles coutumes, de nouvelles traditions, une nouvelle façon de manger, etc. En revanche, les gens qui s'aggrippent obstinément à leur ancienne culture se sentent inévitablement déracinés et abandonnés.

Ainsi, par exemple, la partie est de l'ex-Allemagne de l'Ouest a dû accepter de se retrouver au centre de l'Allemagne après la chute du mur de Berlin. Du coup, elle a été nantie de la couleur jaune et des Chiffres ⓪ et ⑤. De la même manière, il n'a fallu qu'un coup de crayon pour que le sud du Tyrol devienne une province du Nord de l'Italie à la fin de la Première Guerre mondiale et hérite des Chiffres ❻ et ❶. Aujourd'hui encore, nombre de citoyens de cette région ne se considèrent pas comme des Italiens. Nous espérons vivement que ce livre vous aidera à comprendre ce que vos appartenances géographiques signifient réellement pour vous et l'impact qu'elles ont sur votre vie. Intéressez-vous à cette dynamique, vous ne le regretterez pas.

Voici quelques exemples pour vous montrer comment procéder.

Supposons que la famille Onsenva déménage d'un endroit de France à un autre : disons qu'elle quitte Lille pour s'installer à Marseille. La façon dont elle va s'adapter à son nouvel environnement dépend de beaucoup de choses. Il est important de réfléchir aux aspects géographiques de la Roue anniversaire et à l'influence des Points cardinaux sur la Signature des personnes concernées. Nombreux sont ceux qui sous-estiment la manière dont évolue un sentiment d'appartenance, ses facteurs déterminants et les raisons pour lesquelles il met du temps à se développer (si tant est qu'il y parvienne).

L'un de ces critères correspond à l'endroit où l'on vit. Il s'avère parfois plus problématique de déménager du nord au sud de la même ville que de quitter le nord d'un continent (la Suède par exemple) pour le nord d'un autre (le Canada). Ce n'est pas par hasard si les Onsenva ont décidé de partir à Marseille, que d'autres choisissent le Pays basque et que les retraités abandonnent Paris au profit de la Côte d'Azur.

Si un déménagement peut représenter un grand moment pour n'importe quelle famille, cela peut également revenir à tomber de Charybde en Scylla. Il se peut que l'on souhaite inconsciemment échapper à l'énergie du Nord en partant vers le Sud. L'ennui, c'est qu'en s'installant dans la partie nord d'une ville méridionale, on ne fait que reproduire le même schéma. Si les Onsenva s'installent dans un quartier nord de Marseille, il ne leur faudra sans doute que quelques mois avant de ressentir un irrésistible besoin de bouger. Si, toutefois, ils se renseignent méticuleusement sur les énergies de la Signature géographique de Marseille et choisissent leur lieu de vie en conséquence, ils ne manqueront pas de trouver ce sentiment d'appartenance qui leur fait défaut.

Les implications de la Roue anniversaire vont très loin : du continent au pays, de la région à la ville, d'une maison à une autre. Il est possible que vous adoriez vivre dans le quartier est de votre ville mais que, votre chambre ou votre bureau se trouvant dans la partie ouest de votre maison, vous ayez du mal à vous y sentir chez vous.

De la même manière, si votre date de naissance contient beaucoup de ❸ et de ❽, il vaudrait sans doute mieux que vous évitiez l'est de votre ville (de même que celui de votre pays). S'il vous est impossible de déménager, faites au moins en sorte de ne pas mettre votre bureau ou votre chambre dans la partie est de votre maison. Les mêmes règles s'appliquent à tous les autres Chiffres.

En allant encore un peu plus loin, on s'aperçoit que, même si une pièce se trouve au bon endroit, l'endroit où l'on s'y tient a également son importance. Si, par exemple, votre Centre de gravité est très nettement positionné au Nord, vous risquez d'avoir du mal à dormir dans la partie nord de votre chambre. Tous ces exemples montrent bien qu'on peut utiliser les Chiffres de nombreuses façons pour trouver le bonheur. Quelquefois, il suffit de déménager de l'autre côté de la rue pour retrouver un sommeil réparateur.

Il est tout à fait possible que la famille Onsenva ait choisi le bon endroit pour se réaliser. Nous le lui souhaitons, ainsi qu'à toute personne qui ose faire ce grand pas. N'oubliez pas, toutefois, que changer votre lit de place peut régler une quantité de problèmes !

Le pouvoir de la date du jour

Autrefois, on se servait de l'énergie des Chiffres et des Stations dans de nombreux domaines de la vie personnelle et professionnelle. Nous aimerions vous présenter quelques situations qui vous permettront d'engranger de l'expérience. Même si nos recommandations ne vous paraissent pas avoir un intérêt immédiat, elles vous donneront une idée générale de la manière d'utiliser le Code.

Votre Signature est très axée sur l'Est (❽/❸) ? Dans ce cas, méfiez-vous du bois les jours en ❽ ou en ❸. Si un fermier décide, malgré tout, de travailler avec du bois, il doit se faire accompagner par une personne dotée d'un ❾ ou d'un ❹, se montrer très prudent et porter un équipement de protection (casque, chaussures de sécurité, gants, etc.) car il risque de se blesser. Les orages survenant les jours en ❽ ou en ❸ font en général plus de dégâts que les autres jours.

Que se passe-t-il quand la date du jour contient un ❼ ou un ❷ ? C'est simple : les personnes dont le Centre de gravité se trouve au Sud doivent faire attention à ne pas se surmener. Ce n'est pas le moment de livrer quelque chose ou de faire des centaines de kilomètres en voiture. Mieux vaut éviter les excursions en montagne et autres entreprises hasardeuses. Il est également déconseillé de travailler en plein soleil. Autrefois, on conseillait aux gens du Sud de se mettre à l'ombre ces jours-là pour éviter les insolations. Les enfants étaient encore plus surveillés. Si, de plus, la lune se trouve en Lion, le pouvoir des Chiffres se trouve décuplé, la Lion étant le signe du Zodiaque le plus « sec » et le plus ardent. Les pompiers doivent se montrer extrêmement prudents. D'ailleurs, les sinistres dus au feu sont plus dévastateurs, ce dernier prenant plus vite et se propageant à toute vitesse. Attention aux feux de camp ! La plupart des incendies de forêt partent en juillet (❼), pas en août, et ils ravagent tout sur leur passage.

Les jours en ❾ ou en ❹, les personnes de l'Ouest doivent éviter de se livrer à des réparations dangereuses sur des machines et déléguer ce genre de travail à quelqu'un doté du ❻ ou du ❶. C'est ainsi qu'on a, dans le passé, évité de graves accidents industriels. On n'inaugurait jamais une nouvelle machine un jour en ❾ ou en ❹ alors que, les autres jours, les titulaires de l'Ouest étaient toujours les bienvenus, même pour les tâches manuelles.

Les jours Nord (ceux qui contiennent un ❻ ou un ❶), les personnes du Nord embarquées sur un bateau doivent laisser la barre à un collègue. Mieux vaut également éviter de faire de la voile ou de la plongée. La plus grande prudence est recommandée aux spéléologues. Globalement, le ❻ et le ❶ symbolisent le froid et l'humidité. C'est la raison pour laquelle beaucoup d'inondations ont lieu en janvier et en juin.

Que dire d'une date contenant essentiellement des ⓪ et des ⑤ ? C'est le moment de prendre soin de son argent (ou de celui des autres) sans essayer de s'enrichir (surtout si votre Signature est axée sur le Centre). En effet, trop de Centre risque de vous rendre au mieux arrogant et avare, et, au pire, de vous faire tomber malade.

C'est avec plaisir que nous vous avons donné des exemples de Signatures dans les deuxième et troisième parties de ce livre. À présent, c'est à vous de vous mettre au travail pour en distinguer l'idée générale, la dynamique, la couleur et les détails. Nous espérons que ce chapitre vous y aura aidé.

Retrouver la santé et la conserver grâce au Code

Guérir les gens et les aider à conserver la santé est certainement l'un des arts les plus nobles qui existent. Autrefois, les guérisseurs, shamans et hommes-médecine étaient tenus en haute estime. Ceux d'entre nous qui gardent les yeux ouverts savent que ce respect est souvent et à juste titre toujours de mise. Toutefois, hélas, les hommes en blanc ont considérablement modifié leur façon de fonctionner du fait de l'arrivée explosive d'une certaine forme d'acquisition des connaissances : aujourd'hui, on accorde plus d'importance aux outils de soin en eux-mêmes qu'aux résultats durables de leur utilisation.

Cela fait des décennies que l'industrie pharmaceutique essaie de nous faire croire que la santé est son affaire et celle de personne d'autre. Elle tente de prendre la place qu'occupait autrefois l'Église en s'arrogeant le monopole des outils de guérison pour prendre le pouvoir et créer de la dépendance.

Les vraies techniques de guérison (celles qui se basent sur la conscience et sur l'élimination des causes d'une maladie) ont dû faire un pas en arrière ou même entrer dans la clandestinité. Cela rend bien service à la médecine classique, celle qui ne s'attache qu'aux symptômes et s'estime heureuse de supprimer un mal de tête ou de retirer des amygdales, uniquement préoccupée par les médicaments, les machines, les rayons X, les injections et les vaccinations.

Petit à petit, une nouvelle génération de vrais guérisseurs, bienfaiteurs de l'humanité, entre en scène grâce au ❷ et au ⓪ du nouveau millénaire. Toutefois, vous aussi, cher lecteur, avez droit à la réussite et à la vitalité. Ce n'est pas parce que vous n'avez pas grandi avec les connaissances décrites dans ce livre que vous devez vous en passer.

Il n'est pas question de prétendre que la Roue anniversaire constitue une panacée. Si le corps décide de guérir, il ne faut pas grand-chose pour faire pencher la balance du bon côté. Toutefois, s'il n'a pas confiance en son capitaine (vous, autrement dit), il entamera une descente en vrille. Nous vous avons d'ores et déjà communiqué une quantité d'informations et il nous faudrait un livre entier pour entrer dans le détail. C'est pourquoi nous avons décidé de nous contenter de clore ce livre par quelques idées intéressantes. Nous vous garantissons que nos astuces fonctionnent et qu'elles n'ont pas le moindre effet indésirable !

La petite histoire de Johanna

À l'âge de quinze ans, j'ai décidé de quitter la ferme et de partir pour Munich. Je voulais apprendre, apprendre et apprendre encore, découvrir le vaste monde.

Ce genre de démarche étant plutôt rare dans notre village, je fus confrontée à un certain nombre de difficultés, la première étant l'image des femmes. Les gens pensaient que les filles n'avaient pas besoin de savoir quoi que ce soit puisqu'elles étaient là pour jouer les servantes. De plus, mes parents me dirent clairement qu'il n'était pas question que je revienne en cas d'échec. Cela ne fit rien pour faciliter mon départ.

Toutefois, je n'étais pas préparée à un problème important. À quinze ans, j'étais forte comme un cheval et je savais comment m'y prendre pour rester en bonne santé. À dix-huit ans, après trois ans à Munich, je souffrais de gastrite chronique et ma vision s'était considérablement détériorée. Il me fallait des lunettes.

> *Pour la première fois de ma vie, je dus prendre rendez-vous chez un médecin, et je fus horrifiée de constater que ce dernier ne maîtrisait absolument pas les relations de cause à effet.*
>
> *J'étais dans une impasse : je ne mangeais plus d'aliments issus de l'agriculture biologique et je ne tenais plus compte des phases de la lune. Je m'affaiblissais physiquement et mentalement. Je voulais absolument m'intégrer, et j'évitais à tout prix d'avoir l'air ringarde.*
>
> *Il a fallu des années pour que je recommence à vivre au rythme de la nature. Au début, je l'ai fait en secret. Après beaucoup de souffrances, j'ai repris la bonne direction. Bien entendu, les autres se sont moqués de moi. Ça ne m'a pas vraiment affectée car je n'étais pas du genre à hurler avec les loups. Aujourd'hui, je suis ma route, celle qui consiste à prendre ses responsabilités. Ce n'est ni la plus large ni la plus fréquentée. Ceux qui n'ont pas encore trouvé la leur peuvent y parvenir grâce au Code et, surtout, ils deviendront assez forts pour ne plus jamais s'égarer.*

Chaque personne a sa façon à elle de se régénérer. Certains revivent en montagne, alors que d'autres ne supportent pas l'altitude. On peut adorer l'eau, les lacs et l'océan et craindre la chaleur. La seule pensée d'un peu d'eau fraîche suffit à certaines personnes pour attraper un rhume car elles aiment avant tout se détendre sur une plage baignée de soleil et d'eau tiède. On a quelquefois besoin de chaleur sèche pour recharger ses batteries. Il y a des gens qui ne se sentent en forme qu'au milieu du tourbillon d'activité d'une grande ville. Ce n'est pas pour rien que le coût de la vie est aussi élevé en ville. Les gens ont l'impression que tout va bien. Ils vont travailler en métro. Les taxis klaxonnent. Les magasins sont ouverts. Comme la ville ne dort jamais, ses habitants se sentent pleins de vitalité.

Ainsi, chacun vit en accord avec ses Chiffres, sa Signature, selon les principes du Code, l'un des outils les plus efficaces en termes de santé, même en ces temps difficiles. Comme il est triste que la médecine moderne ne considère un mode de soin comme efficace que s'il convient à tout le monde, quelles que soient les circonstances ! En agissant ainsi, on ne travaille que sur des symptômes. La logique conventionnelle, combinée à l'amour des statistiques, détruit plus de choses qu'elle n'en construit. Si vous voulez vivre à fond, vous devez quitter les sentiers battus.

Il est crucial de s'offrir des phases de régénération pour disposer d'un système immunitaire efficace. Il existe plusieurs façons de s'y prendre. Certains reprennent des forces en s'isolant quelque temps. D'autres ont besoin de la présence de leur famille. D'autres encore choisissent de travailler, de faire des courses de moto ou de jouer aux échecs. Votre date de naissance et votre Signature vous montreront quelle méthode est la meilleure pour vous.

Quelques exemples : les gens dont la Signature est orientée au Nord (❻/❶) aiment se régénérer par le biais de l'eau. Il ne s'agit pas forcément de l'océan. Un torrent de montagne ou un lac peuvent largement suffire à recharger leurs batteries. Les vacances sont le meilleur moyen de reprendre des forces et de tenir une année entière.

Les personnes du Sud ont tendance à préférer les régions fraîches. Elles sont d'ailleurs souvent férues d'escalade. En cas d'excès de Sud (plus de dix Unités), elles ont besoin d'un climat pas trop chaud pour se ressourcer. Mieux vaut qu'elles évitent de prendre leurs congés au mois de juillet, le Chiffre ❼ décuplant les effets de la chaleur. Une même température sera mieux supportée en août (❽) qu'en juillet. En faisant attention à ces petits détails, on évite de souffrir de la canicule.

Les gens qui adorent l'océan ne sont pas nécessairement fanatiques de chaleur. Peut-être commencez-vous à comprendre pourquoi on peut préférer une plage du nord ou un torrent de montagne à un rivage ensoleillé balayé par le mistral. Il n'est pas toujours facile de choisir une destination en famille. La solution la plus équitable consiste à alterner entre les différents climats.

En vous rendant régulièrement dans des endroits qui ne vous conviennent pas, vous courez le risque de fragiliser votre système immunitaire, surtout si vous tentez de faire plaisir à quelqu'un d'autre. Sachez qu'un Chiffre en commun est gage d'un minimum d'harmonie dans le couple. Toutefois, deux personnes partageant le Sud (❼/❷) n'auront pas forcément besoin de passer toutes leurs vacances dans le nord. Elles peuvent se contenter, par exemple, de se rendre au bord de la mer une fois par an de manière à récupérer un peu. Une Signature Centre se satisfera fort bien d'un week-end entier au jardin. Tirez vos propres conclusions en vous aidant de ces exemples et en les appliquant aux autres Signatures. Au royaume du Code, rien n'est jamais ni blanc ni noir.

Notre système immunitaire se porte d'autant mieux que nous avons l'impression d'aller dans le bon sens. Cela consiste notamment à garder la forme, à se réjouir d'un événement à l'avance, à désirer ardemment quelque chose ou à vivre dans un environnement où l'on se trouve bien ! La meilleure façon d'empoisonner son système immunitaire, c'est de se sentir incompris. Certaines personnes passent la barre des cent ans à force de se régaler de tout et de rien, d'avancer jour après jour, semaine après semaine, en prenant chaque année de bonnes résolutions et en accomplissant leurs objectifs les uns après les autres. Les guérisseurs de talent racontent souvent que leurs patients atteints de maladies au stade terminal font des progrès lorsqu'ils se lancent dans des projets : passer un diplôme sur le tard, assister à un concert exceptionnel de leur artiste préféré, écrire un roman policier ou gagner le prix du plus beau rosier du village.

Vous faites souffrir votre système immunitaire, ce halo de lumière et de couleurs qui vous protège, en ne vivant pas en accord avec vos Chiffres et votre Signature. Même si vous vous conformez à cette dernière, il se peut que tout ne marche pas comme sur des roulettes ; toutefois, vous serez toujours plus heureux et en meilleure santé que si vous n'aviez pas quitté votre ornière. C'est déjà une belle avancée que de comprendre que vos soucis (déprime, manque d'enthousiasme) viennent d'un manque de compréhension de votre Roue. Il n'y a plus qu'à faire le nécessaire ! C'est un peu comme si on ramassait le gros lot. Mais évidemment, « cent pour cent des gagnants ont tenté leur chance » !

Guérir à l'aide du Code

Les exemples ci-dessous vont vous faire découvrir le large éventail de possibilités qu'offre le Code. Les guérisseurs (ainsi que toutes les autres personnes que le sujet intéresse) seront certainement contents d'y trouver l'explication d'un certain nombre de phénomènes qu'ils ont eu l'occasion d'observer.

Imaginons que vous ou l'un de vos proches ait un problème de santé. Première chose à faire : étudier calmement la Signature de la personne concernée. Où est son Centre de gravité ? Où ses Chiffres se concentrent-ils ?

Le Sud

Supposons que notre patient est né le 25 mai 1972. Vous constatez tout de suite que la chaleur domine sa Signature : un ❼ et deux ❷. On peut en déduire que son organisme a tendance à se défendre par le biais de la fièvre, le but étant de tenir les éléments pathogènes à l'écart, voire de les éliminer. Lorsque la température n'excède pas 38,5 °C, mieux vaut ne pas utiliser de médicaments pour faire baisser la fièvre. C'est la manière qu'ont les gens du Sud de réagir aux attaques extérieures. L'eau fraîche, les compresses froide, etc. leur font du bien. Toutefois, les compresses ne sont pas toujours la solution. Parfois, il vaut mieux choisir un autre traitement.

L'une des caractéristiques des natifs du Sud est leur capacité à résister aux maladies dès lors qu'ils prennent assez d'exercice, ce qui n'empêche pas qu'ils aient besoin de bien se reposer pour récupérer au plus vite. Si l'un d'entre eux s'abstient de toute activité physique mais passe son temps devant la télévision ou le nez dans un livre, il mettra du temps à guérir. En effet, pour les gens du Sud, qui dit immobilité ne dit pas détente. Il est absolument nécessaire qu'ils calment à la fois leur corps et leur esprit.

Allons un peu plus loin et intéressons-nous à la date du jour, critère à ne pas sous-estimer. Disons qu'un patient très orienté Sud (plusieurs ❼ ou ❷) a souvent de la fièvre sans raison apparente. Un indice pour vous mettre sur la piste : cela lui arrive souvent les jours en ❼ ou en ❷. Étrange, n'est-ce-pas ?

Si vous avez un enfant du Sud, 2007 n'a pas dû lui réussir, pas plus qu'à tous les gens dont le système immunitaire se bat contre les éléments pathogènes en fabriquant de la température. De manière générale, cet enfant aura tendance à être fiévreux les jours en ❼ ou en ❷. Le sachant, vous vous sentirez peut-être rassuré et les choses se stabiliseront. Il deviendra moins sensible à ce type de dates.

Le Nord

Prenons l'exemple d'une Signature où sont présents le Nord, le Centre et le Sud, avec un seul ❷ mais plusieurs Unités au Nord (deux ❻ par exemple). La personne concernée aura beaucoup moins tendance à avoir de la fièvre. En revanche, elle sera malade comme un chien au premier signe de température et les compresses froides seront tout indiquées, le plus tôt possible.

Les natifs du Nord tolèrent mal les maladies quelles qu'elles soient. Ils détestent garder le lit. Rester debout à ne rien faire ne leur réussit absolument pas. En guise de thérapie, il vaut mieux qu'ils s'allongent ou, s'ils restent debout, qu'ils se livrent à une activité modérée.

Une personne très orientée Nord a besoin d'énormément de liquides car son Point cardinal dominant est en rapport avec l'élément eau. Cette dernière peut considérablement l'aider à guérir.

Lorsque le Nord est hyperdéveloppé, il faut solliciter l'aide du Sud et de sa chaleur (lit, sauna, etc.). La boisson de référence est le thé, et il faut en boire beaucoup. Un bain aux herbes aromatiques peut également s'avérer utile. Toutefois, ces remèdes varient selon les gens.

Certaines personnes ont un problème de rétention d'eau. Pour vous y attaquer, choisissez un jour contenant beaucoup de ❼ ou de ❷, les Chiffres du Sud et ne buvez que des tisanes diurétiques. Si vous faisiez la même chose un jour Nord (❻/❶), vous n'obtiendriez pas d'aussi bons résultats (voire pas du tout).

Comme vous le constatez depuis un bon moment déjà, la réussite est une question d'intention. Les traitements diurétiques et détoxifiants sont bien plus efficaces à la lune descendante. Plus vous prendrez de critères en compte, plus vite vous guérirez. Tout cela demande un minimum d'habileté.

Il est vital de choisir la bonne dose du remède adéquat. Nous vous rappelons qu'une personne du Sud peut parfaitement gérer un accès de fièvre et que, d'ailleurs, elle en a certainement besoin pour guérir. Si on essaie de faire tomber sa température, elle remontera immédiatement. C'est exactement l'inverse pour les natifs du Nord, qui sont plus réceptifs aux tisanes et à l'eau. Toutefois, tout le monde n'a pas intérêt à se gaver d'infusions. Un bain et un thé brûlants suivis de repos dans un lit bien chaud peuvent absolument faire l'affaire. N'oubliez pas que les gens du Nord ne supportent pas bien la fièvre et qu'il faut la faire baisser. Il ne s'agit pas, bien entendu, de les coucher en plein courant d'air ! Utilisez des compresses froides (mais surtout pas glacées !) pour leur rafraîchir le visage et les jambes, par exemple. Un bain aux herbes médicinales peut faire des miracles. Comme toujours, ne versez surtout pas dans l'excès.

L'Est

Autrefois, chaque traitement était individualisé. On gardait différents produits et ingrédients sous la main, juste au cas où. On trouvait aussi naturel de faire fermenter des plantes que de les conserver dans de l'alcool ou de les intégrer dans des pommades à base de saindoux.

Les plantes fermentées sont particulièrement efficaces en ce qui concerne les natifs de l'Est (**8**/**3**). (Ce procédé soumet les ingrédients à une transformation chimique à l'aide d'enzymes et de bactéries.) Autrefois, en traitement préventif de la toux, on mettait du plantain lancéolé dans un bocal et on le recouvrait de sucre. On enterrerait ensuite le bocal jusqu'à ce que la fermentation soit terminée. Ainsi, on en avait pour tout l'hiver. Si vous testez un jour cette recette, sachez qu'il faut utiliser le sirop ainsi obtenu comme du miel : consommez-en une cuiller à café ou dissolvez-le dans du thé ou toute autre boisson. Tout le monde n'appréciant pas le goût de ce remède, il faut beaucoup de compliments et d'encouragements aux enfants pour qu'ils acceptent de l'avaler. Néanmoins, le jeu en vaut la chandelle, car il est bien plus efficace que n'importe quel produit acheté en pharmacie.

Pourtant, chez les enfants orientés Centre, on préférait utiliser un onguent qu'on leur appliquait sur la poitrine. De plus, le traitement était différent selon que la date du jour était dominée par l'Est, l'Ouest ou le Sud.

Les enfants et les adultes de l'Est ont besoin de calme et de sérénité pour se remettre. Il leur faut également beaucoup d'air frais car leurs poumons et leur appareil respiratoire en général sont souvent vulnérables. Leurs maladies sont fréquemment apportées par le vent.

L'Ouest

Les natifs de l'Ouest (**9**/**4**) sont très réceptifs à un petit verre de vin. Souvent les élixirs de plantes à base d'alcool font merveille en ce qui les concerne. Comme toujours, ce n'est pas vrai pour tout le monde. Ainsi, les personnes dont le Nord (**6**/**1**) est très développé supportent mal l'alcool. Elles risquent même de devenir alcooliques. Il faut se montrer très prudent, surtout dans le cas des enfants. Quelquefois, un vide de Nord pose exactement le même problème. Le bon vivant s'offrant chaque jour un dîner bien riche qu'il fait descendre avec un digestif à base de plantes n'a rien compris au film.

Laissez-moi vous dévoiler un petit secret : nombre de gens ne jurent que par l'exercice pour conserver la santé. En ce qui concerne les gens de l'Ouest, rien n'est plus vrai. Personne n'a jamais gardé la forme en restant au lit. Bien qu'il y ait des exceptions, la plupart du temps, une personne de l'Ouest se met en danger en passant trop de temps allongée. Son estomac, ses intestins et ses muscles exigent qu'elle s'active. C'est souvent là son point faible. Les méridiens ne fonctionnent harmonieusement que si on se remue un peu, surtout chez les natifs de l'Ouest. Bougez-vous, et vous tomberez rarement malade. S'il vous arrive quelque chose, ce sera plutôt un accident. De toute façon, vous avez du mal à rester sans rien faire, ce qui vous expose à vous affaiblir, à attraper une pneumonie ou à faire une thrombose. Vous êtes de ceux qui se remettent vite d'une opération. Allez-y doucement mais fiez-vous à votre intuition : si elle vous dit de vous lever, écoutez-la ! Prenez juste un minimum de précautions.

Le Centre

Les Chiffres et les méthodes du Centre (⓪/⑤) étant en rapport avec le centre du corps, ils ont un impact sur tous les organes (affectés dans 80 % des cas). Pour garder la santé, il faut posséder des émonctoires, des glandes endocrines, un cœur et des poumons en bon état de fonctionnement. Ne ratez pas une occasion de les fortifier en profitant des jours en ⓪ ou en ⑤. Faute de mieux, évitez de vous surmener ces jours-là.

Les gens du Centre ont intérêt à bien s'alimenter et à dorloter leurs organes internes. Ils éviteraient de nombreux problèmes s'ils prenaient le mal à la racine. En effet, ce sont eux qui guérissent le plus vite, dès lors qu'ils mangent des produits de l'agriculture biologique et qu'ils évitent de consommer de la viande. Les fast-foods ne font du bien à personne mais, dans le cas des natifs du Centre, c'est encore pire. Même si les légumes marinés dans l'huile et les fruits non traités ne sont pas des plats de fête, ils leur réussissent très bien. Hélas, la plupart des huiles végétales vendues en supermarché ayant subi des transformations chimiques, elles font plus de mal que de bien. Après des dizaines d'années de ce régime, l'huile s'est fait une bien mauvaise réputation. Pourtant si vous vous en tenez aux huiles issues de produits de l'agriculture biologique, vous verrez qu'elles ont des vertus médicinales. D'ailleurs, si la nutrition vous intéresse, vous savez déjà certainement que le beurre lui-même peut vous aider à guérir.

Les gens du Centre ont besoin de bien se reposer pendant leur convalescence, à l'opposé des natifs de l'Ouest. Ceux d'entre eux qui se connaissent bien et connaissent bien leurs corps ont l'air d'extra-terrestres aux yeux d'autres personnes moins fondamentalement calmes. Le Centre ne parvient à se régénérer qu'à pas de tortue. On dirait que rien ne peut le contrarier. Peut-être nos ancêtres pensaient-ils à quelqu'un du Centre quand ils affirmaient que « rien ne sert de courir, il faut partir à point ».

Un manque de sommeil nuit gravement au foie et à la vésicule biliaire car ces organes se régénèrent entre ❶ heure et ❸ heures du matin. Votre foie vous pose des problèmes ? Est-ce parce que votre bébé vous réveille toutes les nuits ? Vous occupez-vous de quelqu'un de votre famille qui a besoin de vous ? Les soucis vous empêchent-ils de dormir ?

Sachez enfin que la méditation est particulièrement adaptée aux personnes du Centre. À force de s'inquiéter, ils finissent par se rendre malades. C'est la raison pour laquelle ils devraient méditer, surtout les jours en ⓪ ou en ⑤. Si nous sommes tous en relation avec le Pouvoir suprême, eux savent lui ouvrir la porte.

N'hésitez pas à tester une ou plusieurs des suggestions que nous venons de vous faire, surtout si votre métier consiste à soigner les autres. Certains de ces secrets, bien que très anciens, vous étonneront par leur efficacité. Autrefois, nos ancêtres se montraient reconnaissants à la nature de tout ce qu'elle pouvait leur offrir. Il faut absolument que nous revenions à ce mode de fonctionnement. Peut-être cela incitera-t-il l'industrie pharmaceutique à créer des médicaments qui s'accordent avec la nature et qui ne détruisent pas les patients.

Il était une fois…

Nous allons vous dévoiler des informations peu usitées à notre époque bien que, d'après notre expérience, elles n'aient pas pris une ride. Sachant qu'on peut garder la santé et soigner les autres en se fondant sur la méthodologie du Code, la discussion qui suit va certainement intéresser un grand nombre de nos lecteurs. Elle a trait à des procédés particulièrement ingénieux mis autrefois en œuvre pour guérir des blessures ayant du mal à cicatriser.

Ce type de plaies (surtout aux jambes) est toujours signe d'empoisonnement du sang. Les anciens les soignaient à l'aide de cataplasmes fréquemment renouvelés. Chacune de ces formulations était adaptée à des dates spécifiques.

Voici les critères auxquels il fallait faire attention :

1. **La phase de la lune.** Tous les traitements étaient effectués à la lune descendante, faute de quoi ils avaient peu de résultats à long terme. En effet, à cette période, le corps se détoxifie plus vite et la cicatrisation est plus rapide. À la lune montante, au contraire, le processus de guérison prend plus de temps, favorisant l'apparition d'infections. On prenait d'immenses précautions, surtout en ce qui concernait la propreté de la blessure.

2. **Les signes du Zodiaque.** Chaque signe du Zodiaque, rapporté au calendrier de la lune, peut intensifier ou diminuer l'effet

d'une thérapie. Les douze signes influencent chacun une partie spécifique du corps (du Bélier au Poisson, de la tête aux pieds). L'important est d'éviter le signe relatif à la partie du corps que l'on traite. Ainsi, on ne soigne pas une plaie à la jambe un jour Verseau. Si vous souhaitez plus de détails à ce sujet, n'hésitez pas à consulter notre livre *Vivre en harmonie avec la lune*.

3. **Les herbes médicinales.** Il est crucial que le type et la quantité d'herbes soient adaptés à la période où l'on s'en sert. On doit d'abord déterminer l'effet que l'on recherche : détoxifiant, astringent, anti-inflammatoire, antispasmodique, etc. Ainsi, par exemple, on utilisait aussi bien le plantain lancéolé (*Plantago lanceolata*), une plante très commune, pour son action anti-inflammatoire que pour soigner les septicémies. On changeait deux fois le pansement pendant la lune descendante et une fois pendant la lune montante (période à laquelle il vaut mieux ne toucher à rien).

4. **L'alimentation.** On arrive rarement à faire cicatriser de mauvaises blessures sans modifier l'alimentation du patient. Aujourd'hui, tout comme autrefois, les septicémies sont dues à une mauvaise façon de se nourrir. Dans le passé, on n'avait droit à aucun produit laitier ni aucune protéine animale pendant sa convalescence. De plus, bien entendu, on adaptait le traitement au type nutritionnel du patient (Alpha ou Omega, par exemple). Il est à peu près inutile de compenser une carence en vitamines ou en minéraux en les absorbant sous forme chimique : si c'était le cas, nous n'aurions qu'à avaler des comprimés de vitamine C pour ne plus jamais tomber malades. L'organisme absorbe très mal les suppléments alimentaires, minéraux et vitaminiques. En la matière, rien ne vaut les légumes et les fruits issus de l'agriculture biologique. (Certains sels homéopathiques peuvent toutefois se montrer efficaces.)

5. **L'élimination des pansements à une date précise.** C'est là que tout se complique. La façon très précise dont on se débarrasse des pansements a une influence sur la cicatrisation de la blessure.

Cela ne se fait pas n'importe quel jour, et cela dépend de la Signature du patient et de la date des soins (voir plus bas).

Date des soins en ⑥ ou en ①

Les jours Nord (⑥ ou ①) sont de manière générale bien adaptés à l'utilisation de l'eau. Autrefois, on jetait toujours les pansements ayant servi à protéger une blessure dehors, à un endroit où il y avait de l'eau. Souvent, on les enterrait sous les canalisations. Toutefois, n'importe quel endroit convenait du moment qu'il était bien arrosé. Ce qui était crucial, c'était que les pansements se décomposent en milieu humide.

Date des soins en ⑧ ou en ③

En cas de gangrène ou de soins en jours Est (⑧ ou ③), on jetait les pansements dans un environnement acide, ce qui éliminait du même coup la maladie. Peu importait l'acide (dès lors qu'on tenait les enfants à part pour éviter qu'ils ne se blessent). Quelquefois, on trempait le pansement dans du vinaigre avant de le jeter le plus loin possible. Ou encore on le plaçait sur une fourmilière. Nous ne recommandons pas cette dernière méthode qui constitue, à notre avis, un acte de cruauté envers les animaux.

Date des soins en ⑦ ou en ②

En ce qui concerne les blessures suppurantes ou traitées un jour Sud (⑦ ou ②), on préférait brûler les pansements. Si le soleil brillait particulièrement fort, il pouvait parfaitement suffire. Quoi qu'il arrive, le pansement devait complètement sécher et ne pas entrer en contact avec de l'eau.

Date des soins en ⑨ ou en ④

Ces jours-là, on chassait les maladies en brûlant de l'encens. En effet, on pensait que la fumée détruisait les microbes et qu'elle permettait au processus de guérison de prendre un départ fulgurant. On prenait grand soin d'aérer toutes les pièces, généralement en ouvrant portes et fenêtres. Faute d'encens, on disposait les pansements sur un tas de fumier pour obtenir les mêmes résultats.

Date des soins en ⓪ ou en ⑤

Les jours en rapport avec le Centre, le respect de la Roue exigeait que tout soit enterré.

Dès lors que ces cinq règles étaient observées, il était exceptionnel qu'une plaie ne guérisse pas, de même que les troubles chroniques et les maladies affectant les personnes âgées.

À ce stade, vous vous dites sans doute que cette manière de disposer des pansements n'a ni queue ni tête. Vous vous demandez sûrement si elle pourrait fonctionner de nos jours. Par quel mécanisme cette méthode peut-elle bien se montrer efficace ? Nous allons tenter de vous l'expliquer car nous pensons que cela vaut la peine. Le fait qu'une plaie guérisse ou non dépend de pouvoirs et de critères invisibles du point de vue d'un esprit scientifique. Toutefois, grâce à vos nouvelles connaissances, vous allez certainement mieux affronter les difficultés de la vie (pas uniquement en termes de santé). La guérison ne se réduit pas à un processus physicochimique. Le cœur et le mental y ont aussi leur rôle à jouer.

Jusqu'à une date très récente, l'Organisation mondiale de la santé définissait officiellement la santé comme une « absence de maladie ». Pourtant, ce concept va beaucoup plus loin. Pour commencer, être en bonne santé signifie avant tout avoir la force et la possibilité de devenir ce à quoi le Pouvoir suprême vous destine.

Ensuite, c'est la capacité de rejeter tout ce qui vous empêche d'être cette personne. Enfin, cela correspond à un mode de vie associant corps, esprit, âme et monde en une harmonieuse synergie.

Nos ancêtres connaissaient toutes ces corrélations et la nécessité de les préserver. Guérisseurs, shamans et hommes-médecine savaient bien que les gens ne sont pas des machines, que le corps, l'esprit et l'âme forment un tout, lui-même irrévocablement lié à notre environnement (gens, nature, étoiles). Ils n'ignoraient pas qu'on tombe malade par manque de l'énergie nécessaire pour trouver l'équilibre entre tension et relaxation, entre un minimum d'égoïsme et l'oubli de soi, entre les hauts et les bas de l'existence. Ils étaient également capables de recréer cet équilibre quand il avait disparu et de prendre en compte les énergies constituant un être humain.

Certaines personnes savaient que tout est énergie bien avant les démonstrations d'Albert Einstein. Tout est son, oscillation et rythme. Notre corps est fait de couleur et de lumière. Son apparence solide n'est qu'une illusion, une sorte de rêve éveillé. Des physiciens ont découvert que chaque cellule émet une lumière que l'on peut rendre visible et qui se modifie au même rythme que la cellule dont elle émane.

La pensée scientifique telle qu'elle domine encore de nos jours est à la fois pitoyable et dénuée de sens. Les découvertes d'Einstein ne sont pas au programme des études des professionnels de la santé. Les facultés de médecine ont énormément de mal à accepter le fait que ce véhicule qu'on appelle le corps enferme des émotions, des pensées et des instincts jouant un grand rôle dans l'apparition des maladies. Il est encore plus rare d'entendre dire que les pensées et les émotions peuvent guérir, et on n'envisage pas vraiment d'effectuer des recherches à ce sujet.

Pourtant, nous avons tous fait l'expérience de ce genre de choses. Que se passe-t-il quand on est amoureux ? On se sent prêt à tout affronter ! Connaissez-vous quelqu'un qui soit tombé malade dans ces circonstances ?

Et quand on est déprimé, stressé ou malheureux ? Quel est ce froid qui envahit notre âme et nous fait attraper un rhume ? Nous savons bien qu'il existe des liens de cause à effet ; pas besoin d'encyclopédie médicale pour le vérifier. Une chose est sûre. La santé repose sur l'influence de nombreuses énergies et sur les rapports qu'elles entretiennent.

Des choses étranges se passent dans la nature. Bien que scientifiquement démontrées et faciles à reproduire, elles n'en restent pas moins inexpliquées.

- Lorsque des insectes attaquent des arbres en lisière de forêt, ces derniers se mettent à produire des substances chimiques pour se défendre. Pour corser le tout, les arbres situés de l'autre côté de la forêt font la même chose, alors qu'ils disposent de plusieurs semaines avant de voir arriver le premier envahisseur.

- Des chatons enlevés trop tôt à leur mère font de piètres chasseurs de souris (en admettant qu'ils y parviennent un jour). Pendant longtemps, ils restent au stade d'amateurs. En revanche, si, la nuit, on leur fait partager une cage avec des matous expérimentés (mais par conséquent incapables de démontrer leurs talents), il ne faut que quelques jours aux petits pour devenir des chasseurs émérites, le tout sans jamais avoir aperçu le moindre rongeur !

- Avant de partir pour un long voyage en Europe, un botaniste décida de relier sa plante verte favorite (un monstera) à un certain nombre d'instruments pour mesurer les courants électriques qui la traversaient. Pendant qu'il se trouvait en Europe, il tint un journal dans lequel il nota toutes les situations stressantes : embouteillages, discours en public, instants de frayeur, etc. Il constata en rentrant chez lui six semaines plus tard que les aiguilles des instruments connectés au monstera s'étaient affolées exactement à ces moments-là.

- Une jeune mère rend visite à un voisin pendant que son bébé dort tranquillement chez elle. Tout d'un coup, au milieu de la conversation, la jeune femme a une montée de lait tandis que son enfant s'éveille affamé, à des kilomètres de là. Si le bébé ouvre un œil pour n'importe quelle autre raison, rien ne se passe.

Prenez quelques minutes pour réfléchir à ces anecdotes et demandez-vous, pour chacune d'entre elles, comment les informations ont bien pu se transmettre. Nous sommes des êtres de lumière et les processus électriques de notre corps déterminent la personne que nous sommes, la manière dont nous fonctionnons, et celle dont nous communiquons avec notre environnement immédiat, le monde et l'univers.

Nous espérons que vous comprenez de mieux en mieux l'importance des méthodes alternatives et l'usage que l'on peut en faire à notre époque. Peut-être savez-vous à présent pourquoi la réussite n'est pas toujours au rendez-vous.

L'attitude qu'adoptent les scientifiques et les médecins d'aujourd'hui nous mène, bien souvent, droit à l'impasse. Les professionnels de santé étant persuadés que les seules choses valables sont celles que l'on peut prouver et reproduire à l'envi, ils oublient un aspect essentiel de leur art : la capacité d'adapter un traitement à un individu sans s'appuyer sur des chiffres. Ce n'est qu'en abordant les gens comme des machines que l'on peut établir une liste de critères de traitement « corrects ». On se croirait en 1910, lorsque fut publié un manuel intitulé « Comment savoir réparer n'importe quelle voiture ». Pourtant, nous sommes tous des cas individuels. Si plus de soignants en étaient conscients, notre société ne s'en porterait que mieux.

Il nous arrive de rencontrer des gens affirmant que nos vieilles méthodes n'ont pas leur place dans la société moderne : « Mais où irait le monde ? », s'inquiètent-ils. Nous pouvons vous le dire : vers une médecine plus humaine, s'intéressant à la cause des maladies. Bien entendu, l'intégration de ces astuces poserait quelques problèmes au début, surtout lorsqu'il s'agit de se conformer au calendrier lunaire et autres rythmes de la nature. Mais quelle importance ? Ce qui compte, c'est que ces méthodes fonctionnent. Chaque traitement, chaque processus de guérison a sa période idéale et celle qui ne lui convient pas. Cette loi de la nature ne changera jamais, même si elle n'est pas très compatible avec la prise de rendez-vous à l'hôpital. N'oublions pas que nous vivons dans un pays libre et qu'il nous appartient de choisir nos médecins et nos dates de rendez-vous.

Si nous avons appelé cette section « Il était une fois... », c'est pour vous encourager à sauver quelques reliques de l'ancien temps et à les faire connaître au monde moderne de sorte que nous puissions tous nous construire un avenir radieux. Pour finir, lisez donc notre citation favorite :

À partir de l'âge de six ans environ, j'ai pris l'habitude de dessiner tout ce que je voyais. Devenu artiste, j'ai créé des œuvres qui m'ont conféré une certaine réputation vers la cinquantaine, mais rien de ce que j'ai fait avant mes soixante-dix ans ne valait la peine qu'on s'y arrête. À soixante-treize ans, j'ai compris la façon dont s'organisait la structure des oiseaux et des autres animaux, des insectes, des poissons, et le processus de croissance des végétaux. Si je continue à faire des progrès, je les comprendrai certainement encore mieux à l'âge de quatre-vingt-six ans, et, à quatre-vingt-dix, j'aurai sans doute découvert leur nature essentielle. À cent ans, j'accéderai à la vision divine des choses, et à cent trente, cent quarante ans ou plus, j'aurai atteint le stade où chaque coup de pinceau prendra vie. Puisse le ciel me donner une chance de prouver que je ne me trompe pas.

Hokusai (peintre japonais)

15
La soupe arc-en-ciel : l'élixir de la Roue anniversaire

Nous aimerions vous montrer comment utiliser le Code de manière à la fois simple et pratique tout en invoquant le mouvement en spirale de la Roue et l'énergie dynamique des couleurs. Nous ne connaissons pas de meilleur remède préventif que la soupe multicolore que nos enfants appellent « soupe arc-en-ciel ». Si vous ne retenez qu'une seule chose de ce livre, l'utilisation de cette vieille recette à la fois médicinale et culinaire, vous et votre famille en retirerez des bienfaits extraordinaires. En effet, cet ancien remède est non seulement efficace mais également savoureux. Sa recette peut sembler compliquée au premier coup d'œil mais, à force de la préparer, on va très vite.

Ingrédients

- une grosse marmite pourvue d'un couvercle qui ferme bien ;
- une cuiller en bois pour remuer (ni métal ni plastique !) ;
- des légumes, des herbes et des épices de cinq couleurs : noirs/bleus, verts, rouges, jaunes et blancs. Nous vous laissons les choisir en fonction de vos goûts et de votre imagination. Personnellement, nous utilisons souvent du céleri-rave, du sel (blanc), du persil ou de la livèche (vert).

Préparation

1. Faites cinq petites piles de légumes, d'herbes et d'épices en fonction de leur couleur.

2. Rincez les légumes sans les éplucher (surtout les oignons !).

3. Coupez les ingrédients en petits morceaux.

4. Remplissez votre marmite d'eau froide aux deux tiers et mettez à chauffer à feu doux. Remuez sept fois avec la cuiller en bois, dans le sens des aiguilles d'une montre. Pour quelle raison ? Parce que remuer dans l'autre sens fait fuir l'énergie des aliments solides ou liquides. Cela va vous prendre à peu près trente secondes, le temps de dire un Notre Père. (C'est ce qui se faisait dans la famille de Johanna mais, bien sûr, vous n'êtes pas obligé de prier. Contentez-vous de respecter les sept tours.)

5. Ajoutez les légumes, les herbes et les épices dans l'ordre suivant :
   bleu/noir – vert – rouge – jaune – blanc et on recommence ;
   bleu/noir – vert – rouge – jaune – blanc et on recommence,
   etc.

Le jaune peut être ajouté à n'importe quel moment mais nous préférons qu'il suive le rouge.

Pour commencer, mettez juste quelques morceaux de la pile de votre choix, la couleur dont vous avez le sentiment de manquer. À vous de décider. L'important, c'est de procéder dans l'ordre. Par exemple, si vous débutez par le blanc, le bleu/noir suivra.

Après l'ajout de la première couleur, effectuez au moins sept tours de cuiller en bois dans le sens des aiguilles d'une montre, ce qui vous prendra environ trente secondes. Ensuite, passez à la couleur suivante. Refaites sept tours en trente secondes. Changez de couleur, remuez, et ainsi de suite.

Continuez tranquillement jusqu'à ce que vous soyez à court d'ingrédients et que vous ayez fait plusieurs fois le tour de la roue des couleurs. Plus vous effectuerez de cercles complets, plus votre soupe sera efficace pour votre santé. Nous vous conseillons de terminer par la couleur dont vous ou votre patient avez le plus besoin en la circonstance. En général, le temps d'en arriver là, la soupe bout déjà à petit feu et tous les ingrédients sont dans la marmite.

Laissez la soupe mijoter au moins trois heures. Vous pouvez raccourcir le temps de cuisson, mais chaque heure supplémentaire décuple ses pouvoirs de guérison. En cas de maladie grave, n'hésitez pas à la cuire sept heures.

Une fois la soupe refroidie, passez-la et mettez-la au réfrigérateur : vous pourrez en consommer pendant une semaine. Éventuellement, servez-vous-en une assiette tout de suite. Les légumes égouttés seront parfaits pour votre tas de compost.

Quelques astuces supplémentaires pour réussir votre soupe

Préparation : Mettez les tas de légumes, d'herbes et d'épices dans des bols ou des saladiers disposés dans l'ordre. Quels sont les ingrédients que vous préférez personnellement ?

Bleu/noir : Chez nous, ce tas est toujours le plus petit parce que nous utilisons surtout des grains de poivre noir, tandis que les piles blanche et verte sont généralement les plus grosses. Peu importe la quantité d'ingrédients de chaque couleur.

Vert : La livèche donne bon goût à la soupe. Ajoutez-en quelques feuilles ou une pincée sous sa forme séchée. Si vous n'en avez pas à votre disposition, du persil fera l'affaire. Pourquoi ne pas commander de la livèche biologique sur Internet ou en faire pousser dans votre jardin ?

Rouge : Nous utilisons essentiellement des dattes rouges provenant d'une épicerie chinoise. Nous aimons aussi le poivre rose (qui a l'avantage de ne pas rendre la soupe trop piquante) et l'oignon rouge.

Blanc : Céleri-rave, oignon, poireau. Utilisez ce qui vous plaît ou ce qui vous tombe sous la main. Le sel est de mise : sel de gemme (de couleur légèrement rosée) ou sel de l'Himalaya. Nous vous conseillons d'éviter le sel de mer étant donné l'état lamentable de nos océans.

Jaune : Carotte jaune, betterave jaune, poivron jaune.

Toutes ces idées ne sont que quelques exemples parmi tant d'autres. Laissez-vous guider par ce que vous aimez. Les épices de base suffiront à donner du goût à votre soupe. C'est à vos papilles de décider. Bien entendu, nous n'utilisons que des produits issus de l'agriculture biologique.

Quand consommer cette soupe ?

Mangez-en tous les jours en réchauffant uniquement la quantité dont vous avez besoin. Vous ne verrez plus jamais la nécessité d'acheter du bouillon en cube. Cette soupe constitue la base idéale pour une quantité de plats savoureux. Bon appétit ! Si cette recette vous plaît, n'hésitez pas à la donner à vos amis !

En guise de conclusion, nous tenons à vous rappeler la chose suivante : la Roue anniversaire ne s'immobilise jamais, sauf si vous le souhaitez. Elle ne connaît ni blocages ni stagnations, sauf si vous l'y obligez par peur ou par manque de motivation. Le Code n'a que faire des condamnations, des jugements ou des préjugés, à moins que vous laissiez vos craintes entretenir ce type de réactions.

Le Code est un outil de soutien et de guérison. Il n'est pas là pour vous empêcher d'avancer ou pour endormir votre mental. Acceptez-le comme un cadeau destiné à vous faire accéder à l'intégrité et à la conserver. Faites-le par amour pour vous-même et pour la vie.

Nous ne sommes pas obligés de continuer
À vivre comme hier.
Libère-toi de cette idée
Et des milliers de possibilités s'offriront à toi.

Christian Morgenstern

Glossaire

Boussole : dessin schématisé de la Roue anniversaire formé de deux lignes se croisant en leur centre.

Centre de gravité : la Station de votre Code totalisant le plus d'Unités. Votre Centre de gravité est également affecté par le dernier chiffre de votre année de naissance, car ce dernier a plus de poids que les autres Chiffres de votre Signature.

Code : « le Code » désigne l'ensemble de la méthode que nous vous avons exposée. Votre « Code personnel » est composé des quatre à six Chiffres composant votre date de naissance (jour, mois et année).

Féminins (Chiffres) **:** les Chiffres de ❻ à ⓪, signes de patience et de sérieux.

Masculins (Chiffres) **:** les Chiffres de ❶ à ⑤, signes de rapidité, d'esprit de décision, d'impatience et de témérité.

Paire : deux Chiffres occupant le même Point cardinal et associés à la même Couleur. Il existe cinq paires de Chiffres.

Points cardinaux : Nord, Est, Sud, Ouest et Centre. Positionnés sur la Roue anniversaire, ils abritent les Chiffres de votre Code. On les appelle aussi « Stations ».

Roue anniversaire : la structure de base de la Roue anniversaire ne change jamais. Chaque direction de la boussole (Nord, Est, Sud, Ouest et Centre) contient toujours les mêmes Chiffres : le ❻ et le

Le Code – 291

① au Nord, le **⑧** et le **❸** à l'Est, le **❼** et le **❷** au Sud, le **❾** et le **❹** à l'Ouest, le **⓪** et le **⑤** au Centre.

Signature : votre Signature se compose de ceux des Points cardinaux qu'occupent vos Chiffres (Nord, Sud, Est, Ouest et Centre). En tout, il existe trente et une Signatures.

Stations : les directions de la Roue anniversaire. Lorsqu'elles contiennent des Chiffres, on les appelle aussi « Points cardinaux ».

Unités : somme des Chiffres d'un Point cardinal.

Zéro : certains zéros n'entrent pas en compte dans l'utilisation de votre Code. Les seuls à conserver sont ceux des jours 10, 20 et 30, ainsi que celui du dixième mois (octobre).

Tableau récapitulatif

Nombres anniversaire	① et ⑥	③ et ⑧	② et ⑦	④ et ⑨	⑤ et ⓪
Points cardinaux	Nord	Est	Sud	Ouest	Centre
Couleur	Bleu/Noir	Vert	Rouge	Blanc	Jaune
Aspects positifs	Réceptif Sensible Très intuitif Réservé Sérieux Gentil Visionnaire Déterminé Curieux Spirituel Courageux Sage Intrépide Volontaire	Aime la nature Simple Modeste (moins de 80 Unités) Curieux Aime l'harmonie Optimiste Musicien Compatissant Empathique Patient Tolérant Créatif Généreux Dévoué	Enthousiaste Gai Énergique Indépendant Économe Charismatique Intéressant Actif Adaptable Passionné Joyeux Curieux	Habile de ses mains Pieux Créatif Travailleur Entreprenant Efficace Ambitieux Esprit vif Affirmé Cultive les bonnes relations Réussit	Créatif Prêt à se sacrifier Généreux Patient Aime la nature Équilibré Centré Persévérant Spirituel Compatissant Bienveillant Sensible Plein de bon sens Obligeant Prêt à aider
Aspects négatifs	Fanatique Énervant Usant Susceptible S'ennuie vite Indifférent Manque d'enthousiasme Se fatigue facilement Dépressif Anxieux Avide de pouvoir	Manipulateur Pinailleur Destructeur Trop curieux Naïf Crédule Têtu Dépensier Irritable Frustré	Se surmène Arrogant Hautain Autoritaire Rancunier Avare S'ennuie vite Instable Extrême Tendance à l'exagération Cupide En fait des tonnes Tendance à l'hystérie	Contradictoire Pédant Déloyal Destructeur Matérialiste Ambitieux Hypocrite Corrompu Peu réaliste Avide de pouvoir Calculateur Égoïste	Négligent Affolé Rêveur Distrait Trop généreux Laxiste Coupe les cheveux en quatre Fanatique

Tableau récapitulatif

Nombres anniversaire	❶ et ❻	❸ et ❽	❷ et ❼	❹ et ❾	❺ et ⓪
Points cardinaux	Nord	Est	Sud	Ouest	Centre
Couleur	Bleu/Noir	Vert	Rouge	Blanc	Jaune
Professions recommandées	Inventeur Pionnier Avocat Philosophe Écrivain Diplomate Professeur Politicien Juge Chercheur Relations publiques Médias Métiers pleins d'humanité	Guérisseur Médecin Infirmière Psychologue Prêtre Chanteur Musicien Fermier Instituteur	Moine Révolutionnaire Prêtre Chercheur Explorateur Architecte Philosophe Peintre	Inventeur Artisan Technicien Comptable Commerçant Mécanicien Pilote Pilote de course Athlète Avocat	Fermier Forestier Horticulteur Politicien Commerçant honnête Géologue Mécène « Mère » Protecteur
Caractéristiques	Inspiration Volonté Profondeur Eau Communication (savoir)	Vert Distance Nouveau départ	Tempérament Prolifération Feu Feu de forêt Communication (inspiration)	Métal Outils Sens des affaires Inventivité Artisanat	Centre Centrage Modération
Énergies féminine et masculine	Féminin ❻ Masculin ❶	Féminin ❽ Masculin ❸	Féminin ❼ Masculin ❷	Féminin ❾ Masculin ❹	Féminin ⓪ Masculin ❺

Chers lecteurs

Si vous souhaitez nous contacter ou avoir des informations, envoyez-nous un e-mail ou une lettre aux adresses suivantes :

vrz@aon.at

PO Box XXX
White Plains, New York 1A0606

Notre site Internet (en allemand) : www.paungger-poppe.com

Les auteurs

Johanna Paungger a grandi dans une ferme du Tyrol, en Autriche. Son grand-père, guérisseur renommé, lui a transmis un savoir ancestral, le Code.

Écrivain et traducteur, **Thomas Poppe** a publié plus d'une vingtaine d'ouvrages sur des sujets divers allant des médecines alternatives à la spiritualité orientale avant de rencontrer Johanna Paungger, alors à la recherche d'une personne susceptible de l'aider à rédiger ses livres. Au cours des vingt années qui ont suivi, Johanna et Thomas ont commencé par partager leur bureau puis leur maison ; ils ont publié huit best-sellers, huit calendriers, et donné le jour à trois enfants. Pendant toute cette période, Thomas ne savait pas que Johanna se servait du Code. C'est son incroyable capacité à se souvenir des dates d'anniversaire des uns et des autres qui lui a mis la puce à l'oreille. Il s'est aperçu ensuite que, dans sa tête, elle se les représentait en couleurs et en trois dimensions !

Grâce à une harmonieuse collaboration, Johanna et Thomas ont mis en commun le savoir et l'expérience de l'une et les compétences relationnelles de l'autre pour réinventer cette méthode ancestrale de bien-être que constitue le Code. Leur livre a pris la tête des ventes en Allemagne dès sa sortie. Tout en continuant à écrire, Thomas et Johanna ont ouvert une boutique par correspondance qui leur permet de commercialiser divers produits (cosmétiques, tisanes) en rapport avec les principes énoncés dans leur livres, à utiliser en fonction des cycles lunaires.

Achevé d'imprimer en mars 2022
sur les presses de la Nouvelle Imprimerie Laballery
58500 Clamecy
Dépôt légal : décembre 2018
N° d'impression : 203225

Imprimé en France

La Nouvelle Imprimerie Laballery est titulaire de la marque Imprim'Vert®